BETTINA HENNIG

KRÖN DICH SELBST, SONST KRÖNT DICH KEINER

BETTINA HENNIG

KRÖN DICH SELBST, SONST KRÖNT DICH KEINER

Prinzessin werden, sein und in jeder Lage bleiben

Eden
BOOKS

Meiner Freundin Bettina gewidmet

Inhaltsverzeichnis

Teil I:

Traumberuf Prinzessin!

Sind wir nicht alle ein bisschen Prinzessin?

Als mir das erste Mal bewusst wurde, dass ich eine Prinzessin bin, war ich drei Jahre alt. Ich könnte auch vier Jahre alt gewesen sein, aber keineswegs fünf, denn das Ereignis, das mit dieser neuen Erkenntnis zusammenhing, hatte tiefgreifende Auswirkungen auf meine Karnevalskostümierung. Und mit fünf – das beweisen zahlreiche nun schon verblasste Fotografien – trug ich bereits Schleier und Krone.

Wir lebten zu jener Zeit im Zentrum von Frankfurt am Main. Vom Schlafzimmerfenster aus konnte man den Eschenheimer Turm sehen. Der Turm war, so viel wusste ich, sehr, sehr alt, und in ihm waren früher einmal viele böse Männer eingesperrt worden. Mich beeindruckte das steinerne Gesicht eines Mannes, der quasi aus der Fassade des Turmes auszubrechen drohte. Mehr noch: Es machte mir Angst. Wenn ich an der Seite meiner Mutter einzuschlafen versuchte, nährte dieses Gesicht meine Fantasie: Der böse Mann löste sich aus der Wand und kam zu uns herüber und mit ihm alle anderen, die noch im Turm versteckt waren.

Ich galt schon bald als schlechte Schläferin, und meine Mutter wie meine Oma Olga, die bei uns wohnte, versuchten mit allerlei Tricks, mich vor dem Einschlafen zu beruhigen. Sie gaben mir warme Milch mit Honig, sangen mit mir Lieder oder blätterten in Kinderbüchern. Ich kann mich noch genau an den Abend erinnern, als meine Oma mir das Märchen von der *Prinzessin auf der Erbse* vorlas. Gespannt lauschte ich der Geschichte des Mädchens, das nachts durchgefroren an einem Schlosstor klopft und vorgibt, eine Prinzessin zu sein, die eine Unterkunft sucht. Ich zweifelte mit ihren Gastgebern, ob ihre Behauptung stimmte, und fieberte mit ihnen, ob der Trick, ihr eine Erbse unter zwanzig Matratzen zu legen, verraten würde, wer sie wirklich war. Und wie hingerissen war ich, dass dieser Trick tatsächlich funktionierte: Das arme Mädchen war wirklich eine Prinzessin. Und zur Belohnung durfte sie einen Prinzen heiraten.

Mit einem Mal hatte ich eine Eingebung: »Oma«, sagte ich, »jetzt weiß ich, warum ich nachts im Dunkeln Angst habe.«

»Ja?«, fragte sie. »Warum denn?«

»Na, weil ich eine Prinzessin bin.«

Oma lachte. »Stimmt, meine Kleine, warum sind wir da nicht früher darauf gekommen? Natürlich bist du eine Prinzessin.«

Sie gab mir einen Kuss auf die Stirn und löschte das Licht.

In dieser Nacht schlief ich tief und fest. Ich fühlte mich wie auf zwanzig Matratzen – und ohne Erbse – gebettet und völlig behütet. Ich hatte eine Art magischen Schutzschild um mich, der böse Träume genauso abhielt wie die bösen Männer aus dem Eschenheimer Tor.

Am nächsten Morgen wollte ich alles über Prinzessinnen wissen.

Meine Oma erzählte mir, dass Prinzessinnen die Töchter von Königinnen und Königen seien, dass sie in Schlössern wohnten, viel tanzten und immer schöne Kleidung trügen. Sie erzählte auch, dass sie Prinzen heirateten und dann selbst Mütter von Prinzessinnen würden. Meine Oma las mir *Die kleine*

Meerjungfrau vor, das Märchen von *Schneewittchen* und das vom armen *Aschenputtel*, was mich besonders beeindruckte, denn es bewies, dass man nicht in einem Schloss geboren sein musste, um eine Prinzessin zu sein – sondern dass man einfach aufgrund seines guten Charakters dazu auserwählt sein konnte. So wie ich.

Aber mein neues Dasein als Prinzessin hatte auch Schattenseiten. Meine Oma machte mir klar, dass Prinzessinnen immer so gerade saßen, dass sie ein Buch auf ihrem Kopf balancieren konnten, und dass sie die Gabel immer zum Mund führten und nie den Mund zur Gabel. Und dass sie niemals die Kartoffeln mit der Soße zermatschten oder Erbsen mit der Gabel durch den Raum katapultierten. Heute weiß ich: Es war ein schnöder Erziehungstrick, aber ich folgte ihm damals, ohne zu murren. Auch eine Prinzessin musste lernen, eine Prinzessin zu sein – so viel hatte ich verstanden. Zum Ausgleich konnte ich mich bei unseren Ausflugszielen durchsetzen. Als mir meine Mutter erzählte, dass es auch heute noch Schlösser gab und eines sogar mit der Straßenbahn zu erreichen war, quengelte ich so lange herum, bis wir statt in den Frankfurter Zoo nach Bad Homburg fuhren. Dort stand ein Schloss, das ein großer König aus Berlin als Sommerresidenz benutzt hatte, und weil dieser König nicht nur ein König, sondern sogar ein Kaiser war, was viel mehr bedeutete, als nur König zu sein, stellte ich mir das Schloss besonders groß und prachtvoll vor. Natürlich war es groß, alles wäre in meinen Augen groß gewesen – denn ich war ja noch sehr klein. Erst später wurde mir klar, dass es noch viel größere Schlösser gab, sehr viel größere.

Mit freudiger Erwartung stieg ich die weiße Marmortreppe hinauf. Oben angekommen hielt ich den Atem an: Ich staunte über die hohen Decken und Marmorsäulen, die Möbel, Teppiche, Tapeten und Stoffe, die vielen Türen und Stühle. Überall war Gold und Silber zu sehen – ich wusste, dass das alles sehr kostbar war, schon deswegen, weil ich nichts anfassen durfte. Stattdessen schlitterte ich mit meinen Filzpantoffeln durch die Flure und versteckte mich hinter einer bunten Stellwand. Es war ein großes Vergnügen. Nur eine Sache machte mir zu schaffen: Die Porträts der Prinzessinnen, die wir auf den Ölgemälden sahen. Sie waren hässlich und hatten alle Glupschaugen! Das Einzige, was mir an den Ölgemälden gefiel, waren die Kleider – auch ich wollte so ein prächtiges Stück tragen. Deshalb tauschte ich beim nächsten Karneval mein Rotkäppchenkostüm gegen ein Prinzessinnengewand aus, wobei das Wort »Gewand« etwas übertrieben erscheint. Denn statt eines hermelinverbrämten Purpurumhanges trug ich nur eine Kinderversion aus bügelfreiem Polyacryl, statt Geschmeide aus Gold eine Krone aus Blech. Alle freuten sich über meine niedliche Verkleidung und machten Fotos. Aber für mich war es der Ausdruck meiner wahren Bestimmung. Deshalb reagierte auch ich mit einem Tobsuchtsanfall, als ich die Sachen wieder ausziehen musste. Ich wollte sie jeden Tag tragen. Wir einigten uns schließlich darauf, dass ich sie vor dem Einschlafen anziehen darf. Oma und Mama wollten schließlich, dass ich gut schlief. Und das tat ich dann auch.

Dieses lieb gewonnene Ritual fand jedoch ein Ende, als ich in die Schule und anschließend auf ein Internat mit reformpädagogischem Ansatz kam. Auch wenn man dort auf unsere kindlichen Bedürfnisse große Rücksicht nahm, gab es inmitten von Holzspielzeug aus Ingelheimer Ökobetrieben keinen Platz für meine royalen Bedürfnisse. Statt Krone trug ich nun einen schweinsledernen Schulranzen, und meine persönliche Selbstverwirklichung als Prinzessin musste zurückstehen. Nur manches Mal, wenn ich exotische Jugendromane von indischen oder persischen Königstöchtern las, flackerte wieder ein Gefühl für mein altes Selbst auf: Da wandelte ich im Geiste mit meinen Prinzessinnenschwestern in prunkvollen Kleidern durch ebenso prunkvolle Paläste und lauschte dem Plätschern des Springbrunnens ...

Auch Jahre später, als es nicht mehr nur ums Lesen und Schreiben ging, sondern ums Diskutieren, konnte ich meine königlichen Bedürfnisse nur heimlich entfalten: Tagsüber tranken wir im Jugendzentrum Schwarztee mit Mangogeschmack und malten Plakate gegen die Startbahn West. Während die anderen Hermann Hesse lasen, griff ich zur *Frau im Spiegel*. Ich verfolgte das tragische Leben von Gracia Patricia, die schillernde Ehe von Gloria von Thurn und Taxis und natürlich das erste Kennenlernen von Prinz Charles und Lady Diana.

Überhaupt, Prinz Charles und Lady Diana: Die Hochzeit am 29. Juli 1981 war das Highlight meiner frühen Adelsfaszination. Ich sah sie allein. Mit Tee und Taschentüchern saß ich vor unserem Schwarz-Weiß-Fernseher und weinte Rotz und Wasser, als Diana sich vor lauter Aufregung bei den Namen ihres Bräutigams verhaspelte: »Philip – Charles – Arthur – George ...« Ich hielt den Atem an. So eine Blamage, und das vor einem Millionenpublikum! Es war ein schlechtes Omen. Aber ich hielt zu Diana! Diese tapfere junge Frau würde es schaffen – so, wie die Prinzessinnen in den Märchen es immer geschafft hatten. Zum Schluss würde sie über alle triumphieren. Tatsächlich machte ihr Augenaufschlag alles wett. Die Presse jubelte am nächsten Tag über diesen entzückenden Fehler. Alles war verziehen. Eine Prinzessin darf das eben.

Als das frisch vermählte Paar in einer Kutsche durch die jubelnde Menge vor der St.-Pauls-Kathedrale fuhr, war ich schon nicht mehr ansprechbar. Die Tränen liefen mir in Strömen herunter. Ich weiß gar nicht genau, was mich daran so zum Heulen gebracht hatte. Das Märchen vom armen Mädchen, das plötzlich zur Prinzessin wird? Es war doch ein Happy End, genau so, wie ich es mir für ein Prinzessinnenleben vorstellte! Warum nur musste ich so weinen? Freudentränen, sagen Psychologen, fließen, wenn man sich der Entbehrung und Anstrengung bewusst wird, die hinter einem liegen. Das ist bei Klausuren so oder Bundesjugendspielen oder auch Prüfungen. Aber bei Adelshochzeiten? Bei einer fremden Frau? Auch wenn es jetzt nicht irgendeine fremde Frau war – sondern Diana, die ich aus den Klatschheften kannte, als wäre sie meine Schwester. Aber vielleicht war es auch Erleichterung darüber, dass Prinz Charles, über dessen ewigen Junggesellenstatus überall heftig spekuliert worden war, sich endlich für die Ehe entschieden hatte – und dann noch für so ein wunderbares Wesen wie sie.

Ich hätte so gern mit jemandem über dieses Erlebnis gesprochen, aber mit wem? Meine Anti-Atomkraft-Freunde schieden aus. Ich kam erst spät drauf, dass die Lösung so nah und in meiner Familie lag. Es war meine Oma Helene (die Oma väterlicherseits; Oma Olga ist die Mutter meiner Mama), die sich genauso sehr für Prinzessinnen erwärmen konnte wie ich, und wenn ich es mir recht überlege, hat sie mir diese Obsession vielleicht sogar vererbt – denn sie kannte sich verdammt gut aus, wie ich schon bald feststellen sollte.

Kurz nach der Diana-Hochzeit saßen Oma Helene und ich gemeinsam also auf dem Sofa. Gleich nach dem ersten Stichwort steuerte sie unmittelbar auf dieses Thema zu. Sie war noch in der Kaiserzeit geboren worden, und in unserer Familie hielt sich die Legende, dass sie als Mädchen einmal Kaiserin Auguste Viktoria bei einer Parade einen Blumenstrauß überreicht hatte. Die Geschichte variierte, mal war der Schauplatz Berlin, mal Hamburg, und das machte die Erzählung angreifbar. Bei Familienfesten wurde durchaus darüber spekuliert, ob die Geschichte erfunden und meine Oma vielleicht schon gaga war. Aber ich glaubte sie sofort. Es war zu schön, es musste einfach wahr sein.

»Wie gefiel dir Dianas Kleid?«, fragte Oma Helene.

»Es sah aus wie ein Sahnetörtchen«, sagte ich, und dann abmildernd: »Aber ein sehr leckeres Sahnetörtchen.«

Meine Oma überhörte meinen Unterton.

»Ach, aber es war doch soooo schön«, sagte sie und trank einen Schluck Tee, ihre Lippen glänzten feucht. Dann holte sie Luft und redete und redete und redete. Mit ihr durchlebte ich die ganze Hochzeit noch einmal. Sie sprach fast wie eine Livekommentatorin – und bei Prinzessin Dianas Versprecher stockte uns auch in dieser sehr speziellen, nämlich von Omas Eindrücken und Gefühlen gefärbten Rückschau noch einmal der Atem.

»Ob das gut geht mit den beiden?«, fragte ich.

»Ach! Sie ist doch so ein entzückendes Ding. Was soll denn da schiefgehen? Charles kann so froh sein, so ein hübsches Mädchen gefunden zu haben«, sagte meine Oma.

Ich weiß nicht, warum und wie ich darauf kam, jedenfalls fühlte ich mich durch ihre Hinwendung zu allem Royalen so sicher, dass ich ihr erzählte, dass ich früher immer davon ausgegangen war, ich wäre auch eine Prinzessin. Als Beweis zeigte ich ihr die Fotos von mir, auf denen ich eine Krone trug.

Oma Helene lachte, als ich mein Prinzessinnen-Ich offenbarte, und sagte: »Aber du bist doch auch eine Prinzessin!«

»Das sagt Oma Olga auch immer«, sagte ich. »Aber das stimmt doch gar nicht! Also keine echte.«

»Doch! Das stimmt«, sagte Oma Helene. Ihr Ton wurde ernster. »Wir stammen von einem polnischen Magnatengeschlecht ab.«

»Bitte?«

Plötzlich saß ich so gerade da wie auf einem Thron und lauschte ihr, wie ich als kleines Mädchen den Märchen meiner anderen Oma gelauscht hatte: Sie erzählte mir, dass mein Ur-ur-ur-ur-ur-ur-ur-urgroßvater väterlicherseits adlig gewesen war und sich am Kościuszko-Aufstand gegen Katharina die Große beteiligt hatte und fliehen musste, nachdem dieser niedergeschlagen worden war. Im ostpreußischen Memel hatte er dann Asyl gefunden und war nie wieder auf sein Gut in Posen zurückgekehrt.

»Und hat er in Memel eine Prinzessin geheiratet?«, fragte ich. Mir schwebte schon meine kilometerlange Ahnenreihe vor Augen.

»Nein.«

Enttäuscht blies ich meinen Pony hoch.

Es stellte sich heraus, dass mein siebenfacher Magnatenur-großvater eher niedriger, wenn nicht sogar Bauernadel war und sich überhaupt nur als Edelmann bezeichnen durfte, weil er Verwaltungsdienste für eine wirklich große Fürstenfamilie übernommen hatte. Diese hatte ihn, selbst durch Glücksspiel und Mätressenwirtschaft ruiniert, statt mit Geld mit einem Titel entlohnt. Kurz: Ludwig von Sadowski, so hieß mein Vorfahr, war arm und unbedeutend. Seine Existenz ist nicht im *Gotha* – dem Handbuch, in dem alle Stammbäume des Adels aufgeführt sind (dazu später viel mehr) – verzeichnet, und ich habe Zweifel, dass Posener Kirchenarchive seinen Namen führen. Das blaue Blut unserer Familie floss also schon in den 1790er-Jahren sehr, sehr dünn und war über Generationen hinweg im Grunde genommen komplett verwässert worden.

Doch was von Oma Helenes Erzählung blieb, war die Vorstellung, dass ich in Wahrheit dazugehörte – wenn auch nur ein klitzekleines bisschen. Ich äußerte meine Bedenken, aber Oma Helene beruhigte mich: »Eine Prinzessin ist eine Prinzessin. Da kann sie gar nichts gegen tun. Und, dass du eine bist, sieht man doch sofort.«

Als Anhängerin der Homöopathie merkte ich schon bald, welche Wirkung diese hoch potenzierte Dosis Prinzessinnen-Erbe entfalten kann – es steigerte sich zu einer substanziellen Gewissheit. Ich nahm die Prinzessinnen-Studien meiner Kindheit wieder auf und las alles, was ich über Adel finden konnte. Ich besuchte Bibliotheken und lieh mir Biografien über gekrönte

Häupter aus, und wenn meine Schulkameraden sich im Jugendzentrum oder zu Demos trafen, floh ich in die Welt der Aristokratie. Ich fieberte mit Johanna von Spanien, die von ihrem Sohn für verrückt erklärt und über fünfzig Jahre lang eingekerkert worden war. Ich verschlang Stefan Zweigs Romanbiografien *Maria Stuart* und *Marie Antoinette*. Ich litt mit Katharina, als sie noch nicht »die Große« war. Ich weinte beim Schicksal der schönen Wilhelmine Encke, die aufgrund ihrer bürgerlichen Herkunft ihre Lebensliebe Friedrich Wilhelm von Preußen, den späteren FW II., nicht heiraten durfte – obwohl doch auch sie im Herzen edelmütig und schön war wie alle anderen Prinzessinnen auch. (Schnief.) Ich fieberte mit Wilhelmine von Preußen, später Markgräfin von Bayreuth, heulte mit Katharina von Aragon, Anne Boleyn, Jane Seymour und allen anderen Frauen Heinrichs VIII. von England, staunte über Eleonore von Aquitanien und bewunderte das politische Geschick von Elisabeth I. von England – sie ist bis heute mein Liebling. Spätestens seit ich weiß, dass Bettina eine Kurzform von Elisabeth ist, fühle ich mich mit ihr seelenverwandt. Ist mir egal, ob das berechtigt ist. So wie Kanzlerin Merkel ein Porträt von Katharina der Großen auf ihrem Schreibtisch stehen hat, steht dort bei mir eins von Elisabeth I., und natürlich sah ich mir die zahlreichen Verfilmungen ihres Lebens an. Die mit Cate Blanchett in der Hauptrolle mag ich übrigens am liebsten. Kurz: Ich saugte alles, was ich über Prinzessinnen erfahren konnte, auf – ich wollte meinen Schwestern einfach nah sein.

Aber ich beschränkte mich nicht nur auf Lektüre und das Ansehen von Filmen. Ich besuchte Schlösser, viele Schlösser, alle Schlösser, in deren Nähe ich jemals war. Genau genommen hat ein Ort für mich keinerlei Reiz, wenn es dort kein Schloss zu besichtigen gibt. Besonders angetan haben es mir die kleinen Anlagen, die mit einer großen, gar tragischen Geschichte aufwarten können. Wie das Schloss zu Ahlden etwa, in dem die Prinzessin Sophie Dorothee, de jure Königin von England, dreißig Jahre lang eingesperrt worden war, weil sie angeblich den König betrogen hatte und deshalb wegen Landesverrat verurteilt worden war. Intrigen, Lügen, Betrug, Machtspiele und Leidenschaft. Ach, was für eine Geschichte! Und das Schönste an ihr: Sie ist wahr! Durchlebt und durchlitten von einer echten Prinzessin.

Je mehr ich las, je mehr Schlösser ich besuchte, desto mehr war ich fasziniert. Ich glaube, es war folgerichtig, dass ich meine beiden Romane – *Luise. Königin aus Liebe* und *Friederike. Prinzessin der Herzen* – zwei Prinzessinnen und den Machtkämpfen widmete, denen sie als Neuankömmlinge am strengen preußischen Hofe ausgesetzt waren. Und natürlich habe ich ihnen ein Happy End geschrieben. So viel Prinzessinnen-Solidarität muss sein. Auch meinen Beruf als Klatschjournalistin sehe ich jetzt in einem völlig anderen Licht. Denn Überstunden à la royal wurden für mich völlig normal.

Was mir dabei auffiel? Ich war längst nicht mehr allein. Ich hätte es eigentlich schon nach der Diana-Hochzeit wissen können, die mit 750 Millionen Zuschauern einer globalen Kollektivhysterie glich, aber in meiner Schulzeit mit meinen Latzhosen-Freundinnen war die Zeit für royale Offenbarungen noch nicht reif gewesen. Nun aber zeigte sich, dass fast alle Freundinnen für

Prinzessinnen schwärmten, Klatschmagazine lasen und Adelshochzeiten anschauten. Es gab niemanden, der nicht das Sternzeichen von Diana (Krebs) und Camilla (auch Krebs) kannte und darüber zu philosophieren wusste, warum es bei der einen mit Prinz Charles (Skorpion) geklappt hatte und bei der anderen nicht, obwohl ja Krebse und Skorpione ideal zusammenpassen. Allgemeiner Tenor: Es liegt am Aszendenten. Wir führten kenntnisreiche Gespräche über die Hochzeitskleider der hochadeligen Damen (mein Favorit: das Wolfgang-Joop-Kleid von Sophie von Isenburg, nun Prinzessin von Preußen) und darüber, welche Prinzessin wir am liebsten mochten (ich: Stéphanie von Monaco, am liebsten vorm eigenen Wohnwagen, bügelnd). Wir wussten, wer mit wem verwandt war, mit wem befreundet, wer wie viele Kinder hatte und wie sie sich entwickelten, und spannender, wer mit welchen Obsessionen oder Krankheiten kämpfte – Victoria leidet unter Legasthenie, Mary shoppt zu viel – und wer untreu war. Nie wieder musste ich eine Adelshochzeit allein ansehen.

Mir wurde klar, dass ich nicht die Einzige mit einer Prinzessinnengeschichte war. Es gab viele Geschichten. Geschichten von Identifikation, Schwärmereien, überschwänglicher Faszination, ähm, tja, Reliquienverehrung und sogar – ja, ja! – Reinkarnation. Denn die Prinzessinnen-Faszination meiner Freundinnen erstreckte sich nicht nur auf real existierende Personen, sondern auch auf längst verstorbene Persönlichkeiten. Sie richtete sich auf Märchenprinzessinnen, den Merchandisingkosmos des Disneykonzerns oder irgendwelche TV-Serien. Hauptsache Prinzessin. Nach und nach vertrauten sich mir meine Freundinnen an und glücklicherweise haben sie mir erlaubt, ihre Geschichten aufzuschreiben, nachdem ich versprochen hatte, ihre Namen zu ändern.

Meine Freundin Anne-Kathrin etwa rühmt sich, im Besitz einer ledernen Reiseliege zu sein, die einst Prinzessin Marie von Sachsen-Altenburg, später Königin von Hannover, gehörte – ihr Ururgroßonkel, sagt sie, habe sie einst geschenkt bekommen, er war einer ihrer Kammerherren gewesen.

Meine Freundin Uschka sammelt Gedenktassen von Jubiläen und Hochzeiten gekrönter Häupter. Ihr Prunkstück ist die Hochzeitstasse von Charles und Camilla mit dem falschen Datum, nämlich der 8. April 2005. Prinzessinnen im Herzen erinnern sich: Die Hochzeit wurde um einen Tag verschoben, weil Prinz Charles stattdessen dem verstorbenen Papst Johannes Paul II. die letzte Ehre erweisen musste.

Meine Freundin Luna ist rothaarig und sie lässt nichts auf Arielle, die Meerjungfrau, kommen. »Sie wollte raus aus dem Meer, ich wollte auch raus aus meinem piefigen Vorort. Sie hat mir gezeigt, dass es geht.«

Und wenn wir schon bei Disney sind: Bettina I. – so nenne ich sie, weil es in meinem Umfeld viele Bettinas gibt – ließ ihre Tochter nach der Disneyprinzessin Belle taufen, kauft ihr nun aber alles von Prinzessin Lillifee. Eine andere Freundin, keine Bettina, sondern eine Katja, nennt ihre jüngst geborene Tochter Khaleesi – nach *Game of Thrones*.

Bettina II. hält es auch mit adligen TV-Ikonen: Wenn sie zu Weihnachten ihr versilbertes Besteck putzt, fühlt sie sich so ganz *Downton Abbey* – womit sie nur sagen will: Ich bin halt so wahnsinnig Prinzessin!

Meine Sannyasin-Freundin Ma Swamini, bürgerlich Petra, gestand mir mal zu meiner Überraschung – denn sie ist schon sehr Hippie –, dass sie auf einem Trip zum Osho-Ashram in Poona extra einen mehrtägigen Umweg in den Bundesstaat Utta Pradesh in Kauf genommen habe, nur um das berühmte Foto von Prinzessin Diana vor dem Taj Mahal nachzustellen. Und Evelyn, die Mutter einer geschätzten Kollegin, erzählte einmal, dass sie den berühmten roten Schäfchen-Pullover von Diana gleich mehrfach nachgestrickt habe. Die Anleitung dazu kursiert immer noch im Netz. Sie wurde über 100.000-mal abgerufen.

Aber es geht auch ohne Diana: Charlotte, die fließend Russisch spricht, hat mich einmal darauf aufmerksam gemacht, dass es im Netz nur so wimmelt von russischen Damen, die fest davon überzeugt sind, keine Geringere als Großfürstin Anastasia, die jüngste Tochter des letzten Zaren, zu sein.

Überhaupt führen Prinzessinnen-Inkarnationen die Liste der Rückführungserlebnisse unangefochten an. Oder haben Sie schon einmal von jemandem gehört, der in einem Vorleben einmal Magd, Hure oder Bettlerin war? Prinzessin sein ist das Minimum.

Doch was sagen uns solche übersinnlichen Anwandlungen? Was sagen uns die ganzen Geschichten überhaupt? Dass wir alle ein bisschen einen in der Krone haben? Oh, nein. Es zeigt, dass wir dazugehören. Denn: Sind wir nicht alle ein bisschen Prinzessin? Die Antwort liegt nahe: Wenn wir alles über Prinzessinnen lesen, ihr Leben verfolgen, ihre Fotografien rahmen, ihren Stil nacheifern und sogar via Rückführung in ihre Seele wandern, dann vergewissern wir uns nur selbst, wer wir in Wahrheit sind – Prinzessinnen. Wir suchen Bestätigung für ein Leben, das wir bislang nur inkognito führen. Wir wollen Gleichgesinnte treffen, in deren illustrer Gesellschaft wir endlich die sein können, die wir immer waren – eine Prinzessin. Es ist nichts weiter als die Vorbereitung auf das große Outing. Ja, wir sind alle Prinzessinnen! Prinzessinnen im Herzen! Sie, ich, wir – allesamt.

Doch warum zögern wir, den Weg einzuschlagen, den uns unsere wahre Bestimmung vorgibt? Vielleicht, weil wir unsicher sind. Konnten unsere historischen Prinzessinnenschwestern durch Erziehung in ihr Ich hineinwachsen, müssen wir die Regeln einer royalen Lebensführung erst lernen. Ohne Kenntnis der Etikette aber sind wir in Fragen der aristokratischen l'art de vivre ziemlich aufgeschmissen.

Dieses Buch zeigt nun, wie es geht. Es ersetzt jede Oberhofmeisterin und jede ihrer Damen. Es ist das erste Buch für alle Prinzessinnen im Herzen, wie ich uns fortan nennen werde, für Prinzessinnen aus eigener Hand und von eigenen Gnaden. Es offenbart das Geheimnis, in jeder Situation ein königliches Leben zu führen, ganz gleich, in welchen Verhältnissen man wirklich lebt. Es zeigt Haltung und Stil und auch, wie eine Selfmade-Prinzessin in ihrer Etagenwohnung mit zarter Hand Hof hält. Es gibt preis, welche physiotherapeutischen Übungen helfen, wenn wieder einmal die Krone drückt, wie eine Prinzessin im Herzen den perfekten Hofknicks absolviert und wo sie ohne Mühe einen Zeremonienmeister, eine Vorleserin und den Rest ihres Hofstaates findet. Es verrät, wie wir Hofhund und Titel führen, wie wir Visitenkarten und Balkonkästen gestalten (frei nach dem Motto:

Jedem sein eigenes Versailles!), wie wir Freundschaften und Figur pflegen, und es lässt uns auch dann nicht im Stich, wenn wir Prinzessinnen im Herzen nur angeschlagenes Ikea-Geschirr besitzen, um unsere Gäste zu bewirten. Es enthüllt die ganze Kunst, eine Prinzessin zu sein, und das, wann immer wir wollen. Und es ist geschrieben von einer Prinzessin, die keine Lust mehr hatte auf eine Undercover-Identität und nun allen ihren Prinzessinnenschwestern zuruft:

Krönen wir uns selbst, sonst krönt uns keiner!

Warum wollen wir Prinzessinnen sein?

Bevor wir Prinzessinnen im Herzen uns der Vervollkommnung unseres Prinzessinnenwesens widmen können, sollten wir uns erst einmal bewusst machen, warum wir so lange ein Inkognito wählen mussten. Es gibt tatsächlich zwei Daten der jüngeren Zeitgeschichte, die großen Einfluss auf unsere Prinzessinnen-Ambitionen genommen haben und uns letztlich dazu verdammt haben, ein Leben im Untergrund zu leben:

1.) Der 14. August 1919, ein sonniger Tag
2.) Irgendein Tag im Jahr 1981

Nennen wir diese Tage »Wendepunkte eines Prinzessinnenlebens« oder »Tage, an denen wir aufhörten zu träumen«. Ich möchte vorwegschicken, dass diese Daten nicht grundsätzlich schlecht zu bewerten sind. Im Gegenteil: Gerade der erste Tag ist ein großer Tag im Hinblick auf Menschenrechte, Demokratie und Gleichberechtigung. Nur eben, was den – vor der Kulisse dieses bedeutenden Ereignisses als klein zu bewertenden – Wunsch betrifft, eine Prinzessin zu sein, ist es ein düsterer Tag.

Doch was geschah am 14. August 1919?

An diesem Tag trat die Weimarer Reichsverfassung in Kraft. Laut Artikel 109 Abs. 3 waren nun alle Menschen vor dem Gesetz gleich, alle Privilegien oder Nachteile der Geburt und des Standes wurden aufgehoben. Das heißt, der Adel wurde abgeschafft. Die Krone bleibt seitdem im Tresor. Titel waren nun lediglich Teil des Namens und ein Königskind nicht mehr wert als das Kind einer Arbeiterin – in der Theorie.

Eine gute Nachricht für die Demokratie, aber eine schlechte Nachricht für unseren – den Majestätsplural weite ich großzügig auf die Generationen unserer Groß-, Urgroß- und Ururgroßmütter aus – beherzten Griff nach einer (imaginären) Krone. Denn wo es keinen Adel gibt, da gibt es auch keine Prinzessinnen, und wo es keine Prinzessinnen gibt, können wir uns nicht oder nur heimlich unseren Wünschen nach einem Prinzessinnen-Dasein hingeben. Wir gelten als rückwärtsgewandt und revisionistisch, als undankbar im Glanze parlamentarischer Errungenschaften und grundsätzlich als verdächtig. Ein neuer Zeitgeist erfordert eben andere Ideale.

Aber was bedeutet schon Realpolitik gegen jahrhundertealte Sehnsüchte? Durch sämtliche Epochen der Geschichte hindurch galt es als total normal, sich einen gesellschaftlichen Aufstieg in den Adel zu wünschen. Männer nahmen so einiges auf sich, um zum Ritter geschlagen oder als Prinz anerkannt zu werden – und was Männer für diese Ehre zu tun bereit sind, kann man heute noch immer ziemlich gut im Kölner Karneval beobachten, wo sich gestandene Mittelständler in hautengen Strumpfhosen lächerlich machen. Männer in Spandex – das lief schon bei den Glamrock-Stars der Siebziger schief. Und Frauen wollten eben Prinzessin sein. Prinzessin zu sein, bedeutete Reichtum, eine warme Unterkunft, schöne Kleidung, gutes Essen. Rauschende Feste, soziales und politisches Gewicht, eine schlanke Taille. Kein Gesetz kann uns diese Träume nehmen. Denn unsere Träume sind glanzvoller als die schönste bürgerliche Moral. Und in ihnen fließt deutlich mehr Champagner!

Doch das Schicksal hat unserem Prinzessinnen-Ehrgeiz einen zweiten Dämpfer verpasst. Es ist der zweite »Wendepunkt eines Prinzessinnenlebens« oder zweite »Tag, an dem wir aufhörten zu träumen«, wobei der Tag gar nicht mehr genau zu bestimmen ist. Wir wissen nur: Es ist ein Tag im Jahr 1981. An diesem wurde die Streitschrift *Der Cinderella-Komplex* von Colette Dowling erstmals veröffentlicht. In dem internationalen Bestseller schreibt die Psychologin über die heimliche »Angst der Frauen vor der Unabhängigkeit« (so der Untertitel des Buches), sie stützt ihre These durch Fallbeispiele aus ihrer New Yorker Praxis: Immer wieder hat Dowling beobachtet, dass selbst ihre emanzipierte, gut ausgebildete, im Job erfolgreiche Klientel (New Yorker H(arvard)-Bomben, die in Pionierarbeit die gläsernen Decken zu den Vorstandsetagen gesprengt haben) an ihren eigenen (beruflichen) Fähigkeiten zweifeln und unbewusst den Wunsch hegen, versorgt und beschützt zu werden. Als Sinnbild für die weibliche Angst vor dem eigenen Erfolg wählt Colette Dowling das Märchen von Cinderella – die amerikanische Variante des Grimm-Märchens vom Aschenputtel, bekannt geworden durch die Walt-Disney-Adaption von 1950. So, wie Aschenputtel durch einen Prinzen aus ihrem traurigen Dasein gerettet werden will, wollten es auch die Frauen, sagt Colette Dowling. Sie forderte Frauen weltweit auf, sich ihrem Unbewussten zu stellen, was nicht immer so einfach ist – denn seit Sigmund Freud wissen wir ja, was so ein Unbewusstes alles anstellen kann.

Zugegeben: Dowlings Buch war ein großer Schritt in Richtung Emanzipation, aber es verdammte uns Prinzessinnen im Herzen auch weiterhin zu einem Leben inkognito. Denn dank Dowling wurde Cinderella zum Prototyp einer Prinzessin und eine Prinzessin zum Prototyp einer unfeministischen Haltung, ein Prototyp, der weibliche Stereotype förderte und Wünsche nach Eigenständigkeit behinderte: Die Prinzessin als Anti-Feministin, Anti-Schwarzer, Anti-Aufschrei. *Das* Sinnbild für Ergebenheit in feminine Klischees von Abhängigkeit, Passivität und den Wunsch, lieber schön als schlau zu sein – auf dass der Prinz auf dem Schimmel angeritten komme! Prinzessinnen gelten als die Deserteurinnen im Kampf um die hoch dotierten Posten. Als Verräterinnen und Verbündete des Patriarchats. Und natürlich tragen alle Pink, und Pink stinkt nun mal.

Das Ungerechte an Dowlings Ausführungen ist: Dowling hat Aschenputtel völlig verkannt. Ausgerechnet Aschenputtel! Denn es gibt sich keineswegs mit dem Schicksal zufrieden, das ihre Stiefmutter und beiden Stiefschwestern ihr zugedacht haben. Es lehnt sich auf, sucht sich Helfer (ich verweise hier unbedingt auf das Kapitel: »Der Wau-Effekt«), trickst ihre Stiefmutter aus und angelt sich den Prinzen – weil sie es kann. Von wegen Heimchen am Herd! Aschenputtel weiß genau, was sie will, und sie weiß auch, wie sie es sich holt. Ihre Stiefschwestern hingegen verstümmeln sich, hacken sich für den Prinzen sogar die Zehe und die Ferse ab. Eigentlich müsste Dowlings Buch *Der Stiefschwestern-von-Cinderella-Komplex* heißen. Aber ich sehe ein, das ist ein wenig sperrig.

Dennoch: Die Lust, Prinzessin zu sein, können uns Prinzessinnen im Herzen weder Dowling noch ein Gesetz nehmen. Eben, weil etwas ganz anderes dahintersteckt als Regression, Revisionismus und berittene Retterprinzen! Lassen wir doch einfach mal unsere Prinzessinnenschwestern selbst zu Wort kommen und hören uns an, was genau sie sich unter einer Prinzessinnen-Existenz vorstellen. Vielleicht kommen wir der Sache näher.

1.) Anne, eine hochgewachsene, hanseatische Blondine, PR-Referentin, verheiratet, zweifache Mutter, sagt: »Ich möchte gern diese selbstverständliche Art von Beachtung bekommen, für die man sich nicht anstrengen muss.« Jede hat diese Beachtung verdient.

2.) Jule, Lisa und Cathy, Studentinnen des Bibliothekarswesens im zweiten Semester sind sich einig: »Prinzessin sein ist toll! Wir könnten endlos feiern und hätten immer das Passende anzuziehen.« Ein verständlicher Wunsch, wenn man jung ist und die Hälfte des BAföGs für überteuerte Großstadtmieten draufgeht.

3.) Mechthild, die seit ihrem 14. Lebensjahr voll im Berufsleben steht und nun mit fast 55 Jahren an ihre körperlichen Grenzen gerät, sagt: »Ich habe fast vierzig Jahre lang jeden Tag gearbeitet. Ich hatte weder ein Sabbatical noch eine Auszeit. Ich möchte eine Prinzessin sein, weil ich mir ein sorgloses Leben wünsche. Ein Prinzessinnenleben ist das einer sorgenfreien, hübschen, beliebten, unbeschwerten Frau. Etwas, was ich in keiner Phase meines Lebens gekannt habe.« Wer kann es ihr verdenken, dass sie wenigstens in ihren Gedanken ein solches Leben führen will?

4.) Sophia, ehemalige DJane und derzeit erfolgreiche Kochbuchautorin – und, wie sie betont, Feministin – sagt: »Noch lieber wäre ich Königin, nicht, weil ich herrschsüchtig bin, sondern weil ich Lust habe, auf einem Thron zu sitzen und Dinge zu verändern.« Prinzessin sein als Karriere-Vorstufe – sehr guter Punkt!

5.) Rike, alleinerziehende Mutter, Halbtagsjob als Sekretärin, in dem sie aufgrund der Unfähigkeit ihres Chefs oft Überstunden schrubben muss, kommt zwischen Telefonaten und Geschäftsbriefen schnell zur Sache: »Ich will Personal.« Männer in ihrer Situation hätten längst Verstärkung eingestellt, warum ist dieser Gedanke bei einer Frau nicht genauso berechtigt?

6.) Charlotte, Kaufhaus-Substitutin, die viel reist und sich in der verbleibenden Zeit als engagierte Betriebsrätin für die Belegschaft aufreibt, wenn wieder einmal eine Kündigungswelle droht, sagt: »Ich will Prinzessin sein, denn ich will endlich auch einmal verwöhnt werden. Ich wünsche mir, dass sich auch mal die Welt um mich dreht. Und ich möchte schöne Sachen haben.« Charlotte, unbedingt. Du hast es dir verdient.

7.) Renate, Grundschullehrerin, Mutter, engagiert im Chor der örtlichen Kirchengemeinde, sagt: »Prinzessinnen sind schön. Und jede Frau möchte sich doch schön fühlen. So, wie sie ist. Ich sehe, dass selbst meine Schülerinnen große Probleme mit ihrem Selbstwertgefühl haben und dass einige schon die ersten Diäten ausprobieren. Prinzessin sein aber heißt: Genau so richtig zu sein, wie man ist.« Und so sollte sich jede Frau fühlen.

8.) Anette, Hausfrau, Mutter, wohnhaft in einer Kleinstadt im Speckgürtel von Frankfurt, die Kinder sind aus dem

Haus, sagt: »Ich tanze gern. Und als Prinzessin könnte ich mich wieder jung fühlen und die ganze Nacht durchtanzen. Mein Mann ist ein Tanzmuffel. Wäre er ein Prinz, dann müsste er.« Anette, dürfen wir bitten?

Wir sehen: Das Cinderella-Klischee hat ausgedient, es lebe die neue Prinzessin. Der Wunsch, eine Prinzessin sein zu wollen, ist kein Verrat an Gleichberechtigung und Frauenbewegung, es ist das neue Rollenmodell, das alle schillernden Facetten eines gelungenen Lebensentwurfs in sich vereint: Er steht für Selbstsicherheit und Stolz, Machtansprüche und Karrierewünsche, Würde, Präsenz und Zuspruch, inneren und äußeren Reichtum – denn was ist falsch dran, über eigenes Geld zu verfügen, über viel Geld? –, für Lust auf Freiheit, Selbstbestimmung, Unterhaltung, Partnerschaft und Sex, durchtanzte Nächte und Lebenslust, und für den Wunsch, genau so akzeptiert, respektiert und geliebt zu werden, wie man ist – einfach rundherum königlich!

Und wer könnte uns besser verdeutlichen, was es mit dem neuen Prinzessinnen-Rollenmodell auf sich hat, als die unvergleichliche, anbetungswürdige, über jeglichen antifeministischen Verdacht erhabene Harvard-Absolventin und promovierte Neurobiologin Dr. Amy Farrah Fowler aus der Sitcom *Big Bang Theory*? Sie wird übrigens von der ebenfalls in Neurobiologie promovierten, unvergleichlichen, anbetungswürdigen, über jeden antifeministischen Verdacht erhabenen Mayim Bialik gespielt.

In der zwölften Folge der fünften Staffel kommt es zu folgendem Szenario: Dr. Dr. Sheldon Lee Cooper hat Nachbarin Penny Hofstadter gebeten, seine Kollegin Amy in Pennys Wohnung zu locken, wo er auf sie wartet. Denn Amy würde niemals in seine Wohnung kommen, sie ist stinksauer auf ihn: Sheldon hat eine patzige Bemerkung über ihr neues Forschungsprojekt gemacht. Inzwischen ist er in sich gegangen und will sich bei Amy entschuldigen. Als Penny ihr die Tür öffnet, und Amy Sheldon wider Erwarten dort sieht, macht sie sofort klar:

»Ich will nicht mit ihm reden.«

Aber Sheldon gibt nicht auf. Er geht auf sie zu und sagt: »Ich möchte mich entschuldigen. Deine Leistung war beeindruckend, und ich bin stolz auf dich.«

Beide schweigen sich an. Dann reißt Penny Sheldon eine Tüte aus der Hand und reicht sie Amy.

»Schau, das hat er dir gekauft.«

Amy kräuselt die Stirn, als sie in die Tüte sieht. »Schmuck? Du hast mir Schmuck gekauft. Sheldon, du bist wirklich der …« Doch noch bevor sie Sheldon beschimpft, erkennt sie, was er ihr geschenkt hat. »Eine Tiara!«, ruft sie. »Es ist eine Tiara. Eine Tiara!« Sie rennt auf Penny zu, reicht ihr die Tiara und schreit: »Krön mich, krön mich, krön mich!«

Penny macht es und sagt: »Du siehst schön aus.«

Und was antwortet Amy (Scheißcordrock, Scheißfrisur, Scheißpullover in, ähm, ich darf es nicht unerwähnt lassen, Scheißbraun)?

»*Natürlich* tue ich das! Ich bin eine Prinzessin, und ich trage eine Tiara.«

Das lassen wir Prinzessinnen im Herzen jetzt einfach mal so auf uns wirken.

Testen Sie Ihr wahres Prinzessinnen-Ich!

Welche Prinzessin steckt in Ihnen? Was für eine Frage, mögen Sie denken. Ich bin ja noch keine Prinzessin und führe ein ganz normales Leben, und zwischen Überstunden und Müll runterbringen ist mein Leben so weit von dem einer Prinzessin entfernt wie die Venus vom Mars. Aber da muss ich Ihnen widersprechen! In jeder Frau steckt eine Prinzessin – eine Prinzessin im Herzen. Ich räume ein: Vielleicht mag Ihr persönliches Prinzessinnen-Ich durch einen aufreibenden Alltag verschüttet sein, aber ich wette, dass Sie viele Charakterzüge und Interessen aufweisen, die absolut königlich sind. Und meist finden sich genau diese Eigenschaften in einer Prinzessin wieder, die man besonders gern mag. Ich glaube nämlich, dass, wer eine Lieblingsprinzessin hat, diese nur hat, weil sie ein persönliches Ideal verkörpert, und weil diese Lieblingsprinzessin Dinge macht, die man selbst gern machen möchte, oder für Dinge steht, für die man selbst gern stehen möchte. Sie ist sozusagen das eigene Ich in Vollkommenheit.

Ich habe mal testweise bei meinen Freundinnen herumgefragt, und das Ergebnis war wirklich erstaunlich.

Meine Kollegin Sandra zum Beispiel liebt Máxima. Ich finde das nicht besonders überraschend, denn wo immer Sandra sich aufhält, verbreitet sie – so wie ihr Vorbild – gute Laune. Man sieht sie nur lachend.

Meine Nachbarin Angelika hingegen schwärmt für Diana. (So sehr übrigens, dass sie sogar eine Art Schrein für sie errichtet hat – mit Diana-Gedächtnistassen, Diana-Gedächtnistellern, Diana-Gedächtnispillendosen und jeder Menge Diana-Fotoalben. Aber das ist eine ganz andere Geschichte.) Auch wenn Angelika mit Diana auf den ersten Blick nicht viel gemein hat – sie ist klein, Diana groß, sie trägt locker Größe 46, Diana war schlank, sie liebt es leger, Diana war bekannt für ihre Eleganz –, gibt es auch zwischen ihnen Ähnlichkeiten. Angelika nämlich gilt in der Nachbarschaft als unsere persönliche Prinzessin der Herzen. Sie nimmt für das ganze Haus Pakete an, hat für jeden ein Ohr, dem es schlecht geht, und tobt mit den Kindern gern mal über den Spielplatz um die Ecke.

Dann fällt mir noch Michaela ein. Michaela ist Gärtnerin, und ich wundere mich, dass sie überhaupt eine Meinung zu den gekrönten Häuptern dieser Welt hat, weil ich sie nur in Latzhose und in der Erde herumwühlen sehe. Wenn ich irgendjemanden nicht mit blauem Blut in Verbindung bringe, dann ist das Michaela. Aber da habe ich mich geirrt. Denn Michaela schwärmt hemmungslos für Mette-Marit. Wie sie zieht Michaela den unkomplizierten Look einer großen Garderobe vor und trägt am liebsten Jeans und Pullover. An ihrem Kühlschrank hängt ein in der Zwischenzeit zerfleddertes (auch das passt zu Michaela) Foto der Prinzessin aus deren Brautzeit: im geringelten Stricktop und Light Denim.

Sie sehen: Eine Lieblingsprinzessin zu haben, bedeutet nicht nur, sich in Klatschmagazinen über die neusten Wendungen in deren Familien- oder Liebesleben zu informieren. (Obwohl das für unser zukünftiges Prinzessinnenleben sehr wichtig ist, wie ich später noch zeigen werde.) Es bedeutet, ein Leitbild zu haben, an dem man sich orientieren kann. Eine Lieblingsprinzessin stärkt das Prinzessinnen-Ich auf vielfältige Weise: Sie kann Talente optimieren, Interessen und Ideale zutage fördern, und sie kann Hoffnung geben. Eine Lieblingsprinzessin zeigt, wo es langgeht und wie man seine Pläne umsetzt.

Auffällig ist, dass einige Prinzessinnen gar keine Prinzessinnen mehr sind, sondern Königinnen. Aber genau das zeigt ja das Prinzessinnenhafte an einer Prinzessin: Eine Prinzessin ist eine Person mit *Potenzial*. Sie hat aufgrund ihrer Position die Möglichkeit, ihre Anlagen voll zur Blüte zu bringen und ihre Position auszubauen. Prinzessin sein ist erst der Anfang, die Rohfassung, die Startposition – aus ihr heraus formt man sich zu dem Menschen, der man in Wahrheit ist. Es ist eine Art Keim der eigenen Möglichkeiten.

Beispiel gefällig? Auch Bundeskanzlerin Angela Merkel hat sich des Prinzessinnen-Tricks bedient, als sie am 22. November 2005 ins Kanzleramt einzog. Als man sie fragte, welche persönlichen Gegenstände sie mit in ihr Regierungsbüro nehmen würde, verwies sie auf ein Porträt der Zarin Katharina der Großen, das sie einmal geschenkt bekommen hatte. Das Bild steht, wie TV-Aufnahmen zeigen, prominent auf ihrem Schreibtisch. Es hat ihr den Weg gezeigt, an dessen Ende sie nun, nach langen Jahren der Regentschaft, angekommen ist. Denn wie sich Prinzessin Sophia aus dem unbedeutenden Fürstentum Anhalt-Zerbst zur Zarin Katharina die Große entwickelt hat, ist auch die als »Kohls Mädchen« verunglimpfte Bundeskanzlerin aus einer eher unwahrscheinlichen Position zur mächtigsten Frau der

Welt aufgestiegen. Schon zum sechsten Mal führt sie die Mächtigsten-Liste des *Forbes*-Magazins an. Ich hoffe, liebe Prinzessinnen im Herzen, Sie verstehen nun, worauf ich hinauswill.

Welche Prinzessin könnte nun zu unserem Leitbild werden? Ich habe für dieses Buch einfach einmal einen Test konzipiert. Er beruht nicht auf psychologischem Wissen. Das liegt daran, dass ich keine Psychologin bin. Ich habe mir lediglich die Lebensläufe von acht äußerst beliebten Prinzessinnen (aus der Geschichte, aus Märchen, aus den Klatschblättern) angesehen und ausgewertet – diese Bandbreite müsste ungefähr neunzig Prozent aller Prinzessinnen-Sympathien abdecken – und daraufhin meine Fragen formuliert. Ich gebe zu, dass selbst ich, die ich mich seit Jahrzehnten mit Prinzessinnen beschäftige, erstaunt war, wie selbstbewusst und aktiv die einzelnen Frauen ihr Leben gestaltet haben – auch wenn sie in Kernfragen (ihr Umgang mit Männern, Rivalinnen, Alkohol) höchst unterschiedliche Ansichten vertreten haben. Die Antworten offenbaren Prinzessinnen-Gefühle, Prinzessinnen-Meinungen, Prinzessinnen-Gedanken, Prinzessinnen-Taten. Natürlich haben die Prinzessinnen nie wirklich so geantwortet, sie wurden ja auch nie so gefragt. Aber die Antworten sind ihrem Leben nachempfunden.

Es ist übrigens ganz gleich, ob Sie sich vorstellen, wirklich in den Adelsstand erhoben zu werden, oder ob Sie in einer Fantasie auf sämtliche Rücksichten verzichten und auf dem royalen Parkett, entschuldigen Sie die Ausdrucksweise, einfach mal die Sau rauslassen. Ich betone das extra, weil ich – ich bin ja selbst eine Frau – weiß, dass wir Frauen immer dazu neigen, es allen recht machen zu wollen und selbst in unseren Gedanken nach

Harmonie streben. Vergessen Sie es! Alle Prinzessinnen haben auch ihre Schattenseiten, und gerade dass sie sie gelebt haben, macht ihre schillernde Persönlichkeit aus. Wenn Sie manchmal Lust haben, sich schon zum Mittagessen einen Drink hinter die Binde zu kippen, oder wenn Sie Ihre Rivalin am liebsten von der Bildfläche verschwinden lassen würden: Trauen Sie sich! Es guckt ja keiner.

Nehmen Sie einen Stift zur Hand, und kreuzen Sie im Folgenden die von Ihnen favorisierten Antworten an. Vielleicht entdecken Sie durch diesen Test (auch und gerade wegen der Schattenseiten der hochwohlgeborenen Damen) Ihre Sympathie für eine Prinzessin und küren diese zu Ihrem Ideal. Vielleicht bekommen Sie dadurch Anregungen für Ihre Lebensführung. Vielleicht aber staunen Sie einfach nur darüber, was Prinzessinnen so tun und lassen und wozu sie fähig sind. In der Test-Auflösung habe ich nämlich immer ein kurzes Prinzessinnen-Porträt vorangestellt, aus dem hervorgeht, warum sie so, wie ich beschrieben habe, auf die Fragen hätten antworten können. Vielleicht aber vergessen Sie alles und haben – auch das ist für eine Prinzessin im Herzen, wie wir es sind, total legitim – einfach nur ein bisschen Spaß. Vorhang auf!

1.) *Was ist Ihre Lieblingsfarbe? (Im Gegensatz zur landläufigen Meinung, dass Prinzessinnen und die Farbe Pink eine untrennbare Einheit sind, kommt diese Farbe – außer vielleicht bei flatterhaften Rokoko-Kokotten – eher selten bei royalen Würdenträgerinnen vor. Im Gegenteil: Repräsentantinnen hoher Häuser liebten kräftige und ausdrucksvolle Farben. Sie setzten Statements.)*

a.) Schwarz.

b.) Kornblumenblau.

c.) Blutrot.

d.) Pastellfarben: Honiggelb, Beige, helles Blau.

e.) Gold natürlich. Alternativ Gelb.

f.) Ich mag Rot mit Weiß.

g.) Blau und Gelb.

h.) Knalliges Rot.

2.) *Welches ist Ihr Lieblingstier?*

a.) Hammel, Mops, Frosch, Affe.

b.) Ein schwarzer Boxer.

c.) Ein brüllender Löwe.

d.) Afrikanische Elefanten.

e.) Ein Tintenfischchen.

f.) Ich mag Doktorfische und Krabben.

g.) Blauaras.

h.) Elche.

3.) *Was lesen Sie am liebsten?*

a.) Lesen? Ich bin Legasthenikerin.

b.) Die französische *Vogue*.

c.) Die amerikanische *Vogue*.

d.) Wenn es sein muss: Schiller! Aber lieber Ritter-romane von Lafontaine. Dabei kann ich so schön entspannen.

e.) Wenn, dann im heiligen Buch, aber ich halte das alles für Heuchelei.

f.) Lesen? Ich schreibe selbst (!) Gedichte.

g.) Oh, damit habe ich mich noch nie beschäftigt: Ich fürchte, ich bin Analphabetin.

h.) Eigentlich alles, was die französische, spanische und englische Literatur so zu bieten hat. Zur Entspannung übersetze ich gern aus dem Lateinischen und Altgriechischen. Ach ja, beinahe hätte ich es vergessen: Da gibt es diesen Theaterautoren William Shakespeare. Gefällt mir gut, was er macht.

4.) *Welcher Typ Mann macht Sie an?*

a.) Ich habe einen Hang zum Personal.

b.) Keiner. Die wollen doch alle nur das Eine. Das finde ich lästig.

c.) So ein Fitnesstrainer ist schon nicht übel. Die haben einen guten Body.

d.) Mein Zwillingsbruder.

e.) Ich will den Feind in meinem Bett. Das ist aufregend.

f.) Ich stehe auf meinen Reitlehrer.

g.) Ich habe eine Schwäche für feurige Ungarn.

h.) Ein heißer Russe stalkt mich mit seinen Briefen. Wenn das so weitergeht, werde ich schwach.

5.) *Etwas soll nach Ihnen benannt werden. Was wäre Ihnen am liebsten?*

a.) Ein US-Bundesstaat oder eine ganze Ära.

b.) Ein Orden.

c.) Ein Hollywoodfilm.

d.) Nichts, was kümmert mich der Nachruhm? Ich will herrschen, hier und jetzt.

e.) Eine Rose – aber eine ohne Stacheln.

f.) Eine Modelinie.

g.) Meine Enkeltochter. Ich bin ein Familienmensch.

h.) Oh, nach mir sollte eine Sonderform der Depression benannt werden. Das ist sooooo schön exzentrisch.

6.) *Was machen Sie mit Ihrer Rivalin?*

a.) Ich verbanne sie vom Hof.

b.) Ich lasse sie köpfen.

c.) Ich werfe sie der Kirche vor. Die erledigt den Rest.

d.) Ich habe keine Rivalin. Denn meine Schwester sehe ich nicht als Rivalin an.

e.) Naiv, wie ich bin, verspreche ich ihr das Beste, was ich habe.

f.) Ich werfe sie der Boulevardpresse vor. Die erledigt den Rest.

g.) Ich versuche, sie zu ignorieren.

h.) Ich führe sie meinem Mann zu, ich kenne seine Bedürfnisse.

7.) *Wie kleiden Sie sich am liebsten?*

a.) Ich stehe auf Kleider im Stil der griechischen Antike.

b.) In meiner Jugend mochte ich Filzjanker in Grün, dann weiße Spitzenkleider, inzwischen trage ich immer Schwarz.

c.) Bei meiner Figur kann ich mir nicht so viele Extravaganzen erlauben.

d.) Zum richtigen Zeitpunkt: ein schulterfreies kleines Schwarzes mit Perlencollier.

e.) Ich mag H&M.

f.) Dior! Und Jeans.

g.) Ich liebe sehr tiefe Ausschnitte, die meine weiblichen Reize offenbaren. Gern bis zum Bauchnabel.

h.) Knöchellange Kleider. Am liebsten in Blutrot.

8.) *Wie halten Sie sich fit?*

a.) Eine flotte Gaillarde nach dem Aufstehen hält meine Gelenke geschmeidig.

b.) Mit Geräteturnen.

c.) Ich schlafe bis mittags.

d.) Ich schwimme ein paar Runden.

e.) Eine Zeit lang bin ich morgens mit dem Roller einkaufen gefahren. Das war nicht schlecht.

f.) Durch Ränkespiele. Das regt meinen Geist an.

g.) Wie jeder heutzutage: Ich habe einen Personal Trainer.

h.) Ich gehe ins Fitnessstudio.

9.) *Sie wollen Ihre Sorgen vergessen. Welches Hilfsmittel ist Ihnen dazu am liebsten?*

a.) Eine »Bloody Mary«. Oder auch zwei. Der Drink ist nach meiner Schwester benannt.

b.) Ich ziehe mir Schokolade rein.

c.) So drei, vier Karaffen Wein am Tag können bei Sorgen nützlich sein.

d.) Ich fange eine Männergeschichte an.

e.) Ich flüchte mich in Gewaltmärsche.

f.) Ich singe mir die Seele aus dem Leib.

g.) Ich gelte als Workaholic.

h.) Ich heule mich vor der Kamera öffentlich aus.

10.) *Welches ist Ihr Lieblingsgetränk?*

a.) Bier, gern schon zum Frühstück.

b.) Rotwein.

c.) Bier, gern schon zum Mittagessen.

d.) Wasser.

e.) Wie alle in meinem Land trinke ich Kaffee.

f.) Champagner, wie das meiner Mutter.

g.) Bei uns am Hof wird nur deutscher Wein getrunken. Aber ich bevorzuge Champagner.

h.) Ale mit Wasser verdünnt.

11.) *Sie haben ein kleines Geheimnis. Welches könnte das sein? (Wir behandeln Ihre Angaben selbstverständlich vertraulich.)*

a.) Ich gehöre dem Mile High Club an.

b.) Ich habe schon in den Flitterwochen fremdgeflirtet. Und tue es immer noch.

c.) Bei Hof wissen sie nicht, wer ich wirklich bin.

d.) Ich trage ein Anker-Tattoo im Nacken.

e.) Meine Kinder sind auch meine Neffen und Nichten.

f.) Ich habe öfter einmal Gesellschaft in meiner Schlafkammer.

g.) Ich sage nicht, wer der Vater meines zweiten Sohnes ist! Niemals!

h.) Das werde ich nicht verraten! Sonst wäre es ja kein Geheimnis.

Erster Schritt

Sie haben die entsprechenden Antworten angekreuzt und schauen nun, in welcher Kategorie Sie die meisten Übereinstimmungen haben.

Natürlich kann man bei so einem edelblütigen Thema eine Kategorie nicht einfach »Kategorie« nennen. Sie heißt deshalb, dem Anliegen, Ihre Prinzessin im Herzen zu ermitteln, angemessen: *Loge*, was abgekürzt steht für Proszeniumsloge, die Fürstinnenloge. Sie nehmen darin Platz und sehen zu, welches Prinzessinnen-Ich sich auf Ihrer Lebensbühne entfaltet. Sie haben Zutritt zu mehreren Logen? Das ist gut: Sie sind eben schillernd und voller Facetten – wer, wenn nicht eine Prinzessin, kann das von sich sagen? Lassen Sie sich überraschen!

Loge 1: 1b, 2g, 3d, 4h, 5b, 6a, 7a, 8c, 9b, 10c, 11b.

Loge 2: 1a, 2b, 3f, 4g, 5h, 6h, 7b, 8b, 9e, 10a, 11d.

Loge 3: 1c, 2c, 3e, 4d, 5d, 6c, 7h, 8f, 9c, 10b, 11e.

Loge 4: 1d, 2e, 3c, 4f, 5g, 6f, 7d, 8h, 9h, 10g, 11g.

Loge 5: 1e, 2a, 3h, 4b, 5a, 6b, 7g, 8a, 9a, 10h, 11f.

Loge 6: 1f, 2d, 3b, 4a, 5f, 6g, 7f, 8e, 9d, 10f, 11h.

Loge 7: 1g, 2h, 3a, 4c, 5e, 6d, 7e, 8g, 9g, 10e, 11a.

Loge 8: 1h, 2f, 3g, 4e, 5c, 6e, 7c, 8d, 9f, 10d, 11c.

Zweiter Schritt

Lesen Sie jetzt die zu Ihrer Loge gehörende Prinzessinnen-Beschreibung am Ende des Buches, ab Seite 245. Viel Spaß dabei!

Teil II:

Das ist ja die Krönung!

Wann ist eine Prinzessin eine Prinzessin?

>»Für mich beginnt der Mensch beim Baron.«
>Fürst Metternich

Bevor wir uns anschicken, selbst Prinzessin zu werden, müssen wir erst einmal klären, was eine Prinzessin überhaupt ist. Denn es gibt da draußen, ich möchte warnen, tatsächlich Menschen, die sich sehr wundern werden, warum wir jetzt einfach für uns beanspruchen, eine Prinzessin zu sein. Diese Menschen sind die echten Prinzessinnen und ihre weit verzweigte Verwandtschaft. Eine echte Prinzessin ist aus ihrer Sicht nämlich nur eine, die im *Gotha* steht. Doch was ist der *Gotha*?

Für uns Prinzessinnen im Herzen ist die Kenntnis des *Gotha* eine wichtige Grundlage für unsere zukünftige Existenz. Der *Gotha* ist das genealogische Handbuch des Adels. Mehr noch: Er ist die Bibel des Adels. Er ist ein Verzeichnis der (meist) ruhmreichen Abstammung, des Glanzes und der Glorie ganzer Familien, ein Register der Eitelkeiten. Man ist stolz auf seinen Stammbaum, den man bis zur Zeit Karls des Großen zurückverfolgen kann. Alle Adeligen wissen, was der *Gotha* ist, viele brauchen noch nicht einmal hineinzuschauen, um ihre familiären Verzweigungen und Verwurzelungen runterbeten zu können.

»Ah, die Christi, ist das nicht die Cousine von dem Walbi?«

»Nein, das ist die Großtante. Die Cousine ist die Mascha, und die ist mit dem Fizzi verheiratet. Also dem Bruder von der Gerti.«

»Ja, aber die Gerti ist doch auch die Schwester von dem Sascha ...«

»Und auch von der Fizzi.«

»Ja, sag ich doch, aber der Sascha ist doch mit der Vita verheiratet, und deren Cousin ist doch der Mann von der Christi.«

Mein Beispiel ist auf einer Strandparty in der Nähe von Luisenlund abgelauscht. Adelige, das weiß ich von den Prinzessinnen, mit denen ich auf der Schule war, können sich ganze Nächte lang mit solchen Fragen der Familienzugehörigkeit beschäftigen, und ihnen wird dabei nie langweilig. Es ist ein Contest. Verloren hat, wer zuerst zum Regal rennt und im *Gotha* blättert. Denn selbstverständlich findet man in jedem adeligen Haushalt eine Ausgabe. Schon allein das ist bezeichnend.

Denn der *Gotha* ist nicht nur *ein* Buch – so viel Verwandtschaft würde sich wohl kaum zwischen zwei Buchdeckeln unterbringen lassen –, er umfasst viele Bände, die ständig aktualisiert werden und auf frühere Ausgaben verweisen. Eine komplette Ausgabe nimmt mehrere Regalböden ein. Es gibt vier sogenannte Handbücher, die wiederum viele einzelne Bände umfassen. Man spricht bei jedem dieser Bände aber immer nur von »dem Buch«: nämlich von dem Buch für *Adelige Häuser*, für *Freiherrliche Häuser*, für *Gräfliche Häuser* und – dem wichtigsten – für *Fürstliche Häuser*. Dies ist wiederum in mehrere Abteilungen eingeteilt:

In der »Ersten Abteilung« des Handbuches für *Fürstliche Häuser* steht die Genealogie der regierenden sowie der seit Anfang des 19. und 20. Jahrhunderts entthronten europäischen Fürstenhäuser. Hier finden wir beispielsweise Königin

Margrethe von Dänemark, Königin Máxima der Niederlande, aber auch Prinz Ernst August von Hannover, obwohl wir natürlich alle wissen, dass er nicht mehr regiert. Aber im *Gotha* hat er den gleichen Status wie ein König, und wäre Hannover noch ein Königreich, wäre er sein Regent. Nun wird er als »Chef« des Hauses Hannover bezeichnet.

Die »Zweite Abteilung« des Handbuches für *Fürstliche Häuser* verzeichnet die Genealogie der deutschen standesherrlichen Häuser. Was das bedeutet, erkläre ich gleich. Wichtig ist nur: Auch sie haben den gleichen Status wie die Damen und Herren aus der »Ersten Abteilung« – sie sind ihnen ebenbürtig.

Die »Dritte Abteilung« umfasst die Genealogie von anderen, nicht souveränen europäischen Fürstenhäusern.

Wer von uns Prinzessinnen im Herzen einmal in den *Gotha* hineingeschaut hat, wird kaum nachvollziehen können, warum dieses Buch so viel Selbstbesoffenheit auslöst. Es ist eine dröge und endlose Aneinanderreihung von Daten – Geburten, Hochzeiten (standesamtlich und kirchlich), Todesfälle und neuerdings auch Scheidungen. Meist die von Personen, auf die wir erst durch die Berichterstattung der Klatschpresse aufmerksam geworden sind, wie beispielsweise Ferfried von Hohenzollern-Sigmaringen aus dem katholischen Zweig der Hohenzollern. Am Anfang jedes großen Namens ist noch etwas zu seiner Geschichte zu lesen: Wer war der erste Namensträger? Über welches Land wurde regiert? Wie sieht das Wappen aus? Und wie sind die Nachkommen dieses Hauses anzusprechen? Etwa so: »Die Nachgeborenen führen den Namen Prinz bzw. Prinzessin ... (Durchlaucht).« (Das wird für uns Prinzessinnen im Herzen in vielerlei Hinsicht noch wichtig werden.)

Ungewöhnlich sind die Vermerke zur Annullierung einer Ehe durch den Papst. Eine katholische Ehe wird nämlich vor Gott geschlossen und kann nicht geschieden werden, es sei denn, sie war gar nicht erst existent. Also bittet man den Papst, diese für nichtig zu erklären. Bei Caroline von Monaco und Philippe Junot kann man so einen Eintrag sehen. Dort steht: »Ehe aufgelöst Monaco 9.10.1980, kirchl. annulliert Rom 2.2.1992.«

Die Erstausgabe des *Gotha* von 1764 hat übrigens nichts mit dem *Gotha*, wie wir ihn heute kennen, zu tun. Es war damals nur ein zwanzigseitiger Almanach, der neben Mondläufen, Kalenderweisheiten, Tabellen, in denen man Spielgewinne (der Adel des 18. Jahrhunderts zockte ja ständig) notieren konnte, auch den Fahrplan der Thurn und Taxisschen Post enthielt. Erst im Jahr darauf wurde er um den Stammbaum der sächsischen Souveräne, dann in einer weiteren Ausgabe mit Daten zu Hochzeiten, Geburten und Todesfällen von anderen Fürstenhäusern erweitert. So wurde er immerzu aktualisiert und ergänzt. Innerhalb weniger Jahre entwickelte sich das Handbuch zur Lieblingslektüre des Adels, der sich seitdem mit so viel Hingabe darin vertieft wie Narziss in sein Spiegelbild. Das gilt bis heute. Verwunderlich ist es nicht: Jeder Mensch interessiert sich am meisten für Menschen, und der interessanteste Mensch ist immer man selbst.

Das Kuriose daran ist, dass der Stolz auf die eigene Herkunft sich meist auf eine Regentschaft bezog, die sich lediglich über ein paar Weiler und einen Bachlauf erstreckte. Die Fürsten aber gaben sich, als wären sie Herrscher über die ganze Welt, obwohl sie sich nicht sonderlich von ihren Bauern unterschieden. Es gibt einen Witz, in dem ein Bauer seinen Souverän mit folgenden Worten anspricht: »Eure durchlauchtigsten Schweine haben meine untertänigsten Kartoffeln gegessen.« (Der eine war ein Schweinebauer, der andere ein Ackerbauer, das Einzige, was sie unterschied, war ihr Stand.) Ungefähr dreihundert dieser Duodez-Staaten (also sehr kleinen Fürstentümer) gab es im Heiligen Römischen Reich Deutscher Nation. (Da ich keine Lust habe, das immer auszuschreiben, sage ich fortan: HRR.)

1806 kam Napoleon und verleibte die Winzfürstentümer größeren ein. Dieser Vorgang wird Mediatisieren genannt. Der Flickenteppich wurde großflächiger. Es entstanden sogar ein paar Königreiche: Bayern, Württemberg, Baden. Der Vorgang wurde 1815 beim Wiener Kongress zum Teil rückgängig gemacht, die entmachteten Herrscher entschädigte man mit Titeln. Es entstand der Typus des »Standesherren«: Damit bezeichnete man die Fürsten, die vor Napoleons Feldzug von 1806 reichsunmittelbar regiert hatten, die also ihrer Handvoll Untertanen gegenüber absolute Fürsten waren und über denen sonst nur der Kaiser stand. Sie wurden besänftigt, indem man sie als ebenbürtig betrachtete. Ein wichtiges Kriterium, wenn man den Ansprüchen adeliger Hochzeitspolitik gerecht werden wollte. Nur den mediatisierten Häusern war es möglich, Ehen mit regierenden Häusern zu schließen: Ein Prinz von Großmacht aus der »Ersten Abteilung« darf also eine Prinzessin von Kleinkleckersdorf aus der »Zweiten Abteilung«, in der die mediatisierten Standesherren der einstigen Kleinststaaten stehen, heiraten. Das ist standesgemäß, auch wenn die Ahnen der Prinzessinnen von Kleinkleckersdorf nur über zwei Bauernhöfe und ein Kloster regiert haben. Und das auch noch vor langer, langer Zeit.

Es ist kompliziert, ich weiß, und ich gebe zu, dass man wohl hineingeboren sein muss, um sich da wirklich zurechtzufinden. Nur eine Regel gilt: Wer einen Rang zu verteidigen hat, verteidigt ihn, und oftmals gilt auch hier: Angriff ist die beste Verteidigung. Prinzessin Mary von Teck, an der Seite Georgs V. englische Königin, sprach alle, die nicht königlich waren, mit »arm« an. Etwa: »Wie geht es Ihrer armen Schwester?« Wer den Gotha studiert hat, und das habe ich in diesem Fall, denkt: Die arme Mary muss wohl etwas Höhenluft geatmet haben, denn die Tecks sind eine nicht ebenbürtige Linie des Hauses Württemberg, die Marys Großvater durch eine Mesalliance mit einer ungarischen Gräfin begründet hatte. (Tja, so etwas weiß man dann, wenn man ein wenig im *Gotha* liest, auch.)

Es ist wohl der Lauf der Dinge, dass diejenigen, die es nach oben schaffen, nach unten hin auf Abstand gehen, und »nach unten hin« bedeutet in diesem Fall zur Welt der Normalsterblichen. Werner Sombart hat diese Abschottung als eine der erfolgreichsten Strategien beschrieben, die es dem Adel trotz Revolutionen und Legitimitätskrisen ermöglichte, seine gesellschaftliche Stellung bis weit ins zwanzigste Jahrhundert zu behaupten. Er hat es »Obenbleiben« genannt.

Nun ist der Adel, auch das muss gesagt werden, seit jeher gespalten in der Frage, wie mit unebenbürtigen Verbindungen umzugehen sei. Man zeigt sich nämlich durchaus anpassungsfähig, wenn es erforderlich ist: Als Friedrich der Große, selbst kinderlos, sich um die preußische Thronfolge sorgte (es gab nur *einen* Nachfolger, was beim Hochadel grundsätzlich von großem Zittern begleitet ist), schickte er den agilen Grafen Schmettau zur Frau seines lendenlahmen jüngsten Bruders Ferdinand mit dem Befehl: »Mache Er mir Neffen!« Friedrichs Schwägerin fügte sich der königlichen Order mit großem Eifer: Es kamen sechs. Friedrich Wilhelm III., Nachfolger des einen Nachfolgers, der glücklicherweise nicht im Kindesalter weggestorben war, sah sich hingegen durch seine große Nachkommenschaft von derlei Nöten befreit und nahm dementsprechend eine konservative Haltung ein. Kinder aus Mesalliancen bezeichnete er als »Mäusedreck im Pfeffer«.

Auch heute, knapp hundert Jahre nach der Abschaffung des Adels, lässt sich trotz der Offenheit der regierenden Häuser zum bürgerlichen Lager hin – siehe Letizia, Mary, Kate, Mette-Marit – gerade bei Häusern, die ihre Souveränität eingebüßt haben, ebenfalls eine bewahrende Haltung erkennen. Man schottet sich ab. Ich kann mir das nur mit der Mentalität von Exilanten erklären, die in ihrer neuen Heimat Sitten und Bräuche aus der alten Heimat höher halten, als sie es früher getan haben. Deutsche, die in New York leben, etwa besuchen mit einem Mal die Steuben-Parade. So etwas stiftet Identität. Und seit 1919 lebt der Adel ja quasi im Exil.

Gloria von Thurn und Taxis hat die Lage, wie so oft, auf den Punkt gebracht. Sie sagt, die UNESCO möge den Adel als immaterielles Weltkulturerbe aufnehmen und schützen. Ihre Begründung: »Mittlerweile werden ja auch Indianerstämme und Kulthandlungen geschützt.« Und sie setzt noch einen drauf: »Die Schutzmaßnahme sollte so weit gehen, dass die UNESCO bestimmt, wen der Adel heiratet. Sonst gibt es das alles bald nicht mehr.« Sie möchte, dass »wir als Spezies geschützt werden«, und meint mit »wir« den Adel mit seinen jahrhundertealten nachweisbaren Stammbäumen. Also diejenigen, die im *Gotha* stehen.

Ich gebe zu: ein faszinierender Gedanke, dem ich allein aus purem Egoismus zustimme. Ich werde nämlich alles daransetzen, in das dafür zuständige Gremium berufen zu werden. Dann kann ich den ganzen Tag im *Gotha* lesen (vielleicht verstehe ich ihn dann mal in Gänze) und täglich einer Adelshochzeit beiwohnen. Ich verspreche: Ich lade Sie alle dazu ein.

Natürlich wirkt Fürstin Glorias Vorschlag ziemlich befremdlich auf uns (noch) Ungekrönte, aber sie hat nicht ganz unrecht: Der Adel ist eine aussterbende Gattung. Die über Jahrhunderte übliche Adelsprobe, der Nachweis, dass alle 16 Ururgroßeltern adelig geboren waren, können zunehmend weniger Menschen erbringen. Der erlauchte Kreis umfasst nur etwa ein Prozent der Bevölkerung, und gerade wenn immer mehr adelige Frauen einen »Gewissen« (wie die adelige Großtante einer mir bekannten Gräfin alle Bürgerlichen nannte, im Gegensatz zu »Geborenen«, wie sie Adelige bezeichnete) heiraten, schrumpft der Bestand. Denn auch, wenn diese erlauchten Damen, was rechtlich glücklicherweise möglich ist, ihren klangvollen Geburtsnamen beibehalten, in den konservativen Adelsverbänden gelten sie als nicht mehr zugehörig und ihre Nachkommen schon gar nicht. Im *Gotha* wandern sie in eine andere Abteilung, wenn nicht sogar in ein anderes Handbuch.

Der Wunsch, unter sich zu bleiben, rührt noch von einem anderen Trend her. Es sind nämlich weniger die angeheirateten, bürgerlichen Neuzugänge, die den Adel das Fürchten lehren – das zeigt sich in der hohen Akzeptanz von Königin Silvia von Schweden, Königin Sonja von Norwegen, Prinzessin Ursula von Bayern und der amtierenden Kronprinzessinnenriege des europäischen Hochadels. Es ist vielmehr die Praxis zahlreicher in finanzielle Not geratener Adeliger, das einzige Wertvolle, was ihnen noch geblieben ist, zu versilbern und mit ihrem hochwohlgeborenen Namen durch Adoptionen Kasse zu machen.

Sollten reiche Prinzessinnen im Herzen hier hellhörig werden, muss ich etwas entwarnen: Adoptierte Adelige werden nicht im *Gotha* aufgenommen. Sie bekommen den Titel, aber nicht die volle Anerkennung ihres neuen hohen Standes. Durch Heirat zum Adel erhobene Prinzessinnen hingegen schon. Dazu im kommenden Kapitel viel mehr.

Ich bin durch Zufall einmal in einer geheimen Gruppe bei Facebook gelandet, wo echte Adelige (also die, die im *Gotha* stehen) den für sie unliebsamen und sprunghaft ansteigenden Familienzuwachs aufspüren und auf seine Legitimität hin prüfen. Ist es tatsächlich nur ein entfernter Großcousin dritten Grades, den man noch nicht kannte? Oder doch jemand, der unecht ist? Die Begriffe »echt« oder »unecht« werden dabei sehr streng ausgelegt. Es gilt das Salische Gesetz, vererbt wird im Mannesstamm. Eine Maike von Bremen, die den Namen von ihrer Mutter geerbt hat, gilt als unecht.

Das Ganze läuft in der Regel so ab:

Jemand postet das Profil einer Person mit Adelstitel und fragt: »Ist die echt?«

Dann wird im Netz gesucht oder jemand aufgespürt, der die Familienverhältnisse dieser Person genauer kennt – meist, weil dieser jemand den gleichen Namen trägt oder zu der durch diesen Neuzugang »geschädigten« Familie gehört.

Dann postet einer beispielsweise: »Kenne ich. Ist okay.« Als Beleg folgt der Ausriss eines Stammbaums, der bis zu Heinrich dem Löwen zurückführt.

Ein nächster: »Ja, ABER die hieß neulich doch noch Nadja Müller. Schaut mal hier.« Als Beweis wird ein Internetfund angezeigt, der die Gesuchte noch unter ihrem alten Namen zeigt, vielleicht sogar auf einer Aftershowparty von DSDS, im VIP-Bereich einer Party von Michael Ammer oder in den Armen eines Popstars. Oft mit zu kurzem Rock, noch öfter unter dem Einfluss hochprozentiger Getränke. Damit hat so eine Person natürlich sofort alle gegen sich, so als ob es nur Prinzessin Margaret erlaubt gewesen wäre, sich die Welt ab mittags mit ein paar Gläschen Gin Tonic schön zu trinken und abends Mick Jagger in ihre Gemächer einzuladen.

Wenn solche Fotos auftauchen, ist es jedenfalls meist eine Weile still in der geheimen Gruppe, weil alle fleißig Nachweise sammeln. Ich kann mir gut vorstellen, wie da in solchen Momenten zu Hause die Köpfe zusammengesteckt werden oder die Handys glühen, weil man überlegt, welcher der verarmten Onkel, Tanten und Cousins da für ein Bündel Bares seinen Titel verscheuert hat.

Nach einer Weile arbeitet das virtuelle Einwohnermeldeamt wieder. Wenn es für die Person gut läuft, postet jemand: »Ist echt. Hat geheiratet.« Aber es ärgert natürlich schon, dass so ein Miststück sich da einfach jemanden aus den eigenen Reihen geschnappt hat, und dann wird etwas gelästert und geknurrt.

Wenn es schlecht läuft, und in den meisten Fällen läuft es schlecht, heißt es:

»Fake!«

»Ist ein Fake.«

»FAke« (Rechtschreibung spielt dann nicht mehr so eine große Rolle, obwohl man sonst auf Etikette Wert legt.)

Dann wird dieser Name in eine Liste eingetragen.

Wer auf dieser Liste steht, ist in erlauchter Gesellschaft erledigt. Er hat seinen Stempel weg. Und diese Liste ist lang und wird immer länger. Denn immer mehr Menschen versuchen, sich mit vermeintlich adliger Abstammung zu schmücken. Wer, wenn nicht wir Prinzessinnen im Herzen, können diesen Wunsch nachvollziehen?

Zwei solcher Adoptionen haben auch weit über Adelskreise hinweg für Furore gesorgt. Weil sich die Fälle so amüsant lesen, möchte ich sie hier nicht vorenthalten. Man kann natürlich verstehen, dass die Häuser, die es betrifft, nicht so richtig erfreut sind. Aber was wir Prinzessinnen im Herzen daraus lernen, bleibt uns überlassen.

Der erste Fall betrifft Prinzessin Marie Auguste von Anhalt. Ihr nutzte es wenig, dass sie 1916 Prinz Joachim von Preußen heiratete und den deutschen Kaiser Wilhelm II. ihren Schwiegervater nennen durfte. Ihr Mann nahm sich vier Jahre später das Leben, ihr gemeinsamer Sohn starb 1975 verarmt in Chile. Auch eine zweite Ehe scheiterte. Prinzessin Marie war pleite und sah sich gezwungen, ihren Lebensunterhalt bis über das Rentenalter hinaus als Empfangsdame in der Essener Hauptverwaltung der WASAG-Chemie AG zu verdienen. Als die Baronin

Rothschild, die sie, einem noblen Kodex verpflichtet, mit monatlich 790 D-Mark unterstützte, starb, sah sich die alte Prinzessin nach anderen Einnahmequellen um. Marie Auguste war bereits 82 Jahre alt, als sie beim Vormundschaftsgericht in Wolfratshausen den ehemaligen Sauna-Club-Mitarbeiter Hans-Robert Lichtenberg adoptierte, der in Erwartung seiner Rangerhebung seinen Vornamen in die wohlklingende Anrede Frédéric ändern ließ. Ob der neue Sohn die vereinbarten 280.000 D-Mark schuldig geblieben ist, ist ungewiss. Gewiss ist hingegen, dass der Adoptiv-Anhalt seinen frisch errungenen Titel zu Geld machte: zunächst durch Blitz-Ehen und -Scheidungen in Las Vegas, und als ihm diese Möglichkeit nach seiner Hochzeit mit dem Hollywood-Sternchen Zsa Zsa Gabor versperrt war, durch Kettenadoptionen. Unter seiner Klientel befanden sich auch einige Herren aus dem Zuhälter-Milieu. Prinzessin Marie Auguste starb zwei Jahre nach ihren späten Mutterfreuden verbittert hinter der braunen Fassade eines Essener Mehrfamilienhauses. Und die Familie? Die sah sich genötigt, die beschädigte Familienehre zu verteidigen – ohne Erfolg. Das Geld und die Mühen, die Marie Augustes Neffe Eduard Julius Ernst *nach* ihrem Tod darauf verwandte, die Umtriebe des neuen Cousins zu stoppen, hätte er besser *vor* ihrem Tod in eine Apanage der verarmten Tante investiert. Dann wäre ihm der faule neue Zweig im Familienstammbaum erspart geblieben.

Das zweite prominente adelige Adoptivkind ist der in Salzburg geborene, tja, was ist er eigentlich?, egal, es geht auch ohne Beruf: Mario Wagner. Dieser ist gleich zwei Mal zu dem Namen »zu Schaumburg-Lippe« gekommen, weshalb er in der

Adelsszene auch als SL² (sprich: Ess-El hoch zwei) verspottet wird. Einmal adoptierte ihn die Rennfahrer-Witwe Helga-Lee zu Schaumburg-Lippe, aber ihren Titel konnte er in seiner Heimat nicht geltend machen: In Österreich steht nach Paragraf 5 der Vollzugsanweisung die Führung von Adelsbezeichnungen unter Strafe. (290 Euro kostet übrigens dieses Vergnügen. Österreichische Adelige tricksen hier gern: Sie lassen andere ihren Titel nennen – das kostet nichts, aber es kommt zu bizarren Einladungen wie: Benno Schönfeld und seine Frau I. D. Benita Prinzessin zu Schönfeld-Güldenburg laden ein.) Also musste eine andere Lösung her. Mario, jetzt Mario-Max, fand sie bei Waldemar zu Schaumburg-Lippe, der eine Zeit lang im Wohnwagen lebte und sich die faulen Zähne mit einer Zange selbst zog, um das Honorar für eine ärztliche Behandlung zu sparen, das er ohnehin nicht hätte aufbringen können. Prinz Waldemar heiratete Mario-Max' Mutter Gertraud, geborene Schöppl, und adoptierte den damals noch einfachen SL. Dieser besitzt nun die deutsche Staatsangehörigkeit und darf sich endlich »Prinz« nennen. Mario-Max Prinz zu SL² versilbert seinen illustren Titel mit allem, was schnelles Geld verspricht: Er entwirft Prinzen-Unterwäsche, verkauft Reichtums-Parfums, war Gast im *Big Brother*-Container. Und er hat eine eigene TV-Show, in der er unter anderem mit Engeln spricht.

Nun könnte man denken, es sei nur recht und billig von echten Adeligen, sich von solchen selbst ernannten Prinzen abzuwenden und alles Erdenkliche zu tun, um sie von ihren erlauchten Kreisen fernzuhalten. Denn wer spricht denn hier schon mit Engeln? Aber da möchte ich unbedingt auf Prinzessin

Märtha Louise, die Schwester von Norwegens Kronprinz Haakon, hinweisen. Sie betreibt eine Engelschule (!), in der Kinder lernen können, mit ihrem Schutzengel (!!) zu sprechen.

Eigentlich bedarf es hier keines Kommentars.

Dennoch erhärtet sich angesichts dessen mein Verdacht: Eine Prinzessin, die im *Gotha* steht, darf – aus Sicht des Adels – alles. Niemand in den erlauchten Kreisen stört sich daran. Aber wenn wir Prinzessinnen im Herzen (oder im Falle von Mario-Max ein Prinz) das Gleiche tun, ist es nicht gleich. Das kann uns nur lehren: Da, wo wir machen können, was wir wollen, wollen wir auch hin! Und wenn wir es schon nicht in den *Gotha* schaffen, dann schaffen wir es durch unsere Haltung: Auch wir dürfen auch alles, was wir wollen, eben weil wir Prinzessinnen im Herzen sind.

Na, dann, liebe Prinzessinnen im Herzen, fangen wir an mit unserer wundersamen Verwandlung.

Prinzessin werden!

Es gibt mehrere Möglichkeiten, seinem inneren Adel einen sichtbaren Ausdruck zu geben und Prinzessin zu werden. Einige seien hier aufgeführt:

a.) Sie heiraten einen Prinzen.
b.) Sie lassen sich von einem Prinzen oder einer Prinzessin adoptieren.
c.) Sie kaufen einen Titel bei eBay.
d.) Sie verkleiden sich.
e.) Sie lassen sich küren.
Oder – die moderne Variante –
f.) Sie krönen sich selbst!

Wie wir das genau anstellen, möchte ich jetzt im Einzelnen erläutern. Nachahmung wird auf dem Weg zum Prinzessinnen-Dasein dringend empfohlen!

Sie heiraten einen Prinzen

Sie haben sich für diese Option entschieden? Dann gibt es gleich zu Anfang eine super Nachricht für Sie:

Prinz Harry ist noch frei! (Stand: September 2016)

Wenn Sie also blond, schlank und trinkfest sind – was sich nach Harrys Beziehungen zu Chelsy Davy und Cressida Bonas deutlich als sein Beuteschema abzeichnet (wie Mutti halt!) –, dann helfen Sie dem Zufall etwas nach. Sie sollten dabei weder beim Strippoker in Las Vegas (z.B. im Wynn Hotel) kneifen noch politisch korrekten Stress machen, wenn Harry bei kolonialistischen Motto-Partys mit Nazi-Armbinde erscheint. Trifft das auf Sie zu, dann packen Sie die Koffer und ziehen nach London um. In den Nachtclubs The Box (Soho), Mahiki (Mayfair), Mare Moto (Fulham) oder Bodo's Schloss, das günstigerweise fußläufig zu Prinz Harrys Wohnung im Kensingtonpalast liegt, macht er öfter mal einen drauf, wenn er nicht gerade in Afghanistan Einsätze fliegt. Aber seien Sie gewarnt: Harry spricht außer dem auswendig gelernten Stammelsatz für seinen »Ein Herz für Kinder«-Auftritt im Dezember 2011 (»Vielen, Dank, Frau, Wulff, und, ein, Herz, für, Kinder, für, diesse, tolle, Ährung.«) kein Wort Deutsch. Wenn Sie sich also nicht allein auf die Sprache der Liebe (aka Bodytalk) verlassen wollen, ist das Harryprojekt ein sehr guter Anreiz, Ihr Englisch aufzufrischen. Notiz: Englischstunden buchen! Am besten bei einer Dame mit Mittelstand-Akzent. Versuchen Sie erst gar nicht, sich den poshen Akzent der englischen Upperclass anzueignen. Jeder wird Sie für einen Parvenü halten und über Sie lachen. In diesen Akzent wird man hineingeboren.

Englisch lernen macht Mühe, aber es hat auch Vorteile: Bei Ihren Touren durch Londons It-Places könnten Sie nicht nur Prinz Harry, sondern auch seiner royalen Bluts- und angeheirateten Verwandtschaft (den Middletons!) über den Weg laufen. In Londons Nachtclubs werden auch Harrys Cousinen Eugenie und Beatrice oft gesehen. Hängen Sie sich unbedingt dran! Die beiden sind nicht nur äußerst lebensfrohe Damen, sondern zudem noch umschwärmt von einer schillernden Crowd.

In deren Gegenwart kann man sich einfach nicht langweilen. Außerdem könnten Sie sie für Ihre Absichten einspannen und sich verkuppeln lassen. Keine Scheu. Das ist nichts Außergewöhnliches. Die Praxis, Prinzen und Prinzessinnen einander bekannt zu machen, wird seit Jahrhunderten gepflegt. Und ist auch heute durchaus üblich. Wovon wir Prinzessinnen im Herzen profitieren können.

Glauben Sie nicht? Dann hier die Geschichte von Máxima. Sie arbeitete als Abteilungsleiterin für Emerging Markets bei Dresdner Kleinwort Benson (Dresdner Bank) in New York und war gerade in die Wohnung ihres Freundes Dieter nach Chelsea gezogen, als sie ihrer Freundin Cynthia Kaufmann anvertraute: »Dieter langweilt mich!«

»Perfekt«, sagte das It-Girl mit dem weltumspannenden Netzwerk, was bei so einem Geständnis etwas mitleidlos wirken mag. Aber Cynthia legte nach: »Ich habe den richtigen Mann für dich! Alex heißt er, lass mich nur machen.«

Máxima ließ Cynthia machen. Cynthia schickte ihrem Kandidaten Fotos von Máxima und arrangierte ein Treffen auf einer Party in Sevilla. Und Alex war kein anderer als Kronprinz Willem-Alexander der Niederlande. Heute ist Máxima Prinzessin der Niederlande und Königin.

Auch die Schneiderin Sonja Haraldsen wurde mit ihrem Herzenskönig Harald von Norwegen bei der Party einer gemeinsamen Freundin bekannt gemacht. Letizia, Spaniens Königin, angelte sich den damaligen Single-Kronprinzen Felipe bei einem Dinner, zu dem der Chef der ehemaligen TV-Moderatorin eingeladen hatte. Und Japans Kronprinz Naruhito sagte, nachdem ihm bei einem Empfang die Diplomatentochter Masako Owada zugeführt wurde: »Diese. Oder keine.«

Es gibt also genügend Vorbilder, mit denen wir die Praxis des Arrangierens rechtfertigen können. Auch heute noch.

Doch trotz vieler Vorteile (gutes Englisch kann man immer gebrauchen, illustre Freunde sowieso) hat die vorgeschlagene Strategie, sich Prinz Harry zu angeln, durchaus ihre Schattenseiten, die wir hier nicht vorenthalten wollen: Sie ist teuer – ein Tisch im angesagten Club The Box kostet wenigstens tausend Pfund Sterling pro Nacht und damit nur etwas weniger als das durchschnittlich verfügbare monatliche Nettoeinkommen deutscher Privathaushalte. Außerdem hat diese Taktik hohe Streuverluste – Sie wissen nicht, wann Prinz Harry wo auftaucht. Und mit wem. Drittens: Diese Strategie ist hoch spekulativ. Denn, mal ehrlich, wie viele Bekanntschaften, die in einem Nachtclub geschlossen wurden, münden in einer – zumal royalen – Ehe?

Aber es gibt noch andere Wege, die zum Ziel führen: Teilen Sie mit Harry das, wofür sein Herz schlägt. Setzen Sie sich für seine Wohltätigkeitsprojekte ein, machen Sie mit, engagieren Sie sich. Eine gemeinsame Aufgabe verbindet. Sein Herzensprojekt ist »Sentebale«, ein Wohltätigkeitsdorf für HIV-Waisen in Lesotho. Lesotho ist das Land mit der drittgrößten HIV-Quote der Welt, jedes fünfte Kind ist eine AIDS-Waise, jeden Tag verlieren hundert Kinder einen Elternteil durch das tödliche Virus. Der frühe Unfalltod seiner Mutter, Prinzessin Diana, hat den damals Zwölfjährigen geprägt. In Sentebale gibt es medizinische Hilfe, Trost, Essen und Bildung. »Meine Mutter hat so viel Gutes getan«, sagt er und bekennt, dass auch er viel Gutes tun möchte. Am liebsten in Afrika, gern bei humanitärer Arbeit.

Gut zu wissen: Eine Prinzessin im Herzen, die noch nicht weiß, wo und wie sie ihr soziales Jahr verbringen, wohin sie auswandern oder wie sie ihre Sinnkrise bewältigen will, könnte das in Erwägung ziehen. Harry verbringt jedes Jahr volle zwei Monate in Sentebale – da ist die Chance, dass Sie sich über den Weg laufen, groß. (Auch hier gilt: Englischunterricht nehmen! Auch Vorkenntnisse in einem Job im Medizinsektor könnten von Vorteil sein.)

Ach, Sie mögen Prinz Harry gar nicht? Aber das ist gar kein Problem! Denn das, was ich hier über ihn gesagt habe, gilt unterm Strich für alle gekrönten Häupter. Sie müssen nur London gegen eine andere Stadt austauschen, Sentebale gegen ein anderes Wohltätigkeitsprojekt. Es ist nur ein Beispiel, Harry eine Art Platzhalter. Finden Sie heraus, ob Ihr Zukünftiger noch frei ist, wo er seine Freizeit verbringt und welche Charity-Organisation er unterstützt. Keine Sorge: Fast alle Prinzen engagieren sich für wohltätige Zwecke – das liegt daran, dass Prinzen, solange ihre Häuser noch regieren, nur einen sehr eingeschränkten Betätigungsradius haben (Militär geht klar, Bankwesen eher nicht) und sie sich doch irgendwie und irgendwo nützlich machen wollen und müssen. In Zeiten, in denen sie keine wirkliche Funktion im Staat haben, stehen sie durchaus unter öffentlichem Druck, wenn sie nicht als bloße Partyprinzen abgetan werden wollen. Immerhin bezahlt sie der Staat. Kindergärten besuchen, Krankenhäuser eröffnen, Förderprojekte initiieren – dafür darf sich ein Prinz nicht zu schade sein.

Wenn Sie, auch das kommt vor, nicht so ein sozial engagierter Typ sind, gibt es noch eine andere Möglichkeit, sich echten

Prinzen zu nähern: Der Adel ist bekannt dafür, dass er sportlich ist und sich für Sport interessiert. Nur ein paar Beispiele: Prinz William ist Präsident des Englischen Fußballverbands (Vorgänger im Amt war sein Onkel Andrew, der ein exzellenter Skifahrer ist und auf Profiniveau golft), Prinz Frederic von Dänemark gehört dem Olympischen Komitee seines Heimatlandes an, Willem-Alexander der Niederlande ebenfalls, als er noch Prinz war. Einige Prinzen nehmen sogar selbst an sportlichen Wettbewerben teil. Selbst der etwas schwammige Albert von Monaco hat auf diesem Sektor etwas zu bieten: Er trägt den schwarzen Gürtel im Judo und hat sein Land fünfmal bei den Olympischen Spielen vertreten, allerdings als Bobfahrer. Karim Aga Khan nahm bei den Olympischen Winterspielen 1964 in Innsbruck für den Iran als Skirennläufer teil. Hubertus von Hohenlohe-Langenburg vertrat sein Geburtsland Mexiko in Sarajevo (1984), Calgary (1988), Albertville (1992), Lillehammer (1994), Vancouver (2010) und Sotschi (2014) in den – erstaunlicherweise! – alpinen Skidisziplinen Riesenslalom oder Slalom.

Aber auch als Publikum ist der Hochadel beim Sport präsent – blicken Sie mal auf die Tribünen: Immer findet sich da ein prominenter Vertreter, der sein Team mit Schal, Nationalfarben und Vuvuzela anfeuert. Die Chance, bei einem Wettkampf einen Prinzen kennenzulernen, ist also gut, und wenn man einmal die aktuellen Paarungen unter den gekrönten Häuptern Europas betrachtet, kann man ohne zu übertreiben sagen, sogar *sehr* gut: Schwedens König Carl Gustav verliebte sich bei den Olympischen Spielen 1972 in München in die Hostess Silvia Sommerlath aus Heidelberg – heute ist sie Schwedens Königin.

Zwischen Albert von Monaco und Schwimmerin Charlene (damals noch ohne französisiertem Akzent auf dem »e«, aber eben auch noch ohne den Titel »Fürstin«) Wittstock funkte es 2000 bei einer Meisterschaft in Monaco – heute ist sie Regentin. Frederik von Dänemark segelte bei den Olympischen Spielen 2000 in Sydney im Team der dänischen Mannschaft mit. Er wollte eigentlich seinen Frust über die verpatzte Medaillenchance bei ein paar Bier in der Hafenkneipe Slip Inn runterspülen, da sah er die PR-Lady Mary Donaldson – und stellte sich ihr mit den Worten »Hi, I'm Fred from Denmark« vor. Sie hat überhaupt nicht geschnallt, dass er damit nicht »aus Dänemark« meinte, sondern »von Dänemark«, und gab ihm ihre Handynummer. Ach, wer da nach zwölf Jahren Eheglück immer noch an Frederiks Treue zweifelt, kann sein (fragwürdiges) Glück versuchen: Die »Dannebrog«, die königliche Yacht, liegt im Sommer immer im Hafen von Sønderborg. Viel Glück und immer eine Handbreit Wasser unterm Kiel, bei allem, was Sie vorhaben.

Nun sind Prinzen ja nicht immer gleich Kronprinzen, sie können auch zweitgeborene Prinzen oder Prinzen einer Nebenlinie sein. Oder Prinzen aus ehemaligen souveränen Häusern, die gibt es in Deutschland wie Sand am Meer, und sie sind, wie ich oben erzählt habe, im *Gotha* verzeichnet. Oft leben diese Prinzen inkognito, und man muss schon ein Gespür für ihre Lebensgewohnheiten haben oder es vom Lehrer/der Personalabteilung/ dem Studentenwerk gesteckt bekommen, um wen es sich da in Wahrheit handelt. Georg Friedrich von Preußen etwa, der Urenkel des letzten deutschen Kaisers Wilhelm II. und Chef des Hauses Hohenzollern, ließ sich laut eigener Aussage in seiner Schulzeit in Fischerhude mit »Georg Preußen« ansprechen. Kaum einer ahnte, wer hinter diesem Namen steckte. Erbprinz Ernst August von Hannover nennt sich »Ernst Hannover«, wenn er seine Identität nicht lüften will.

Auch ich habe so etwas erlebt und war zu blöd, es zu erkennen. Unvergessen ist mir in diesem Zusammenhang eine Szene aus meinem Deutschunterricht. Wir behandelten gerade Heinrich von Kleists Stück *Prinz Friedrich von Homburg* in der dritten Woche, als unsere Lehrerin sich zu einer kühnen Interpretation verstieg, in der es um absolute Unterwerfung unter die *bürgerliche* Ordnung sowie den *bürgerlichen* Gehorsam ging. Ich sage »kühn«, weil sich mir bis heute nicht erschließt, wie sie darauf gekommen war – denn weder die Protagonisten (ein König, ein Prinz, eine Prinzessin) noch der Autor des Dramas (*von* Kleist), noch das Szenario (die Schlacht bei Fehrbellin) sind *bürgerlich*. Es geht doch vielmehr um die Frage, ob man sich einem absolutistischen Herrschergedanken unterwirft oder nicht, was zu Kleists Zeit und, nachdem Napoleon die Preußen 1806 vernichtend geschlagen hatte, eine viel diskutierte Frage war. Soll man die Offiziersränge für tüchtige Bürger öffnen oder sind diese weiterhin dem unfähigen Adel vorbehalten? Also Adel gegen Demokratie.

Was ich sagen will: Der Unterricht war uninspiriert und peinlich, und ich habe wohl irgendetwas in dieser Richtung zu dem blässlichen Klassenkameraden gesagt, der neben mir saß. Ich war bedingt durch einen Umzug erst später zu dieser Klasse gestoßen und mit den meisten meiner Mitschüler noch nicht vertraut. Das Einzige, was ich über meinen Banknachbarn wusste, war, dass er wie ich lange auf einem Internat gewesen war. Er kam mir merkwürdig vor. An den Wochenenden schien er immer nur auf Verwandtschaftsbesuchen irgendwo in der Republik zu sein, und ich dachte, so viel Verwandtschaft kann man gar nicht haben. Und will man auch nicht haben, wenn man die jedes Wochenende besuchen muss und nie mit seinen Klassenkameraden ausgehen kann. Er ging nämlich nicht mit uns aus – auch das war merkwürdig an ihm. Nur mit mir hatte er etwas unternehmen wollen, ein einziges Mal nur: eine Radtour. Ich hatte ihm erzählt, dass ich Schlösser liebe, und da hatte er gesagt, dass er im Sommer mit ein paar Freunden eine Radtour von Schloss zu Schloss unternehmen wolle. Ich solle doch mitkommen, er würde das schon arrangieren. »Arrangieren« – was für eine Wortwahl. Da mir das alles merkwürdig vorkam und ich dummerweise immer noch darauf spekulierte, dass mich Hansi Händele aus dem Jahrgang über uns endlich fragte, ob ich mit ihm nach Amsterdam fahren wolle, hatte ich das Angebot meines Klassenkameraden ausgeschlagen.

Nun aber sagte er etwas, das mein Interesse weckte: »Der ist mein Vorfahre.«

Ich so: »Wer der?«

»Na, dieser Prinz von Homburg.«

Da ist mir dann schon meine virtuelle Krone vom Kopf gerutscht. Wie sehr habe ich es bereut, seine Einladung ausgeschlagen zu haben! Er zählte nämlich genau zu jenen Undercover-Prinzen, deren Familie im HRR noch richtig was zu melden hatte.

Heute weiß ich, welche Signale ich überhört habe, und ich möchte sie hier für alle Prinzessinnen im Herzen auflisten, damit sie nicht den gleichen Fehler begehen wie ich:

Die meisten jungen Adeligen wachsen im Internat auf.

Die Radtour, zu der er mich einladen wollte, war »Adel aufm Radl«. Bei dieser jährlichen Tour radelt der Jungadel von Residenz zu Residenz, hilft bei Reparaturen und schaut sich nach einem ebenbürtigen Ehepartner um.

Die vielen Verwandtschaftsbesuche sprechen für sich: Mein Klassenkamerad hatte vier Geschwister, unzählige Onkel und Tanten, die wiederum viele Kinder hatten – seine Cousins und Cousinen. Wenn Ihnen also jemand von seiner weitläufigen Verwandtschaft erzählt, werden Sie hellhörig und erkennen Sie den Prinzen unter den vielen Fröschen. Vielleicht finde ich, wenn schon nicht meinen, dann wenigstens *Ihren* Namen in einer aktualisierten Ausgabe des *Gotha*.

Diese Prinzen sind noch single

1.) *Prinz Harry von Wales*
(Jahrgang 1984, Mitglied des Gardekavallerieregiments, Hubschrauberpilot, Afghanistan-Einsätze)

2.) *Fürst Albert von Thurn und Taxis*
(Jahrgang 1983, Rennfahrer, Bachelor in Volkswirtschaft, Familienoberhaupt der von Thurn und Taxis, Forbes-Liste)

3.) *Prinz Christian Heinrich von Hannover*
(Jahrgang 1985, studiert in London. Mehr weiß
man über ihn nicht.)
Eigentlich wollte ich hier auf seinen älteren
Bruder, Erbprinz Ernst-August von Hannover,
aufmerksam machen: Jahrgang 1984, pendelt
zwischen London und Hannover, Besitzer der
Marienburg, Volkswirtschaftsstudium, Banker,
Vorfahre: Heinrich der Löwe. Aber Mitte August
2016 wurde bekannt, dass er sich mit der Modedesignerin Ekaterina Malysheva verlobt hat. Wir
Prinzessinnen im Herzen müssen uns also beeilen,
wenn wir die Konkurrenz ausstechen wollen.

4.) Für diejenigen, die auf ältere Semester stehen:
Prinz Andrew, Herzog von York (Harrys Onkel)
(Jahrgang 1960, Falkland-Veteran, geschieden,
spielt Golf)

5.) Für diejenigen, die jung sind oder es jung lieben:
Prinz Josef Wenzel von und zu Liechtenstein (Jahr-
gang 1995, Thronfolger des Fürstentums Liech-
tenstein, das als reichste Monarchie Europas gilt:
Er wird geschätzte sieben Milliarden Euro erben.
Abschluss am englischen Malvern College)
Auch sein Onkel Prinz Wenzeslaus von und zu
Liechtenstein ist noch zu haben (Jahrgang 1974,
von 2003 bis 2006 mit *Victoria's Secret*-Engel
Adriana Lima liiert)

Sie lassen sich von einem Prinzen oder einer Prinzessin adoptieren

Bevor wir die Sache mit der Adoption näher betrachten, reisen wir in das Jahr 1961, gehen ins Kino, lehnen uns zurück und betrachten eine Szene aus Billy Wilders Filmklassiker *Eins, Zwei, Drei*:

Mr McNamara gibt sich großzügig: »Zweitausend Mark.«

Aber sein Geschäftspartner will mehr, viel mehr: »Zehntausend Mark!«

Graf Waldemar von und zu Droste-Schattenburg verdient seinen Lebensunterhalt in einem Berliner Luxushotel – als Toilettenmann. Dass der deutsche Coca-Cola-Boss Mr McNamara ihn jetzt für eine Handvoll D-Mark dem linientreuen Kommunisten Otto Ludwig Piffl als Adoptivsohn aufschwatzen will, nur um ihn dann seinem US-Chef als Schwiegersohn präsentieren zu können, *muss* der Edelmann, der selbst in seiner misslichen Lage das Souterrain des Hauses noch mit alteuropäischem Glanz erhellt, als geradezu entwürdigend empfinden. Er kann auf eine hervorragende Linie aus Blutern zurückblicken, die bis zu den ersten Kreuzzügen zurückreicht. Zudem zählt er Ägyptens Ex-König Faruq zu seiner weitläufigen Verwandtschaft. Da will er sich nicht einfach abspeisen lassen.

»Achttausend«, sagt er und blickt aus seinem Monokel herab.

»Fünftausend«, sagt Mr McNamara.

»Für fünfhundert bekommen Sie noch mein Wappen dazu.«

»Gut, machen wir viertausend«, sagt Mr McNamara.

»Wir waren doch schon bei fünftausend!«

»Viertausendfünfhundert!«

Beide schlagen ein.

»Wie sieht denn Ihr Wappen aus? Zwei Stück Seife auf 'ner Klosettrolle?«

»Nein, ein Stachelschwein, aufrecht stehend in einem Lilienfeld!«

Der Graf reicht ihm noch ein Foto des Stammhauses der von und zu Droste-Schattenburg, genau genommen der Ruine des Stammhauses.

»Es wurde im Krieg zerstört«, erklärt der Edelmann.

»Amerikanische Luftwaffe?«

»Nein, türkische Kavallerie, 1683.«

Geld und Adoptivurkunde wechseln die Besitzer.

Doch ganz so einfach wie in Wilders Filmkomödie funktioniert eine Adoption nicht. Selbstverständlich werden Urkunden nicht auf der Toilette ausgetauscht, sondern muss der Vorgang amtlich genehmigt werden. Außerdem: In Deutschland gibt es rein rechtlich gesehen keine Adoption gegen Geld, sondern nur aus Liebe. Eine Annahme an Kindes statt, wie es im holprigen Rechtsdeutsch heißt, ist sittenwidrig, wenn sie allein herbeigeführt wurde, um sich einen Titel zu kaufen – oder um dem Titelgeber eine Apanage aus unbotmäßiger Quelle zu sichern.

Aber natürlich gibt es Wege, diese Hürden zu umgehen und (gegen ein entsprechendes Honorar) äußerst hilfsbereite Juristen zu verpflichten, die sich bestens darauf verstehen, in ihren

Verträgen Formulierungen zu wählen, die jegliche Zweifel an der liebevollen Natur des Eltern-Kind-Verhältnisses ausräumen – selbst wenn sich die beiden Beteiligten das erste Mal in ihrem Leben in den mit Linoleum ausgelegten Fluren des Vormundschaftsgerichtes treffen.

Wie sich so etwas liest? Glücklicherweise hat uns der öffentlich geäußerte Unmut des Prinzen Eduard von Anhalt (siehe oben) über den in seinen Augen unerfreulichen Familienzuwachs durch seinen Adoptivcousin Frédéric von Anhalt Informationen bereitgestellt, die uns nicht zu Indiskretion verleiten müssen. In dem Schriftsatz des Adoptionsvertrages zwischen Titelgeberin Prinzessin Marie Auguste und ihrem sehr spät geborenen Sohn Frédéric von Anhalt (formerly known as Hans-Robert Lichtenberg) heißt es in blumigen Worten:

Herr Lichtenberg hat bei der Prinzessin von Anhalt die Stelle ihres verlorenen Sohnes angenommen. Auch hat Prinzessin von Anhalt bei Herrn Lichtenberg seit langem Mutterstelle vertreten, und dies umso mehr, als Herr Lichtenberg nie wirklich eine eigene Familie hatte, zu der er eine auf Wärme und Vertrauen basierende Beziehung hätte aufbauen können. Prinzessin von Anhalt ist der einzige Mensch, der ihn liebevoll und mütterlich an sich gebunden hat. Nach allem ergibt sich, dass die Beziehung zwischen den Parteien den Vorstellungen des Gesetzgebers in Bezug auf die Erwachsenenadoption entspricht und in vollem Umfang sittlich gerechtfertigt ist.[1]

Von beiden Beteiligten unterschrieben und vom Amt besiegelt, kann diese Adoption nicht rückgängig gemacht werden. Eher wird hierzulande die Monarchie wieder eingeführt.

Bürgerliche müssen sich für Adoptionen nicht schämen. Denn Edelfrauen und -männer nutzen seit Generationen die Möglichkeit der Adoption. Sie legitimiert Lieblinge, verhindert das Ausbluten einer makellosen Linie, indem beispielsweise der Neffe zweiten Grades zum Erben eingesetzt wird, oder ermöglicht es leichter Hand, eine hübsche Summe Erbschaftssteuer zu sparen – denn ein Kind zahlt weniger als ein weitläufig Verwandter. Beim Adel wird eben generationsübergreifend gedacht.

Eine Erwachsenenadoption birgt aber durchaus ihre Nachteile für den neuen Spross der Familie: Dieses Geschäft, falls man es denn so nennen kann, bewegt sich in einer rechtlichen Grauzone. Eine Prinzessin im Herzen braucht also einen guten Berater und ebenfalls gute Anwälte, um als Kind im behaglichen Nest einer adligen Familie aufgenommen zu werden und den viel beschworenen Zusammenhalt einer hochwohlgeborenen Familie zu spüren. Da kommt viel Papierkram auf die Edelfrau in spe zu, Behördengänge und notarielle Absicherung. Gesetze gilt es zu beachten, zukünftige Szenarien zu durchdenken: Was ist, wenn das geliebte neue Elternteil gebrechlich wird? Gar ins Heim muss? Was, wenn die Prinzessin im Herzen noch eigene Eltern hat – muss man sich von ihnen trennen? (Das Gesetz sagt: Nein, Sie bleiben bei allen Elternteilen erbberechtigt.) Welche Verpflichtungen geht eine Prinzessin im Herzen ein? Und (entscheidende Frage, sonst lohnt der Aufwand ja nicht!): Darf man sich dann wirklich als echte Prinzessin ausgeben?

Es gibt tatsächlich eine Berufsgruppe, die sich auf die Klärung und Abwicklung dieser delikaten Angelegenheiten spezialisiert hat. Es ist die ehrwürdige Zunft der Titelhändler. Sie vermitteln zwischen Titelgeber (der Prinz oder die Prinzessin) und Titelnehmer (die Prinzessin im Herzen) und verlangen für ihren Aufwand eine fürstliche Provision. Ihre Dienste bieten sie im Netz an. Aber Achtung: Neben der Abfrage von persönlichen Daten verlangen sie meist einen Nachweis der erforderlichen Liquidität, bleiben dabei aber selbst völlig anonym. Wie soll man denn da wissen, wem man sich in einer so intimen Familienangelegenheit anvertraut und seine sensiblen Bankdaten überlässt? Nicht, dass die Daten an russische Hacker weitergeleitet werden, die einem dann das Konto leer räumen. Man weiß ja nie.

Da kann man natürlich diejenigen verstehen, die sich an den einzigen Titelhändler wenden, dessen Namen jeder kennt: Hans-Hermann Weyer, besser bekannt als »der schöne Consul«, betreibt sein Geschäft seit mehr als einem halben Jahrhundert und hat es in dieser schlecht beleumundeten Branche zu so etwas wie Seriosität gebracht. Auch deswegen, weil er sein Gesicht zeigt – und das sehr gern. Er ist ein Angeber, wie er im Buche steht. In seiner Autobiografie *Ich, der schöne Consul* posiert er an der Seite von Don Johnson, Linda Evans, Eddie Murphy, Pop-Ikone Sandra, Franz Beckenbauer. Mit Präsidenten, Kardinälen, dem Hochadel. Auch mit Potentaten und Diktatoren – da macht Weyer keinen Unterschied. Er trägt Maßanzug oder Uniform. Und immer Einstecktuch. Er mischt beim internationalen Jetset der Achtzigerjahre mit. Monaco, St. Moritz, Rio, Rom – sein offizieller Wohnsitz aber liegt in Bonn. Dort hat er sich sogar schon eine Grabstätte herausgesucht. In den Sechzigern erfand er einen krisenfesten Geschäftszweig: Die Vermittlung von Konsulaten (Länder, die sich kein Berufskonsulat leisten können) und Doktortiteln. Bald handelte er auch mit Adelstiteln per Adoption. Eine sichere Sache: Die Eitelkeit der Menschen hat immer Konjunktur. Er soll nach eigenen Angaben 465 Konsulate vermittelt haben, über die Anzahl der Adelstitel, zu denen er Adel im Herzen verholfen hat, schweigt er diskret. Er verfügt, sagt er, über ein Vermögen von knapp zweihundert Millionen Euro. Anfang der 1990er kannten ihn neunzig Prozent aller Deutschen. Werte wie sie seinerzeit nur Franz Beckenbauer und Helmut Kohl erreichten. Für den schönen Consul ist es eine natürliche Fügung: »Ich habe mehr Show-Wert als Rudi Carrell.« Und noch etwas zeichnet den König der Titelhändler aus. Er ist – im Gegensatz zu seinen anonym im Netz agierenden Mitstreitern – gut zu erreichen.

Ich erwische ihn an einem sonnigen Sonntagabend zur *Tatort*-Zeit. Seine Stimme klingt fröhlich, er ist auf dem Weg nach Jordanien. Den König treffen, sagt er. Aber als ich ihm erkläre, dass ich ein Buch über Prinzessinnen schreibe und auch darüber, wie man eine wird, ist er ganz zugetan.

»Lieber Consul, danke, dass Sie sich Zeit nehmen«, sage ich. »Kurze Frage: Wie werde ich Prinzessin?«

»Da gibt es zwei Möglichkeiten: Entweder heiraten Sie einen Prinzen oder Sie lassen sich adoptieren.«

»Wie viel kostet es denn, sich adoptieren zu lassen?«

»Ich habe schon einigen Angehörigen aus hohem Hause finanziell helfen können. Es kommt auf den Rang an. Meist haben die Herrschaften überhöhte Vorstellungen. Ein Braganza etwa ...«

»... ehemalige Könige von Portugal und Kaiser von Brasilien immerhin ...«

»... da sind Sie mit 100.000 Euro dabei. Ein Prinz von Preußen verlangt bis zu 250.000 Euro. Aber wenn man sie darauf aufmerksam macht, dass sie nicht mehr regierend sind, dann lassen sie sich schon einmal auf eine Summe von 150.000 ein. Einem Vertreter des Hauses Schaumburg-Lippe habe ich schon einmal zu einer Summe von 125.000 Euro verholfen.«

»Moment. Sie haben einen Preußenprinzen in Ihrer Kartei?« (Als Preußenfan falle ich ein wenig aus der Rolle, und seit Prinz Georg-Friedrich verheiratet ist, muss ich mich eben woanders umsehen.)

»Drei sogar.«

(Mein Herz klopft spürbar.)

»Wie viele Prinzen haben Sie denn überhaupt in Ihrer Kartei?«

»52 Prinzen ersuchen mich derzeit um meine Hilfe.«

(Hier sei kurz eingefügt, dass wir das Gespräch im August 2016 führen und sich die Angaben natürlich geändert haben können.)

»Wenn der Prinz aus dem Ausland kommt, wie z.B. der erwähnte Braganza, wird mein Prinzessinnen-Titel denn hierzulande anerkannt?«, will ich wissen.

»Dafür sorgen meine Anwälte.«

»Nun hat eine Erwachsenenadoption durchaus ihre Nachteile ...«

Consul Weyer, ein abwartender und höflicher Mensch, unterbricht mich – aber nur, um mir die Bedenken zu nehmen.

»Keine Sorge: Sie müssen das kaputte Dach nicht bezahlen, durch das es hineinregnet.«

»Aber was ist mit der verarmten Verwandtschaft der Hoheit? Muss ich für die Schulden aufkommen?«

»Nein, das wird alles von Anwälten vertraglich geregelt.«

»Und was passiert, wenn mein neues edelblütiges Elternteil gebrechlich ist und Pflege benötigt?«

»Sie müssen weder den Rollstuhl eines Großfürsten schieben noch den erlauchten Hintern säubern. Dafür gibt es einen Pflegedienst. Und wiederum Anwälte, die das regeln.«

Ich wechsele das Thema. Die verheißungsvolle Aussicht, einen Preußenprinzen zu heiraten, geht mir nicht aus dem Sinn: »Ähm, sind die 52 Prinzen, die auf Ihre Hilfe hoffen, auch daran interessiert zu heiraten?«

»Grundsätzlich schon. Da darf man aber als zukünftige Prinzessin keine hohen Ansprüche an das andere Geschlecht stellen. Die Herren sind zwar nicht mehr in der Kaiserzeit geboren, aber doch schon sehr gebrechlich.«

»Danke, lieber Consul, für diese hilfreichen Informationen.«

»Sehr gern. Ich wünsche Ihnen noch einen schönen Abend.«

Was immer man auch vom schönen Consul halten mag, er beantwortet zumindest die wichtigen Fragen.

Sie kaufen einen Titel bei eBay

3 ... 2 ... 1 ... Prinzessinnen-meins!

Natürlich müssen wir an dieser Stelle auch über eine neuere, durch digitale Vernetzung entstandene Möglichkeit reden, seinem Prinzessinnen-Ich Ausdruck zu verleihen: Ich rede vom neuen Zweig des eBay-Adels, der zu Stammbäumen führt, die schon beim Pflanzen keine Wurzeln schlagen wollen. Titel per Mausklick. Das Prinzessinnen-Glück im Auktionswarenhaus. Es ist der Wühltisch der Prinzessinnen-Würden – Montagsware mit Produktionsfehlern, von der Reklamation ausgeschlossen. Dieser Adel verpflichtet zu nichts und er berechtigt auch zu nichts. Leider ist diese Nachricht noch nicht überall angekommen. Denn das Sortiment ist breit gefächert: Baron, Freiherr, Herzog, Prinz, sogar Fürst (und die entsprechenden weiblichen Varianten) stehen zum Kauf. Für den Titel »Graf von Mainberg« haben sich bereits 113 Käufer gefunden, für das Partnerpack »Graf/Gräfin von Mainberg« bisher sogar 147. Schon allein die Häufigkeit, mit der diese Titel verkauft werden, zeigt, dass man hier nicht in einen exklusiven Kreis aufsteigt, sondern dass diese Würden die gleiche Güte besitzen wie ein »Internationaler Presseausweis«, den man sich nach drei Mai Tai auf dem Nachtmarkt in der Bangkoker Khaosan Road kauft.

Ich gebe zu, dass ich selbst versucht war, mir eine eBay-Würde zu erkaufen, zumal das Angebot mit einem scheckkartengroßen Anteil an einer Posener Woiwodschaft verbunden war. Das fand ich reizvoll, da mein Urahn Ludwig von Sadowski aus Posen stammte, auch wenn sein Adel heute so viel (also wenig) wert ist wie mein zukünftiges Anwesen. Aber Land ist Land, und ich bin eben auch ein bisschen nostalgisch. Zum Glück hat mich vorher der Anruf meiner Freundin Jil erreicht. Sie rief mich an, als ich es mir gerade mit einer alten Camilla-Biografie im Bett gemütlich machen wollte. Jil heißt natürlich nicht Jil. Ich möchte sie hier aber aus Rücksicht auf ihre Familie so nennen, weil ihre Geschichte nicht sehr rühmlich ist. Auch wenn sie mich dringlich bat, sie zu veröffentlichen. Sie sagte, ohne zu grüßen: »Du schreibst doch jetzt an diesem Prinzessinnen-Buch.«

»Ja ...«

»Ich habe nachgedacht: Ich muss dir etwas erzählen, voll peinlich. Ist schon etwas her. Das musst du in deinem Buch erzählen, aber du darfst nicht verraten, dass ich es war. Es geht um eBay-Titel.«

Jil hat eigentlich alles, was eine Prinzessin im Herzen haben sollte: Sie ist großzügig, gesellig, eine wunderbare Gastgeberin. Und sie liebt Musik, klassische Musik. Sie schafft es, eine halbe Stunde vor dem letzten Gong heiß umkämpfte Karten für Konzerte zu bekommen, die schon seit einem Jahr ausverkauft sind. Einmal hat sie sogar für eine Nibelungenring-Premiere einem Bühnenmeister Hoffnungen gemacht, nur damit sie von der Beleuchtergalerie aus zugucken darf. Sie kennt jedes bedeutende Konzerthaus dieser Republik und vielleicht sogar der Welt. Zumindest aber in Europa. Bayreuth und Salzburg sind Pflichttermine. Natürlich freut sie sich, wenn sie Leute trifft, die ihre Leidenschaft teilen.

Jil erzählt: »Es gab da so ein paar Leute, Konzertfreunde. Man sieht sich, man redet. Locker, unverbindlich. Die reisen genauso viel durch die Gegend wie ich. Mal trifft man die einen, mal die anderen. Ich war ganz happy, dass die nichts über verschleppte Tempi und schlanke Orchesterführung reden, sondern einfach nur sagen, ob es ihnen gefällt oder nicht. Und in den langen Pausen einen Wein trinken. Oder auch zwei. Ich kann mit diesem connaisseurhaften Gerede nichts anfangen.«

»Verschleppte Tempi? Was ist denn das?«

»Egal. Jedenfalls sind die alle immer in Salzburg zu dieser Fürstin eingeladen gewesen. Man darf sie ja nicht Fürstin nennen, weil das in Österreich verboten ist, aber deren Linie geht bis zu Kaiserin Maria Theresia zurück.«

Ich weiß sofort, wen Jil meint: Marianne zu Sayn-Wittgenstein-Sayn. Die Mamarazza – unter diesem Spitznamen, den ihr Prinzessin Caroline von Monaco gegeben hat, ist sie als Promifotografin bekannt geworden. Jahrzehntelang hat sie während der Salzburger Festspiele zu Hirschgulasch und Hollersirup eingeladen. *Das* gesellschaftliche Ereignis der Saison. Gottschalk kam mit dem Heli, Ben Becker ohne T-Shirt, Gunter Sachs half in der Küche. Ich kann Jil verstehen, da will jeder hin. Ich verrate ihr jetzt nicht, dass es mir einmal gelungen ist, mich als Reporterin dorthin einzuladen. Das sind die Vorzüge eines Reporterinnenlebens, allerdings war es außerhalb der Festspielsaison, und es gab weder Hirschgulasch noch Hollersirup für mich – sondern nur lange Wartezeiten. Ihre Durchlaucht hatte den Termin verwechselt.

»Super«, sage ich nun zu Jil, »warum bist du denn nicht mitgegangen?«

»Immer, wenn es darum ging, haben die mich einfach stehen lassen. ›Und tschüß‹, verstehst du? Einfach so.«

»Und warum das?«

»Na, weil ich nicht adelig bin.«

Erst denke ich: Jil spinnt. Dann aber frage ich mich, ob die Tatsache, dass die Fürstin unseren Termin verwechseln konnte, nicht auch etwas damit zu tun hatte, dass ich nur eine gewöhnliche Spießerin bin. Minderwertigkeitsgefühle schleichen sich ein.

Ich frage: »Aber waren denn die anderen adelig?«

»Ja, alle.«

»Aha …« Ich mache mir eine Notiz: Jil soll mich demnächst ihren adeligen Freunden vorstellen. Vielleicht ist ja ein heiratsfähiger Prinz dabei …

Jil schluckt: »Ich habe mir dann bei eBay einen Titel gekauft.«

»Warum? Das hast du doch gar nicht nötig!« Das sage ich nur, um sie zu beruhigen. Denn ich finde: Ein Titel schmückt immer.

»Ich wollte doch zur Fürstin eingeladen werden.«

»Aber doch nicht …«

»Nun unterbrich mich doch nicht ständig!«

Sie hat recht. Ich halte meine Klappe.

Oder doch nicht: »Wie viel hast du denn bezahlt?«

»49,90 Euro.«

»So teuer?«

»Es gab auch welche für 29,90 Euro, aber ich wollte etwas Gutes haben.«

»Aha.« Erinnert mich ein wenig an Oma Olga, die auch nur auf deutsche Markenbutter setzte – weil die ihr besser vorkam, nur, weil sie teurer war.

»Zwei Tage später kam eine Ernennungsurkunde bei mir an. Mit Beglaubigung der Bundesrepublik Deutschland. Wappen. Unterschrift. Hab mir sofort Visitenkarten drucken lassen.«

Ich weiß gar nicht, wo ich anfangen soll zu fragen, und rattere einfach los. »Ist der Titel denn echt? Für fünfzig Euro? ... Und was bist du denn – eine Prinzessin? Das klingt ja großartig!«

Wenn Jil wirklich eine Prinzessin ist, dann würde ich jetzt tatsächlich noch den Rechner hochfahren, um mir sofort einen Titel zu kaufen. Einen Fuffi, wusste gar nicht, dass das so einfach geht.

»Hör doch mal zu – das ist doch der Punkt. Als ich meine eine Konzertfreundin das nächste Mal getroffen habe, habe ich fallen lassen, dass wir ja noch gar keine Adressen ausgetauscht haben. Ich dachte, wenn sie jetzt meine Visitenkarte sieht, weiß sie, dass ich auch adelig bin, und dann nehmen sie mich endlich mit zu der Fürstin mit dem Gulasch. Weil ich nun quasi die Aufnahmebedingungen erfülle. Ich bin ja kein Promi, also muss ich adelig sein, dachte ich. Klingt unlogisch, aber ich habe mich da halt reingesteigert. Ich also meine Visitenkarte herausgeholt und noch so ganz stolz gesagt: Gräfin Jil mein Name.«

Ich so: »Und? Was dann?«

»Ich schaue auf ihre Visitenkarte, und sie hat den gleichen Namen wie ich – nur, dass ihrer echt ist.«

Wir schweigen.

Nach einer Weile frage ich: »Und nun?«

»Seitdem gehe ich nur noch mit Perücke und Sonnenbrille zu den Konzerten. Nicht mal der Bühnenmeister erkennt mich.«

Aus Solidarität verkrieche ich mich ebenfalls unter meiner Decke.

Oh, Gott, wie peinlich. Aber ich frage mich auch, warum Jil diesen Weg gewählt hat: Wer sich in einen seit Monaten ausverkauften Bayreuth-Ring reindrängen kann, der schafft es doch sicher auch zur Fürstin. Vielleicht spielten da noch andere Motive eine Rolle: Minderwertigkeitsgefühle gegenüber ihrer adeligen Konzertclique, der Wunsch, wirklich dazuzugehören. Vielleicht ein wenig auch die Lust, mehr zu sein, als man tatsächlich ist. Ich hätte nie gedacht, dass Jil so etwas nötig hat. Aber natürlich bin ich dankbar dafür, dass sie diese Erfahrung teilen will. Denn sie hat ausdrücklich gesagt, dass ich alle vor diesen eBay-Titeln warnen soll.

Doch was hat es mit denen eigentlich auf sich?

Mit eBay-Titeln erwirbt man keine noble Abstammung, sondern höchstens ein hämisches Lachen. Die Titel, die man bei eBay kauft, sind lediglich eingetragene Marken beim Deutschen Patent- und Markenamt (kurz: DPMA). Jeder könnte selbst einen Markennamen dort registrieren lassen, es kostet für zehn Jahre dreihundert Euro, erfordert aber eine Menge Papierkram. Die Online-Titelhändler haben ihren Kunden diese Kosten und die Arbeit nur abgenommen – von einer Eintragung im *Gotha* und damit von einer Legitimation sind diese Wortmarken so weit entfernt wie der Burggraben vom Thronsaal. Es sind noch nicht einmal echte Namen. Es sind Wortmarken, mit Wappen sind es sogar Wort-Bild-Marken. Diese sind immer an eine Dienstleistung des Trägers gebunden. Der Graf von Trausnitz beispielsweise ist unter der Nummer 3020080141142 in den Klassen 35 (Werbung, Herausgabe von Werbetexten) und 41 (Dienste von Unterhaltungskünstlern, Dienstleistungen bezüglich Freizeitgestaltung, Fernsehunterhaltung, Herausgabe von Texten) registriert. Die eBay-Titelhändler veräußern nun einfach einen aufwendigen Druck der Marke, die einen Titel mit Wappen dar-stellt, und legen – quasi als Zertifikat von höherer Stelle – eine Kopie der Urkunde des DPMA bei. Damit ist ihre Dienstleis-tung (z.B. Herausgabe von Texten) erbracht. Käufern nützt das nichts. Sie haben einfach ein Titel-Wappen-Gebilde gekauft, sie hätten also auch eine Hundemarke kaufen können, die sie sich umhängen. Sie könnten diese als Titel getarnte Marke nur als Namenszusatz und nur privat benutzen. Aber welchen Sinn ergibt das, und, schlimmer noch, wie sieht denn so etwas aus auf einer Visitenkarte, die man im Onlineshop hat drucken lassen? »Ottilie Normalverbraucher, Prinzessin von Löwenheim« – sehr peinlich, wie wir von Jil wissen.

Nun haben Titelhändler (wohl aufgrund von Beschwerden, die sich häufen) die Problematik erkannt und erklären, dass man die Wortmarke als »Künstlernamen« im Personalausweis ein-tragen lassen kann. Aber was soll man machen, wenn man gar kein Künstler ist, sondern nur eine Prinzessinnen-Sehnsucht per Mausklick zu stillen versucht hat? Die Ortsämter verlangen für eine künstlerische Tätigkeit einen Nachweis. Ob Schriftsteller oder bildender Künstler – alle müssen durch Bücher, Zeitungs-artikel oder Kataloge belegen, dass sie unter diesem Namen bereits einem Publikum bekannt sind, ganz gleich, wie klein es sein mag. Da reicht es nicht, wenn eine selbst ernannte Online-Prinzessin ein paar handgeschriebene Gedichte oder Fotos von der letzten Weihnachtsfeier vorzuweisen hat.

Der Online-Adel dient also nur einem – dem Verkäufer.

Kurz: Wenn Sie eine echte Prinzessin im Herzen sind, dann lassen Sie die Finger davon. Sie wollen sich doch nicht wie Jil der Lächerlichkeit preisgeben. Oder so enden wie jene Online-Adeligen, die ich hier einfach mal Gräfin und Graf von Leuchtenfels nennen möchte. Sie verschafften sich per Räuberleiter und Klimmzügen Zugang zum Anwesen der Burg Leuchtenfels, um Aufnahmen, so ihre kühne Annahme, von ihrem Besitz zu machen und die Residenz ihrer neuen adeligen Verwandtschaft zu besuchen – wohl, um die Bilder im Freundeskreis herumzureichen. Doch statt auf imposante Reiterstandbilder und großzügige Zufahrten stießen sie auf ein geschickt platziertes Schild: »Achtung. Haben auch Sie Ihren ›Titel‹ per eBay gekauft? Das haben schon Hunderte vor Ihnen auch. Nun kommt die Wahrheit: Sie sind keine echten Grafen. Sie sind nur Opfer eines Online-Betrugs.« Den Rest besorgte der Hofhund.

Nur einen Zweck erfüllen diese Mausklick-Titel bestens. Sie sind Accessoire für eine Kostümparty oder zum Karneval, und sie ergänzen, da in so einer Situation ohnehin kein Hahn danach kräht, ob man sich zum Horst macht, die herkömmliche Prinzessinnen-Kostümierung – wobei wir beim übernächsten Tipp zur Prinzessinnen-Verwandlung wären.

Sie lassen sich küren

Die Monarchie ist tot, und doch ist sie in einigen Branchen quicklebendig. Die deutsche Agrarindustrie hält die Tradition der Wahlmonarchie, die eigentlich mit dem Untergang des HRR ihr Ende fand, am Leben. Jährlich werden Prinzessinnen (und Königinnen) als Repräsentantinnen aller möglichen Regionen und Produkte ernannt. Es gibt Hopfen-, Kirschen-, Sole-, Apfel-, Rosen-, Milch-, Honig-, Blüten-, Spargel-, Flieder-, Zissel-,

Kartoffel-, Lichterfest-, Sonnenblumen-, Heide-, Rhododendron-, Mandelblüten-, Bienen-, Rheinperlen-, Traubenblüten-, Zwiebel-, Ernte-, Bier-, Salz-, Quellen-, Glas- oder Porzellan-Prinzessinnen. In Deutschland wird diese Art monarchistischer Repräsentation intensiv gepflegt, weshalb es gerade für noch inkognito lebende Prinzessinnen hierzulande eine tolle Chance ist, einmal eine Art Schnupperpraktikum in ihrem Traumberuf »Prinzessin« zu absolvieren. Die Amtszeit dauert nur ein Jahr.

Die bekanntesten ihrer Art sind wohl die Weinprinzessinnen. Sie sind die Stellvertreterinnen der deutschen Weinkönigin und seit 1950 in wechselnden Besetzungen im Amt. Die drei Majestäten »herrschen« über 102.000 Hektar Anbaugebiet, die von rund 80.000 Winzern bewirtschaftet werden, und diese ernten im Schnitt jährlich 9,25 Millionen Hektoliter Wein. Das ist zwar nur rund halb so groß wie das Fürstentum Monaco, aber dafür, dass es hierzulande keine Königin mehr gibt, doch ein recht stattliches Einflussgebiet. Selbst in der amerikanischen Wikipedia findet sich ein Eintrag, der unserer Weinkönigin Anerkennung zollt. Klar, die Amis haben eine Schwäche für Missen, und da sie keine monarchistische Tradition haben, halten sie eine Weinkönigin für eine Miss. Welch ein Irrtum!

Auch ich bin begeistert von Weinprinzessinnen, wobei ich nur eine kennengelernt habe. Der Majestätsplural, in dem ich von ihr spreche, ist der folgenden Situation geschuldet: Es war bei der Verleihung eines Medienpreises, der von einem großen Hamburger Unternehmen ins Leben gerufen worden war. Mein Tischherr war ein Weinfunktionär. Nach diversen Verkostungen sah er für mich aus wie der junge Götz George, in doppelter

Ausgabe. Da ich Interesse an seiner Sache zeigte, stellte er mir die Repräsentantin seines Verbandes, die Weinprinzessin, vor. Zwei Dinge hatten mich überrascht: Erstens, dass es Weinprinzessinnen überhaupt gibt. Ich dachte, es gäbe nur Weinköniginnen. Aber man sagte mir, dass insgesamt drei Damen sich die Aufgaben teilten. Es gäbe eben so viel zu tun. Zweitens: Die Weinprinzessin entsprach so gar nicht dem Klischee einer jungen, gesunden, apfelbäckigen Winzertochter in Tracht, sondern trug eine Krone und – sehr ungewöhnlich! – einen roten Hosenanzug aus changierendem Stoff. Wenn ich mich recht erinnere, entstammte sie einer Winzerfamilie, die in fünfter Generation Weine produziert. Sie studierte Önologie an der Wein-Uni in Geisenheim und wollte selbst Winzerin werden. Ihr Amt zwang sie zwar, ihren Studieneifer etwas zu drosseln, dafür ergaben sich so für sie diverse Termine im Ausland und damit die Chance, die Anbautechniken anderer Regionen kennenzulernen. Sie redete etwas von Barrique und Eichenchips und warum das eine gut, das andere in ihren Augen eine Unsitte sei. Ich konnte ihr nicht so recht folgen, da ich von Wein nur so viel verstehe, dass man ihn trinkt. Die einzige Frage, die mich in dieser Situation wirklich bewegte, muss auf sie sehr inkompetent gewirkt haben: »Wie schaffen Sie es, dass Ihnen der Wein nicht in die Krone steigt?« Auch dieser Gag war bestimmt schon reichlich überstrapaziert. Sie antwortete mit königlicher Gelassenheit: »Ich trinke meist nicht mit, sondern schenke nur aus oder verkoste. Außerdem spüre auch ich etwas ab dem zweiten Glas Wein – das ist normal.« Ich war erstaunt. Ich hatte mich nie für besonders trinkfest gehalten und mich deswegen auf Schorlen verlegt.

Immer wenn mir nun der Wein zu schnell in den Kopf steigt, denke ich an sie und bin beruhigt. Sie ist mir in bleibender Erinnerung geblieben, weil sie ausgesprochen hat, was alle insgeheim denken: Wer nach zwei Gläsern Wein nichts spürt, der hat ein ernsthaftes Problem. Wenn das Bekenntnis also nicht von königlichem Format ist, was dann?

Doch wie wird man eigentlich Weinprinzessin? Ich rufe beim Deutschen Weininstitut in Bodenheim an und erreiche Ernst Büscher, der für die Pressearbeit zuständig ist. Er warnt mich sogleich: »Die Weinprinzessinnen sind lediglich Stellvertreterinnen der Weinkönigin.«

Da es in meinem Buch um Prinzessinnen geht, gebe ich nicht auf. »Wie wird man Weinprinzessin?«

Schon als ich die Frage stelle, erkenne ich die Problematik. Er kann nicht sagen: »… indem man bei der Wahl zur Weinkönigin durchfällt.« Nun gut, denke ich. Spielen wir es am Beispiel der Königin durch. Eine Königin ist ja auch nichts anderes als eine Prinzessin in ihrer Vollendung.

Ernst Büscher erzählt: »Wer als Deutsche Weinkönigin kandidieren will, muss zuvor schon einmal ein Anbaugebiet als regionale Königin oder Prinzessin vertreten haben. Eine von diesen lokalen Weinhoheiten – normalerweise die Königin – wird vom regionalen Weinverband für die bundesweite Wahl entsendet. Die Deutsche Weinkönigin wird im September, in der Regel im Saalbau in Neustadt an der Weinstraße gewählt.«

Im Geiste gehe ich die 13 Regionen durch: Ahr, Baden, Franken, Hessische Bergstraße, Mittelrhein, Mosel, Nahe, Pfalz, Rheingau, Rheinhessen, Saale-Unstrut, Sachsen und

Württemberg. Das sind 13 Undercover-Prinzessinnen, die so die Möglichkeit haben, ihre royalen Träume zu verwirklichen – als Königin oder als Prinzessin. Jährlich! (Und da es vorher schon auf regionaler Ebene Wahlen gab, sind die Möglichkeiten, sich als Weinprinzessin zu verwirklichen, sogar noch größer. Denn auch eine regionale Weinprinzessin ist ja eine Weinprinzessin. Oder sehe ich, was bei diesem Thema durchaus vorkommen kann, schon doppelt?)

Ernst Büscher dämpft meine Euphorie. »Bei der Wahl der Deutschen Weinkönigin müssen sich die Kandidatinnen einer achtzigköpfigen Jury stellen.«

»Das ist also keine Wahl, sondern eine Prüfung.«

»Ja, es reicht nicht, einen Walzer tanzen zu können und gut auszusehen. Wir bieten vor der Wahl ein Seminar an, in dem wir die Kandidatinnen schulen. Sie lernen, sich vor der Kamera zu bewegen, bekommen ein Rhetoriktraining ...«

»Wie bei *Germanys Next Topmodel*!«

Herr Büscher lässt sich von diesem Zwischenruf nicht aus der Ruhe bringen. »... und büffeln für Themen, zu denen die Jury möglicherweise Fragen stellen wird. Die Wahl der Deutschen Weinkönigin wird live vom SWR im Fernsehen übertragen und hat im Schnitt eine Million Zuschauer.«

Ich bin beeindruckt.

»Ach«, sagt Ernst Büscher. »Ein besonderer Programmpunkt ist *English for Winequeens*.«

»Bitte?!« Ich muss lachen, weil ich mich an zwei deutsche Geschäftsmänner erinnere, die in einem New Yorker Restaurant neben mir saßen und schlicht: »A bottle of french red wine«, orderten. Aber natürlich müssen Weinmajestäten mehr draufhaben.

Ernst Büscher unterbricht mich: »Sie lachen, aber es kann, wenn es knapp wird, das entscheidende Kriterium sein, wie gut eine Weinkönigin Englisch spricht. Denn sie ist in ihrer Amtszeit viel im Ausland unterwegs.«

Das leuchtet mir ein.

»Was macht denn eine Weinkönigin?«

» Sie hält Reden und Ansprachen, moderiert Weinveranstaltungen und gibt zahlreiche Interviews. So repräsentiert sie den deutschen Wein im In- und Ausland auf Weinfesten, Messen, auf Kongressen, auf Sommelierschulungen. Im vergangenen Jahr hatte die Königin über zweihundert Termine, die Prinzessinnen beide so um die achtzig.«

Das ist viel, denke ich, lässt aber einer Prinzessin im Gegensatz zur Königin die Möglichkeit, ihre Ausbildung noch weiterzuverfolgen und den Kontakt zu Freunden und Familie zu halten. Wieder einmal ein Vorteil, wenn man Prinzessin und nicht Königin ist, da diese die ganze Verantwortung tragen muss. Ich frage Ernst Büscher, ob so eine Regentschaft denn die Zukunft einer Weinprinzessin beeinflusst.

»Klar. Die Majestäten stehen viel in der Öffentlichkeit. Sie haben internationale Kontakte, die sie nutzen – das prägt. Julia Klöckner war mal Deutsche Weinkönigin.«

Das passt, denke ich.

Internationale Branchenkontakte, Geselligkeit, Würde des Amtes, Vielsprachigkeit, Reisen – das Dasein als Weinprinzessin gleicht tatsächlich in vielem den Aufgaben einer historischen

Prinzessin. Und es ist glamourös, denn die Repräsentantinnen dürfen eine Krone tragen, die aus vergoldetem Silber besteht. Ein Prachtstück! Da lässt sich das Deutsche Weininstitut nicht lumpen.

Nach unserem Gespräch schickt mir Herr Büscher die »Richtlinien für Wahl, Aufgaben, Krönung und den Einsatz der Deutschen Weinmajestäten« per E-Mail zu. Schon allein, dass es so etwas gibt, befremdet mich etwas.

Doch dafür gibt es eigentlich gar keinen Grund: Auch in historischen Zeiten haben Würdenträgerinnen erst nach langen Verhandlungen und viel Vertragswerk ihr Amt antreten können. Berühmt sind die Verträge, die Kaiserin Maria Theresia mit Frankreich aushandelte, um ihre Tochter Marie Antoinette mit dem Thronfolger zu vermählen. Bis man sich auf eine neutrale Rheininsel geeinigt hatte, auf der die junge Braut ihrer neuen Familie übergeben werden sollte, hatten die Hüter der Etikette zahllose Eilkuriere zwischen Schönbrunn und Versailles hin- und hergeschickt. Als die 15-jährige Prinzessin dann endlich die imaginäre Linie, die beide Reiche trennte, überschritt, durfte sie keine Faser österreichischen Stoffes am Leib tragen, kein Kleid, keinen Schuh, keinen Strumpf, kein Band, keine Haarnadel – sie übertrat die Grenze nackt. Erst einen Schritt hinter der virtuell gezogenen Grenze streifte man ihr französische Garderobe über.

So absurd sind die Klauseln des Deutschen Weininstitutes lange nicht. Der Ablauf der Wahl wird darin geregelt, die Frage einer möglichen Pattsituation, die Voraussetzungen für die Bewerberinnen, die Auftritte der Majestäten, die

Aufwandsentschädigung, die Versicherung. Sogar die Sache mit den Kronen. In §25 steht: »Die Kronen werden vom Deutschen Weininstitut gestellt, verbleiben in dessen Eigentum und sind nach Beendigung der Amtszeit zurückzugeben.«

Man muss die Krone zurückgeben? Wie habe ich mir das vorzustellen? Nach zahlreichen Verkostungen in Fünfsterne-hotels, Gesprächen mit Prominenten und Politikern, Besuchen von exklusiven Weinregionen und einem Senator-Status bei der Lufthansa betritt die Weinprinzessin das Büro eines Sachbear-beiters und händigt ihm die Krone aus. Er legt ihr ein Schrift-stück hin.

»Und hier quittiere ich Ihnen, dass Sie die Krone abgegeben haben.«

Der Sachbearbeiter händigt der Prinzessin das Original der Quittung aus und legt die Kopie ins Ablagekörbchen neben dem Telefon.

Dann bittet er die Prinzessin, den Raum zu verlassen, schließt die Tür und schlurft in Richtung Kantine. Es gibt Sau-erbraten. Und zum Nachtisch Himbeeren in Weingelee.

Eine Amtszeit geht zu Ende.

Sie verkleiden sich

Tatsächlich ist das Prinzessinnenkostüm seit Jahren die belieb-teste Verkleidung im Karneval – ganz gleich, ob in Köln, Düssel-dorf, Mainz oder anderen Hochburgen der fünften Jahreszeit. Es ist so augenfällig, dass sogar Statistiken darüber geführt werden. 2014 sagten 57 Prozent der befragten Frauen, dass sie sich am liebsten als (Märchen-)Prinzessin verkleiden. 2013, 2012, 2011 sah es ähnlich aus. Eigentlich sah es immer schon so aus, seitdem es diese Statistiken gibt, und ich denke, selbst bevor diese überhaupt geführt wurden.

Was mich stutzig macht: Ich frage mich, ab welchem Alter gefragt wird und ob da auch Schul- oder Vorschulmädchen im Lillifee- und Schneewittchen-Look aufgeführt werden. Aber der Wunsch, einmal im Leben eine Prinzessin zu sein (und wenn es nur in der närrischen Zeit ist!), kennt weder eine regionale Beschränkung noch eine Altersgrenze. Im Gegenteil: Er wird so lange verwirklicht, wie sich das noch mit dem eigenen Erscheinungsbild vereinbaren lässt. Wenn nicht, wechselt man in die Rolle der Königin. Oder der Königin-Mutter.

Eine Freundin, die Psychologie studiert hat, erklärt: »Ist doch kein Wunder. Alle wollen ihren Kindheitstraum ausleben. Und welches Mädchen wollte denn nicht Prinzessin sein?«

Mir braucht man so etwas nicht zu sagen.

Die Leidtragenden dieses Trends sind übrigens die Kostümverleihe. Kein Geschäft, das nicht während des ganzen Jahres Kronen und Tiaras anbietet und mit Prinzessinnenkostümen jeglicher Zeitalter und Couleurs aufwarten kann. Warum nur überrascht uns das nicht? Karin S. (der Name bleibt geheim und ist nur mir bekannt), die seit Jahrzehnten in einem Geschäft im Belgischen Viertel in Köln arbeitet (der wahre Ort ist nur mir bekannt), seufzt: »Jedes Jahr rufen wir neue Trends aus und beschreiben die in unserer Kundenzeitschrift. Mal machen wir auf Fantasykostüme aufmerksam, mal auf traditionelle Clownskostüme, mal auf Kostüme, die von Hollywood-Filmen inspiriert sind. Oder die Klassiker: Cowboy, Indianer, Engel. Aber das können wir im Prinzip alles vergessen. Jede dritte Frau, die hier hereinkommt, will ein Prinzessinnenkostüm. Märchenprinzessin! Feenprinzessin! Barockprinzessin! Prinzessin-Prinzessin. Ich versuche schon, diesen Kundinnen einmal etwas Neues anzubieten. Schornsteinfegerin, Polizistin, Handwerkerin in Latzhose. So ein bisschen etwas Emanzipiertes. ›Probieren Sie doch einmal etwas Neues!‹ Aber ich ernte immer nur Kopfschütteln. ›Ich bin selbst Polizistin‹, sagte die eine. ›Im Karneval will ich etwas komplett anderes werden.‹ Alle Sachen, die nicht mit Prinzessinnen zu tun haben, werden langsam zu Ladenhütern.«

Nur einmal konnte Karin S. einen ihrer emanzipierten Trends loswerden. Das war, nachdem Conchita Wurst den *Eurovision Songcontest* gewonnen hatte: »Im Jahr darauf habe ich allen Prinzessinnen zur Tiara noch ein sehr außergewöhnliches Accessoire angedreht – einen Schnurrbart. Das kam super an.« Eine Prinzessin darf eben alles – weil sie eine Prinzessin ist.

sie krönen sich selbst

Warum sollte eine Jury (Wein), ein Kostüm (Karneval), Ihr Kontostand (Titelhändler) oder Ihre Neigung (Prinz Harry) darüber entscheiden, ob Sie sich zu royalen Höhen aufschwingen und Ihr Gefühl mithilfe von Titel oder Tiara ausdrücken? Da gibt es praktikable und günstigere Alternativen. Eine Prinzessin im Herzen braucht lediglich ein wenig die Geschichte zu studieren und sich an zwei Herren ein Beispiel nehmen:

Der erste Potentat, den ich als Vorbild empfehlen möchte, ist Friedrich III. Kurfürst von Brandenburg. Von den Großmächten Europas an den Katzentisch verwiesen und im Kaiserreich vom mächtigen Kaiser Leopold, einem Habsburger, aufs Äußerste gedemütigt, kompensierte er – was einige noch ungekrönte Prinzessinnen im Herzen wohl kennen werden – seine Minderwertigkeitsgefühle mit einer glänzenden Garderobe und pompöser Hofhaltung.

Europa ließ sich von dem Prunk des Fürsten nicht blenden. Bei einem Treffen mit dem englischen König zeigte man Friedrich III., wo sein Platz war: auf einem einfachen gezimmerten Holzstuhl, während Wilhelm von Oranien, der König von England, am Tischende auf dem Thron sitzen sollte. Eine protokollarische Demütigung, die Friedrich III. auch als solche verstand. Er blieb trotzig stehen, wodurch auch der englische König sich gezwungen sah, stehen zu bleiben. FIII. hätte sonst auf ihn herabgeblickt. Trotz dieses kurzen Triumphes beschloss Friedrich III.: Eine Königskrone muss her. Aber woher nehmen? Im gesamten HRR gab es keinen König, nur Fürsten und einen allmächtigen Kaiser, der niemals einen seiner Fürsten im Rang erhoben hätte. Er wollte Abstand. Zum Glück war Friedrich III. Herrscher über das Herzogtum Preußen, das im Nordosten der Ostsee und außerhalb des HRR (ja, es kommt oft vor, ich weiß ...) lag und damit außerhalb des Einflussgebietes des Kaisers, der ihn ständig heruntermachte. Friedrich sagte zu einem Vertrauten: »Es kann uns nichts so empfindlich sein, als dass wir so, wie es allem Anschein die Kaiserlichen vorhaben, vor den Augen von ganz Europa beschimpft werden.«

Dennoch musste Friedrich III. den Kaiser um Erlaubnis fragen, wenn er sich König nennen wollte. Er sandte Gesuche und Bitten, doch der Kaiser wimmelte ihn ab. Er fürchtete eine protestantische Macht im Norden des Reiches. Erst als Leopold I. ein paar Bataillone der berühmten kampfstarken preußischen Soldaten für den Spanischen Erbfolgekrieg benötigte, fanden die Verhandlungen ihren Abschluss. Friedrich III. schickte Truppen, der Kaiser sein Okay. Im November 1700 zog Friedrich III. mit dreihundert Prunkkutschen und zweihundert Frauen und Männern im Gefolge in Richtung Königsberg, der Hauptstadt seines neuen Königreichs. Dreißigtausend frische Pferde standen an den Relaisstationen auf dem Weg bereit. Vormittags machte man Strecke, nachmittags Party. Am 18. Januar 1701 nahm Friedrich im Audienzsaal des Königsberger Schlosses die Krone, die ihm sein Oberkammerherr auf Knien präsentierte, entgegen – und krönte sich selbst. Kein Herrscher, kein Kaiser stand über ihm. Er hatte seine Würde allein aus Gottes Hand empfangen. Friedrich III., Kurfürst von Brandenburg, war nun Friedrich I., König *in* (sic!) Preußen, und Preußen ein Königreich. Als Nächstes nahm er die Huldigungen seiner Untertanen entgegen.

Bei dem zweiten Potentaten, den ich hier vorstellen möchte, war man schon etwas geübter darin, die Fäden zu ziehen und die entscheidenden Personen für sich einzunehmen. Man hatte ja bereits in Friedrich III. ein gutes Beispiel. Napoleon Bonaparte brauchte im Gegensatz zum Preußenkönig keinen Finger krumm zu machen. Zwei in Ungnade gefallene Höflinge überzeugten den Senat, dass es nach einem vereitelten Attentat auf Napoleon das Beste wäre, eine Erbmonarchie zu errichten – man wollte den friedlichen Status quo nach den Ausschreitungen der Revolutionskriege beibehalten. Napoleon hatte sich schon seit Jahren inszeniert wie eine Majestät des Ancien Régime. Von den Königen und Kaisern Europas wurde er dennoch so behandelt wie ein Parvenü von niederem Adel in Soldatenuniform – was er ja auch war. Nun aber imitierte er den gravitätischen Gang von Sonnenkönig Ludwig XIV. (der immerhin ein ausgezeichneter Balletttänzer war), bezahlte einen ehemaligen Architekten der Bourbonen, für seine Krönung die Kathedrale Notre-Dame auszustatten – und zwar mit allem Prunk der Römischen Kaiser. Nachdem Papst Pius VII. Napoleon gesalbt und dessen Kaiserinsignien (Reichsapfel, Schwert, Krone) gesegnet hatte, schritt der Machthaber auf den Altar zu, nahm die Krone, hob sie hoch, wandte sich dem Publikum zu – und krönte sich selbst. Napoleon war nun Kaiser der Franzosen und herrschte durch geschickte Kriegsführung nur vier Jahre später vom Atlantik bis nach Königsberg.

Zwei Beispiele, eine Lehre: Auch eine Prinzessin im Herzen krönt sich selbst. Sie braucht noch nicht einmal einen Hofstaat für ihr Vorhaben einzunehmen und mit anderen Herrscherinnen Bedingungen auszuhandeln. Sie muss keinen Senat überzeugen, keine Truppen schicken. Sie braucht im Grunde genommen noch nicht einmal eine Krone – denn eine Prinzessin im Herzen ist eine Prinzessin allein durch sich selbst. Aber ein wenig Selbstinszenierung kann schon helfen: Kleiden Sie sich festlich, setzen Sie sich eine Krone auf, seien Sie stolz auf sich und machen Sie ein Selfie. Klemmen Sie es an den Badezimmerspiegel – und wenn immer Sie Zweifel an sich haben (und wer hat morgens beim Zähneputzen keinen Zweifel an sich?), schauen Sie sich das Bild an und versichern Sie sich Ihres wahren Ichs, nämlich Ihres Prinzessinnen-Ichs. Und gekrönt ist der Tag.

Zehn Prinzessinnenfilme

1. *Ein Herz und eine Krone* (USA, 1953)
   Audrey Hepburn als Kronprinzessin eines kleinen
   Landes verliebt sich auf ihrer Europareise in einen
   Reporter (Gregory Peck) – und das vor der Kulisse
   Roms! Dolce Vita und Grandezza.

2. *Plötzlich Prinzessin* (USA, 2001)
   Anne Hathaway erfährt, dass sie Thronanwärterin
   eines europäischen Zwergstaates ist. Mit einem
   Mal reißen sich alle um das Mauerblümchen. Vom
   hässlichen Entlein zum schönen Schwan. Selten
   so süß erzählt! Mit Prinzessinnen-Lektionen.

3. *Elizabeth* (GB, 1998)
   Machtkampf um den englischen Thron. Maria,
   strenge Katholikin, wirft ihre protestantische
   Schwester Prinzessin Elisabeth wegen Landes-
   verrats in den Tower. Als die Königin stirbt, erbt
   Elisabeth den Thron und muss sich in einer Män-
   nerwelt behaupten. Mit Cate Blanchett.

4. *Die scharlachrote Kaiserin* (USA, 1994)
   Mit Verführungskunst und Mordlust eroberte eine
   deutsche Provinzprinzessin den Zarenthron. Der
   Aufstieg von Katharina der Großen. So viel Drama
   und Pomp kann nur eine: Marlene Dietrich. Der
   Maßstab aller K-II.-Filme!

5. *Marie Antoinette* (USA, 2006)
Aus Frust über ihr ödes Sexleben verjubelt Thronanwärterin Marie Antoinette den Staatshaushalt. Es endet tragisch. Kirsten Dunst als letzte Bourbonen-Königin von Frankreich.

6. *Victoria, die junge Königin* (GB, 2009)
Prinzessin Victoria von Kent wird wegen einer Unstimmigkeit in der Thronfolge Königin von England. Sie muss dem rangniedrigeren Rupert Friend alias Prinz Albert von Sachsen-Coburg-Gotha einen Antrag machen. Wer täte das nicht gern?

7. *Sissi, Sissi – die junge Kaiserin* und *Sissi – Schicksalsjahre einer Kaiserin* (Österreich, 1955, 56, 57)
Sissi, Prinzessin Elisabeth in Bayern, heiratet den jungen Karlheinz Böhm. Drei Folgen lang Lieben, Weinen, Verzweifeln mit der wunderbaren Romy Schneider. Ein Klassiker! Einmal im Jahr Pflicht.

8. *Königin Luise* (BRD, 1957)
In den Wirren der Napoleonischen Kriege erblüht die Prinzessin aus einem winzigen deutschen Duodez-Staat zur viel geliebten Landesmutter. Ihr früher Tod macht sie unsterblich. Ruth Leuwerik – bigger than life. In Schwarz-Weiß.

9. *Arielle, die Meerjungfrau* (USA, 1989)
Die jüngste Tochter des Königs über das Meeres-
volk verliebt sich ausgerechnet in ihren Feind.
Hans Christian Andersens kleine Meerjungfrau
bekommt ihr verdientes Hollywood-Happy-End.
Zum Mitsingen.

10. *Krieg und Frieden* (Sowjetunion, 1967)
Bälle, Teestunden, das brennende Moskau. Prinzessin Natascha Rostova und ihre Verwandten
zittern vor der Invasion Napoleons. Liebe, Treue,
Verrat und Tod aufwendig umgesetzt von Sergei
Bondartschuk. Im Gegensatz zur US-Verfilmung
mit Audrey Hepburn hagelte es hier Oskars. Russische Seele kann eben nur ein Russe. Das Original! 432 Minuten lang.

Teil III:

Prinzessin kann jede!

Ab in die Prinzessinnenschule!
oder: Warum auch Prinzessinnen lernen müssen, eine Prinzessin zu sein

Auch wenn das innere Selbstverständnis einer Prinzessin im Herzen stimmt, kann sie doch in Verlegenheit kommen, wenn sie nicht über bestimmte Fähigkeiten verfügt. Von einer Prinzessin wird verlangt, in allen Situationen Haltung zu bewahren, und das ist ganz wörtlich gemeint. Krummer Rücken, hängende Schultern, schlurfender Gang zeugen nicht nur von mangelnder Attitüde, sie sind auch Ausdruck davon, dass sich die Prinzessinnen-Existenz noch nicht in ihrer körperlichen Präsenz widerspiegelt. Denn auch die Körpersprache einer Prinzessin sendet ein Signal. Sie unterstreicht durch Mimik, Gestik und Habitus das eigene Selbstverständnis. Die gute Nachricht: Auch wenn dieses Selbstverständnis bei frisch (und vielleicht auch selbst) gekürten Prinzessinnen im Herzen noch etwas wackelig ist, kann man es lernen, seinen Auftritt dem wahren Ich anzupassen.

Auch andere haben sich in diese Rolle erst einfügen müssen: Spaniens Letizia, die aus einer normalen, bürgerlichen Familie stammt (Vater: TV-Techniker, Mutter: Krankenschwester), wirkt nun selbst bei der Eröffnung von entlegenen Autobahnabschnitten erhaben. Máxima überschallt jede protokollarische Panne mit ihrem Lachen, und das Musterbeispiel an royaler Anpassung bietet Mette-Marit von Norwegen. Der Vater arbeitslos und ein Trinker. Ihr Ex, der Vater ihres Sohnes Marius, hatte mit Drogen zu tun. Sie selbst war alleinerziehend und ein Partygirl, das gern die Nächte auf Technopartys durchtanzte. Nichts von diesem durchaus unherrschaftlichen Hintergrund ist noch zu spüren, wenn sich die Kronprinzessin heutzutage auf einem Empfang zeigt.

Zufall? Nein, gezielte Vorbereitung auf ihr hoheitliches Amt. Letizia, Máxima, Mette-Marit waren alle auf der sogenannten »Prinzessinnenschule« – eine (manchmal virtuelle) Institution, in der die Damen auf die Anforderungen ihrer repräsentativen Pflichten vorbereitet werden. Sie lernen zeremonielle Handlungen wie Knicksen, Hofhalten, Huldigen. Vermittelt werden sie meist durch die Oberhofmeisterin oder eine Hofdame, die sich in den komplizierten höfischen Gepflogenheiten und mit dem, was von einer Prinzessin erwartet wird, auskennt.

Auch historische Prinzessinnen, die – wie so oft – an einen fremden Hof verheiratet wurden, mussten sich den Ritualen ihrer neuen Familie anpassen. Manchmal waren die Damen oder gar Institutionen, die mit der Einweisung der Debütantinnen beauftragt waren, so streng, dass es zu offenen Konflikten kam: Sophie Marie Gräfin von Voß, die 69 Jahre am preußischen Hof ihr Regiment führte, versuchte die Macht, die sie bei Hofe besaß, gegen die neuen Mecklenburg-Prinzessinnen Luise und Friederike so gezielt auszuspielen, dass diese beinahe vom Hof verbannt worden wären. Erst die Fürsprache des Kronprinzen konnte die beiden Prinzessinnen retten. Ihren Spitznamen hatte sie dennoch weg: Die beiden Schwestern nannten sie fortan »die Parforcepeitsche«, was die alte Dame gar nicht witzig fand. Aber sie hatte ja auch keinen Sinn für Humor. Damit wir Prinzessinnen im Herzen nicht in ähnliche Kalamitäten kommen, folgt hier eine kleine Prinzessinnenschule mit den wichtigsten Dingen, die eine Prinzessin können muss. (Physiotherapeuten sind dabei unbedingt zu Rate zu ziehen.)

Eine Krone (oder Tiara) tragen

Eine der Fähigkeiten, die eine Prinzessin unbedingt beherrschen muss, ist eine Krone zu tragen. Das ist gar nicht so einfach, denn eine Krone wiegt schwer. Meist ist sie aus massivem Gold oder vergoldetem Silber, verziert mit hochkarätigen Edelsteinen und Perlen, und die Passform des Kronreifes ist aus einer vergangenen Zeit, als die Köpfe noch kleiner waren – sie drückt deshalb fürchterlich.

Die britische Edwardskrone wiegt beispielsweise 2,1 Kilogramm und verursacht laut den Aussagen königlicher Würdenträger unerträgliche Kopfschmerzen – trotz des eingearbeiteten Polsters aus purpurnem Samt. Die Klagen darüber reichen bis zu Königin Victoria zurück, die – trotz verbürgter Eitelkeit und Bewusstsein für die Würde ihres Standes – deshalb für ihre imperialen Pflichten lieber die leichtere »Imperial State Crown« (nur 910 Gramm) wählte. Diese Krone bevorzugt aus demselben Grund auch ihre Amtsnachfolgerin Queen Elizabeth II. bei der jährlichen Parlamentseröffnung. Die Queen lässt sich das gute Stück meist einen Tag, bevor sie sich mit Krone in die Öffentlichkeit begibt, in ihre Privatgemächer liefern, damit sie sich an das Gewicht gewöhnen kann. Außerdem macht sie Geh- und Haltungsübungen – das Juwel soll ihr ja nicht vom Kopf rutschen. Ein Diener, der ihr früher die Morgenzeitungen zum Frühstück brachte, berichtete: Elizabeth saß zwischen ihrer Tupperware und den Cornflakes am Tisch und hatte die Krone auf. Wirklich ein königlicher Anblick!

Nun wiegen die Tiaras (etwa Schwedens Connaught-Tiara, die Spencer-Tiara von Dianas Familie, die Cameo-Tiara, die einst Kaiserin Josephine gehörte), die Prinzessinnen gemeinhin zu offiziellen Anlässen tragen, nicht ganz so schwer – aber auch fünfhundert Gramm können belasten, wenn man sie nicht in der Einkaufstasche, sondern auf dem Haupt trägt.

Deshalb ist es für uns Prinzessinnen im Herzen ratsam, sich bei unseren Physiotherapeutinnen zu erkundigen, welche Übungen am besten auf diese königliche Pflicht vorbereiten. Meine Krankengymnastin empfiehlt den Klassiker: Mit einem Buch auf dem Kopf herumlaufen. Das schult nicht nur eine gerade Haltung, es lehrt – so sagt sie – auch einen anmutigen Gang. (Übrigens sind Prinzessinnen im Herzen, die Ballett gemacht haben oder noch machen, hier ganz klar im Vorteil.) Weiter sind Übungen empfehlenswert, mit denen wir unsere Halsmuskulatur (nicht die des Nackens) stärken. Man findet viele davon im Netz.

Zur Entspannung, also wenn man die Krone abgelegt und wieder im Tresor verwahrt hat, rät meine Krankengymnastin, sich auf den Boden zu legen und mit der Nasenspitze kleine Achten zu malen – das lockert die von königlicher Last beanspruchte Halsmuskulatur. Das Gute ist: Diese Übungen sind ideal in einen Prinzessinnen-TV-Abend (siehe Liste mit Prinzessinnenfilmen) zu integrieren und bereiten quasi nebenbei auf die hoheitliche Aufgabe vor. Und eins darf nach getaner Repräsentationsarbeit nicht vergessen werden: Nach Absetzen der Krone, unbedingt das beanspruchte Haupt massieren lassen – am besten vom persönlichen Herzprinzen.

Einen Knicks machen

Der Knicks ist eine Geste des Respekts und der Ehrerbietung, dessen Geschichte schon in die Frühzeit der byzantinischen Würdenträger zurückreicht. In seinen Ursprüngen verlangte das Protokoll, dass man sich vor dem Herrscher auf den Boden legte – ein Relikt, das dem Ritual des Gebetes entstammte. Es signalisierte die Unterwerfung unter den Willen Gottes.

In den Jahrhunderten danach hat sich diese Geste im höfischen Alltag als höchst unpraktikabel erwiesen – sie wurde zu einem Kniefall vereinfacht, später zeigten Männer ihre Hochachtung vor einer anderen Person durch eine Verbeugung, die man »Diener« nannte. Von den Damen verlangte man entsprechend zum männlichen Diener einen Knicks. Aber ein Knicks ist nicht einfach ein Knicks. Es kommt darauf an, zu welcher Gelegenheit man ihn macht, wer ihn vor wem macht und wie man ihn macht. Verwirrend, nicht wahr?

Zuerst zum Wann: Man unterscheidet den Knicks beim Eintreten in die hoheitlichen Gemächer (»en avant«), den Knicks, den man macht, wenn man eine hoheitliche Gesellschaft zufällig beim Spaziergang, also quasi im Vorbeigehen trifft (»en passant«), und zuletzt den Knicks, den man etwa am Ende einer königlichen Audienz, eines Bittgangs oder eines Auftrags macht, wenn man sich verabschiedet (»en arrière«).

Dann das Wie: Es werden verschiedene Aufführungsarten unterschieden – die je nach Rangunterschied zwischen den betreffenden Personen zum Tragen kommen. Höchste Ehrerbietung erweist man mit einem Knicks, bei dem man die Beine überkreuzt und mit beiden Knien fast den Boden berührt, der Kopf wird dabei gebeugt, das Kleid mit den Händen aufgefächert. (Das *muss* man üben! Da ist der Sonnengruß ein Klacks dagegen.) Eine für Bandscheiben und Bänder verträglichere Variante ist der Knicks, bei dem man nicht ganz so weit in die Tiefe geht und eine Hand zum Shakehands nach vorn streckt – man gerät dabei auch seltener aus der Balance und dadurch in protokollarische Nöte. Eine gefragte »En passant«-Variante ist der Knicks, bei dem man beide Füße nebeneinander platziert und nur kurz die Knie beugt. Er ist schnell ausgeführt und lässt sich quasi ins Gehen einfügen, ohne seinem Gegenüber den nötigen Respekt schuldig zu bleiben. Es ist die Instant-Variante des Knicks – und jederzeit praktikabel.

Als dritte Ebene im Knicks-Knigge kommt die Frage hinzu, wer vor wem knickst: Da könnte man denken, es sei ganz einfach so, dass die rangniedrigere Person der ranghöheren ihren Respekt zollt. Doch was ist, wenn bei Hofe eine informelle Rangordnung herrscht?

Dieses Problem quälte Marie Antoinette: Zwei Jahre lang rang sie mit sich, ob sie die bürgerliche Geliebte des Königs Ludwig XV., mit dessen Enkel sie verheiratet worden war, begrüßen sollte oder nicht. Der König bestand darauf, aber Marie Antoinette wehrte ab, da sie glaubte, ihre Stellung zu gefährden. Das Dilemma: Ihre Stellung gefährdete sie auch, wenn sie sich weiterhin beharrlich weigerte, die königliche Mätresse zu grüßen, weil sie damit den König verärgerte. Endlich und nur, nachdem ihre Mutter, Kaiserin Maria Theresia, sie in zahlreichen dringlichen Briefen beschworen hatte, erwies die Dauphine Madame Dubarry ihre Ehrerbietung. Ein ungeheures Ereignis am Hofe, das jedem protokollarischen Zwang widersprach, aber gefeiert wurde wie die Geburt eines gesunden, strammen Thronfolgers.

Einfacher hatte es da Spaniens Letizia. Bei einem offiziellen Treffen mit Máxima, der neuen Königin der Niederlande, im

September 2013, umarmten und küssten sich die beiden Frauen, wie sie das immer taten, wenn sie sich trafen. (Die beiden Prinzessinnen verbindet eine enge Freundschaft, die dadurch gefestigt wird, dass sie nicht nur die gleiche Muttersprache, nämlich Spanisch, sprechen, sondern beide ungefähr zur gleichen Zeit als Bürgerliche das Parkett des europäischen Hochadels betraten.) Plötzlich aber senkte sich Letizia vor Máxima zu einem formvollendeten Knicks herab. Máxima lachte (was sie eigentlich immer tut), aber Letizia zeigte sich mit dieser Geste absolut protokollsicher – denn sie war zu diesem Zeitpunkt noch Prinzessin, Máxima bereits Königin.

Eine Cour halten (zu Deutsch: Hof halten)

Der Lehrplan einer Prinzessin sollte sich unbedingt auch mit den Abläufen einer Cour beschäftigen. Denn selbst in einer großen Gesellschaft jedem der Gäste seine verbindliche Aufmerksamkeit schenken zu können, gehört zu den unabdingbaren Tugenden einer Prinzessin – ganz gleich, ob sie ein Leben lang Prinzessin bleibt oder ob sich ihre Existenz zu der einer Königin oder gar Kaiserin entfaltet.

Es gibt zwei Arten von Cour: Die Veranstalterin einer Cour empfängt ihre Gäste und schreitet an diesen vorbei (Defilee) oder sie lässt ihre Gäste an sich vorbeischreiten, während sie selbst, meist auf einem Thron, sitzt. Eine zeitgenössische, quasi Open-Air-Variante der Cour ist das Abschreiten von Absperrungen: Prinzessin Diana war eine Großmeisterin in dieser Disziplin. Sie nahm jeden Blumenstrauß, den man ihr reichte, mit persönlichem Dank entgegen, stellte Fragen, hörte zu, schüttelte Hände. (Bis ins 19. Jahrhundert hinein trugen selbst Männer aus hygienischen Gründen Handschuhe bei einem Defilee.) Ein Zeichen dafür, dass Diana Politik nicht wie in alten Zeiten mit anderen Königshäusern machte – sondern in weiser Voraussicht zum Volk hin, dem mächtigsten Souverän in modernen Staaten.

Bei einer Cour geht es nämlich darum, sich die vielen Verwandten, Bekannten, Bittsteller gewogen zu machen, Verbindungen zu vertiefen, Ehrerbietung zu zeigen, sich sehen zu lassen. Es ist eine höfische Art, Politik zu machen. Wer wird vorgelassen? Wer wird in welcher Reihenfolge vorgelassen? Welche Worte richtet die Gastgeberin an den jeweiligen Gast – und wie viele? (Bei Marie Antoinette waren es zehn Worte, die sie an Madame Dubarry richtete: »Il y a bien du monde aujourd'hui à Versailles«: Es sind heute viele Leute in Versailles. Wichtig ist auch die Tonart, in der die Ansprache gehalten wird. Diese darf nicht zu förmlich ausfallen und nicht zu sehr nach Pflicht aussehen, sondern muss Freundlichkeit ausdrücken – auch wenn diese das Resultat eines langen Trainings ist.

Das alles hat im höfischen Miteinander eine hochbrisante Bedeutung, und jede Familie kann an der Ansprache der Gastgeberin sehen, ob sie (noch) gut angesehen – oder bereits gefallen ist: Wird das Wort nur kurz oder länger an mich gerichtet? Bin ich wie immer als zehnte an der Reihe oder auf einen hinteren Platz in der Schlange verwiesen worden? Mittelpunkt einer Cour ist und bleibt die Veranstalterin. Sich auszutauschen, solange die Cour noch stattfindet (also zu tuscheln!), wird als Affront empfunden. Das kann auch als Machtmittel gegen unliebsame Konkurrentinnen eingesetzt werden:

Als Luise von Mecklenburg-Strelitz nach sechswöchiger Brautfahrt endlich am Preußischen Hofe ankam, versaute ihre künftige Schwiegermutter Königin Luise Friederike von Preußen, die für ihren Sohn eine andere Prinzessin als Frau auserkoren hatte, ihr die Ankunft, indem sie – ganz einfach – kurzerhand eine Cour abhielt. Als die Novizin es wagte, sich der Schar, die sie sofort umringte und mit Fragen löcherte, zuzuwenden, zischte die Königin: »Ich halte hier Hof – und nicht Sie!« Also: Solange Sie in der Reihe stehen und noch auf die Ansprache vonseiten der Gastgeberin warten, ist Schweigen Gold!

Auch Drängeln ist nicht angemessen. Ich habe das selbst erfahren müssen: Als Silvia Königin von Schweden die nach ihr benannte Demenz-Station »Silviahemmet« (= Silviahaus) im Kölner St. Hildegardis Krankenhaus eröffnete, hielt sie nach einer berührenden Rede, in der sie über die zunehmende Hilflosigkeit ihrer dementen Mutter und ihre eigene Hilflosigkeit angesichts dieser Erkrankung sprach, Hof. Vor einem weißen Stehtisch, an dem sie einen Filterkaffee trank, stellten sich die Gäste an, die mit ihr sprechen wollten. Es waren Krankenschwestern, Würdenträger der Stadt Köln, Mitglieder des Malteser-Ordens, die zu der Veranstaltung eingeladen hatten und Träger der Station sind, sowie die Schauspielerin Marie-Luise Marjan.

Königin Silvia nahm sich für alle Zeit, hörte zu, beantwortete Fragen und lächelte. Sie lächelte überhaupt sehr viel und sah ihrem Gegenüber immer direkt in die Augen. Wer dran war, war dran. Da gab es keinen kurzen Blick aufs Smartphone oder andere Nachlässigkeiten. In den kurzen Pausen, in denen ihr Protokollchef Silvia ein paar Fakten zur nächsten Person zuflüsterte, nippte sie an ihrem Kaffee.

Ich beobachtete sie eine Weile, bis ich sah, dass sich zwischen zwei der Personen, die sich anstellten, eine Lücke auftat.

Meine Chance! Ich war noch nicht einmal angekommen, da baute sich schon der Protokollchef mit seiner ordenbehängten Brust vor mir auf – und verwies mich des Raumes. Ich laufe heute noch rot an, wenn ich daran denke.

Doch wie lernt man Hof halten? Nehmen wir uns ein Beispiel an Prinzessin Augusta von Sachsen-Weimar-Eisenach. Am Weimarer Hof (der, an dem auch Johann Wolfgang von Goethe Minister war) absolvierte sie ein strenges Programm: Neben Zeichnen, Musik, Geografie (Ah, hier ist mein Land!), Französisch, Russisch, Englisch, Klavier- und Tanzstunden übte sie auch das sogenannte »Zirkelhalten«.

Konkret sah das so aus: Tag um Tag musste die heranwachsende Augusta eine Reihe leerer Stühle abschreiten, bei jedem Stuhl kurz anhalten und ein paar nette Worte an eine imaginäre Person richten. Von einer Prinzessin erwartete man schon immer, dass sie Hunderte von Menschen, die nur gekommen waren, um sie zu sehen, individuell und verbindlich ansprach – und sich ihnen liebevoll zuwandte. Die Selbstverständlichkeit, mit der Augusta diese Dinge ausübte, waren der Prinzessin so in Fleisch und Blut übergegangen, dass sie später, als sie als Frau von Wilhelm I. deutsche Kaiserin wurde, zahlreiche Defilees und Cours ohne Fehl und Tadel absolvierte.

So müssen wir es als Prinzessinnen im Herzen auch halten: Jetzt üben, später können. Nun könnten Sie einwenden, dass wir keinen Protokollchef oder keine Protokollchefin haben, der oder die uns Stichworte zu jeder Person zuflüstert. In diesem Punkt erweisen sich Smartphones als großer Segen. Mehr dazu in dem Kapitel: »Jaaaaames!!! Oder: Warum Prinzessinnen nie Ärger mit dem Personal haben.«

Gerade halten

Auch, was die Haltung betrifft, können wir Debütantinnen auf dem Prinzessinnen-Parkett von Prinzessin Augusta von Sachsen-Weimar-Eisenach lernen. Sie klemmte sich immer ein Holzkreuz zwischen die Schulterblätter, damit sie trotz Erschöpfung, die sich auch bei ihr zu später Stunde einschlich (siehe unten: Niemals müde werden), nie die Schultern hängen ließ.

Augusta bewies wirklich eine bemerkenswerte Konstitution, zu der alle Damen des Kaiserlichen Hofes und die zahlreichen Gäste aus den hohen Häusern Europas voller Bewunderung aufblickten: Schließlich war sie als deutsche Kaiserin mit dem englischen Königshaus und den Zaren in Russland verschwägert. Freilich bekamen nur ihre engsten Vertrauten die Nachteile dieses einengenden Konstruktes mit. Die Wirbelsäule war durch die Holzbalken starr. Die Kaiserin stürzte aufgrund von mangelnder Bewegungsfreiheit mehrfach und holte sich große blaue Flecken. Zum Glück meist erst, wenn die Hofhaltung beendet war.

Wir lernen von Augusta: Gerade halten. Wir lernen weiter von Augusta: Es muss auch ohne Stab im Rücken gehen. Eine erfahrene Moderatorin, die ihre Kolleginnen und Kollegen coacht, empfiehlt: Bauchmuskeln anspannen – dann richtet sich der Körper automatisch auf, und der Blick richtet sich auf das Gegenüber. Natürlich ist es anstrengend, immer wieder auf seine Haltung zu achten. Aber diese Mühe lohnt sich für uns Prinzessinnen im Herzen: Denn eine gerade Haltung zeigt nicht nur mehr Körperpräsenz, sie streckt auch die Figur und mogelt ein paar Pfunde weg. Ich kenne keine Prinzessin, die *das* nicht erstrebenswert findet!

Niemals müde werden

Nach langer Zeit der Skepsis gegenüber der Geliebten ihres Enkelsohnes Prinz Charles gelang es dem Kronprinzen doch noch, zwischen Camilla (damals noch Parker-Bowles) und seiner Großmutter, Queen Mum, zu vermitteln. Sie lud das Paar zum Dinner ein. Nach einer anfänglichen Phase der Aufregung löste sich Camillas Nervosität und sie gab sich – anderes Extrem! – betont lässig. Genauer: Sie stützte ihren Kopf auf die Hände, die Ellenbogen hatte sie auf dem Tisch. Dieser Nonchalance begegnete die Gastgeberin mit der besorgten Nachfrage: »Are you feeling quite well, dear?« – Well, welch eine Schmach für die zukünftige Herzogin von Cornwall.

Es sollte uns Prinzessinnen im Herzen eine Warnung sein: Solchen Szenarien begegnen wir überall in unserem Leben und, Hand aufs Herz, nicht selten spielen wir selbst darin eine unrühmliche Hauptrolle. In Restaurants, wenn es spät geworden ist, aber der Partner sich festgequatscht hat (»Lass uns endlich zahlen, Schatzi!« – »Eine Minute noch!«), auf Partys, in Clubs, in der U-Bahn. Manchmal auch am Arbeitsplatz, nur dass da statt des Dinnertables der Queen Mum die Bürotischplatte herhalten muss. Seien Sie sich sicher: Wer immer auch sich coram publico räkelt, streckt, gähnt oder gar einschläft – es ist niemals eine Prinzessin. Denn, das sagte schon Großfürstin Maria Pawlowna, eine Enkelin Katharina der Großen: »Eine Prinzessin darf niemals müde sein.« Was sie damit meinte, ist offensichtlich: Müde sein ist höchst unansehnlich. Eine Prinzessin aber ist jederzeit, selbst wenn sie nicht von der Natur mit Schönheit gesegnet ist, ein angenehmer Anblick, auch wenn Kopf und Füße schmerzen oder das Gegenüber einen anödet – Ursachen der Müdigkeit können nämlich nicht nur Erschöpfung sein, sondern auch ein uninspirierender Gesprächspartner. Aber eine Prinzessin würde ihr Gegenüber niemals mit dem Gedanken brüskieren, dass sie ihn für den größten Langweiler unter Gottes schöner Sonne hält, sondern ihm immer ihre Aufmerksamkeit widmen. Am bayerischen Hof sagte man über die Prinzessinnen Ludovika und ihre Schwestern Elisabeth, Amalie Auguste, Sophie, Maria Anna und Maximiliane, die auf den zahllosen Gesellschaften, an denen sie schon im Kindesalter teilnehmen mussten, mächtig angeödet waren und deshalb gähnten, kicherten oder mit ihren Puppen spielten: »Die Prinzessinnen müssen lernen, sich mit Anmut zu langweilen.«

Guter Punkt. Denn wer so erschöpft ist, dass er sich nicht einmal mehr verstellen und seine Schwäche vor anderen verbergen kann, wirkt unhöflich. »Höflich« bedeutet ja nichts anderes als: bei Hofe angebracht. »Unhöflich« ist das genaue Gegenteil dessen, und eine Prinzessin muss unter allen Umständen vermeiden, unhöflich zu sein.

Doch wie die Müdigkeit kaschieren, wenn sie einen überkommt? Früher gab es prachtvoll verzierte Fächer, hinter denen man sich verstecken konnte. Die Prinzessinnen im 18. und 19. Jahrhundert versuchten auch, Durchhänger zu vermeiden, indem sie wenig aßen – der Hunger hielt sie wach. Heute weiß man: Diese Art von Askese sorgt nicht nur für eine schlanke Taille (was für Prinzessinnen damals wie heute offenbar sehr wichtig war und ist), sie führt auch zu einer erhöhten Ausschüttung des Stresshormons Adrenalin. Den gleichen Effekt haben eine Dose Red Bull oder ein Espresso. Doch angesichts der Magersuchtproblematik auch in Prinzessinnenkreisen (wir erinnern uns an die arme Prinzessin Victoria, und auch um Spaniens Letizia macht sich die Presse immer wieder Sorgen), muss ich uns Prinzessinnen im Herzen dringend davon abraten. Stattdessen empfehle ich das natürlichste und beste Mittel, das in solch einer Situation hilft: Gehen Sie nach Hause und schlafen Sie sich richtig aus. Kein Event ist so wichtig, dass Sie Ihre Umgebung mit Ihrer Müdigkeit behelligen müssen. Wirklich nicht!

Huldigend aus der Kutsche winken

Es gehört zu den Grundfähigkeiten einer Prinzessin, sich ihrem Volk huldvoll zuzuwenden. Das geschieht gemeinhin durch Winken. Es ist aber kein aufgeregtes Winken in der Art »Hallo, hallo, hier bin ich! Hiiiier!«, auch hat es nicht die Art eines autoritären Heranwinkens, wie wir es von Polizeikontrollen kennen (»Ihre Papiere, bitte!«); es geschieht vielmehr auf gleichzeitig zugewandte wie erhabene Weise. Man winkt, als wollte man sagen: Ich wache über euch! Ich bin für euch da! In dieser Zusicherung liegt tatsächlich auch der Ursprung der Huldigung. Es war ein Versprechen zwischen Lehensherr und Lehensmann – der Herr versprach Schutz, der Untertan Gefolgschaft und Treue. Meist wird eine Hand nur kurz hochgehoben, wobei sich weder Handgelenk noch Arm bewegen. Es ist wie ein kurzes Antippen eines imaginären Hutes – freilich mit sehr, sehr großer Krempe. Dabei zeigt die Handfläche nach außen. Nur Queen Elizabeth II. huldigt mit der Handfläche zum eigenen Körper hin – das ist ihr Markenzeichen, quasi die royale Merkel-Raute. Man winkt vom Balkon, vom roten Teppich, der zu einer Hochzeit beim Hochadel führt, aus der offenen Kutsche und aus der Karosse, die selbstverständlich von einem Chauffeur gefahren wird, denn einen Wagen vorsichtig durch von Schaulustigen gesäumte Straßen lenken *und* gleichzeitig zu winken, erfordert nicht nur viel Konzentration, es mindert auch die Eleganz dieser Geste.

Huldvoll winken muss man wie alle wichtigen Prinzessinnen-Skills übrigens lernen: Über Prinzessin Mary von Dänemark erzählt man, dass sie vor ihrer Hochzeit vor dem Spiegel eifrig geübt haben soll, wie man huldvoll winkt. Als Neuling im royalen Umfeld und zudem als künftige Kronprinzessin kritisch von ihrer Schwiegermutter, Königin Margarethe II., beäugt (Margarethe hatte sich so sehr eine deutsche Prinzessin für ihren Ältesten gewünscht), wollte Mary keine Schwäche in Sachen Etikette zeigen. Sie überstand die Zeremonie tadellos, klagte aber später auch über den entsetzlichen Muskelkater, den das ständige Auf und Ab des Winkens herbeigeführt hatte. Etwas Bizepstraining kann also für den Fall, dass eine Huldigung ansteht, nicht schaden. Anleitungen dazu findet man (spätestens seitdem Michelle Obama auf politischer Bühne ihre muskulösen Oberarme präsentiert hat) überall im Netz. Wir wollen ja nicht, dass wir Prinzessinnen im Herzen wie einst Mary Donaldson an Muskelkater leiden.

Wichtig zu wissen: Huldvolles Winken ist nicht nur eine Hinwendung zu den Untertanen hin, es wahrt gleichzeitig immer auch Distanz. Es ist eben kein Bad *in* der Menge, sondern *über* der Menge, kein Stagediving, wie wir es von Rockstars kennen, die sich von Händen über die wogende Menge tragen lassen. Es ist eine wohltemperierte Geste. Eine Prinzessin und ihre Untertanen sind eben nicht auf einer Ebene – auch wenn sie sich noch so volksnah gibt.

Wer diesen Unterschied nicht kennt, verletzt die Etikette. Das passierte hin und wieder allerdings auch Provinz-Prinzessinnen, die die Gepflogenheiten ihres neuen Landes nicht kannten: Als Luise von Mecklenburg-Strelitz, die Braut des preußischen Kronprinzen Friedrich Wilhelm (später als König der III. seines Namens) zu ihrer Trauung im Berliner Schloss fuhr, drängelte sich eine bunte Menge aus Kaufleuten, Vertretern der Zünfte, Magistrat, Bürgerbrigade und Berliner Bürgern am Wegesrand. Unter einer Ehrenpforte kam die Equipage der künftigen königlichen Hoheit zum Stehen. Eine Deputation nutzte die Gelegenheit, um sich dem Gefährt zu nähern. Sie schob ein Mädchen vor, das Luise einen Kranz überreichte und ein auswendig gelerntes Gedicht aufsagte. Gerührt und ohnehin schon überwältigt von dem überbordenden Jubel, der ihr entgegenschlug, zog die Prinzessin das Mädchen zu sich und küsste es spontan auf die Stirn.

»Was haben Eure Hoheit da gemacht!«, rief die Oberhofmeisterin Gräfin Voß (wir kennen sie schon als »die Parforcepeitsche«) voller Entsetzen. »Das ist gegen alle Sitte und Anstand.«

Luise verstand die Welt nicht mehr. »Darf ich das jetzt nicht mehr tun?«

Eine Antwort der Gräfin Voß blieb aus.

Diese Anekdote hält sich bis heute und trug zur Beliebtheit von Königin Luise bis weit nach ihrem Tod bei.

Uns Prinzessinnen im Herzen lehrt das: Huldigungen sind nur mit kleinen seltenen Akzenten von Nähe zu durchsetzen. Wir sind ja nicht der Papst!

schreiten

Nun mag die Frage aufkommen, welcher Gangart sich eine Prinzessin bedient. Darauf kann es nur eine Antwort geben: Eine Prinzessin rennt nicht (auch nicht hinter einer Kutsche her, die sie verpasst hat), sie läuft auch nicht, sie flaniert nicht (das ist zu nonchalant für ihren hohen Stand), sie tippelt auch nicht (nur in Japan, wo Prinzessinnen in halsbrecherische Holzsandalen namens Ipponba-Geta gezwungen werden), sie geht auch nicht, denn »gehen« das macht man, wenn man mal eben zum Gemüsestand oder zum Kiosk oder um die Ecke zu McDonald's geht. Alles viel zu profan.

Eine Prinzessin schreitet. Im Gegensatz zum Laufen (hohes Tempo, siehe: Hundertmeterlauf), zum Spazierengehen (Schlendergang) und zum Gehen (Einkauf, Treppe runter, zur Arbeit), hat das Schreiten einen feierlichen Charakter. Es ist die Gangart für feierliche Gelegenheiten, und da das Leben einer Prinzessin im Herzen allgemein feierlich ist, ist es genau die richtige Art, sich fortzubewegen.

Schreiten bedeutet eine bedächtige, achtsame Art zu gehen, dabei sind die einzelnen Bewegungen voneinander abgesetzt, geraten aber nicht ins Stocken. Es ist das Maß zwischen dem Abschreiten in der Manier eines Landvermessers oder Storches, der im Sumpf nach Fröschen sucht, und einem normalen Gehen (nicht die Leichtathletik-Disziplin!). Man schreitet beim Defilee oder – vielleicht ein alltäglicheres Vorbild – bei einer kirchlichen

Hochzeit. Wenn die Braut am Arm des Brautvaters im Mittelgang auf den Altar zusteuert, wo ihr Zukünftiger auf sie wartet, dann schreitet sie. In dieser Gangart sollte es für Prinzessinnen immer vorangehen.

Als der Regisseur und große Förderer von Marlene Dietrich, Josef von Sternberg, einmal gefragt wurde, in welcher Geschwindigkeit seine frühen Stummfilme abgespielt werden sollten, antwortete der Mann – noch ganz unter dem pompös-monarchistischen Eindruck der Hofburg, dem Zentrum seiner Geburtsstadt Wien, in deren Schatten er seine Kindheit verbracht hatte: »In der Geschwindigkeit des Schreitens.«

Vielleicht können wir Prinzessinnen im Herzen da gleich einen DVD-Abend mit alten Stummfilmen einplanen. Da haben wir die Möglichkeit, viel übers Schreiten zu lernen, und wenn wir den richtigen Film auswählen, auch etwas über andere Prinzessinnen. Ich empfehle Ernst Lubitschs *Austernprinzessin* – immerhin von der Zensur verboten (wie interessant!) und von der Kritik als »elegant« gelobt.

Schleppe tragen

Gerade bei feierlichen Anlässen kommt es vor, dass eine Prinzessin per Kleiderkonvention gezwungen ist, eine Schleppe zu tragen. Das ist bei Krönungen der Fall, bei Hochzeiten und bei einer Cour.

Für die Cour ist sogar eigens das Kleidungsstück der Courschleppe erfunden worden. Sie ist mit kleinen Ärmeln versehen, in die eine Prinzessin, kurz bevor die Cour beginnt, hineinschlüpfen kann wie in einen Mantel. (Sonst wird die Schleppe direkt ans Kleid angenäht.) Da eine Schleppe schwer ist, ist so eine Courschleppe eine sehr praktische Angelegenheit – die Prinzessin muss nicht während der Zeit der Vorbereitungen (Locken brennen, Krone aufsetzen, Selfies twittern) ein mehrere Meter langes Stück Stoff hinter sich herziehen. Immerhin besteht Stolpergefahr! Es wäre nicht das erste Mal, dass das passiert ist:

Als Prinzessin Friederike von Mecklenburg-Strelitz an Weihnachten 1793 den Preußenprinzen Ludwig heiratete, genossen die beiden Königinnen (ja, es gab zwei: die amtierende Königin Luise Friederike und die Königin-Witwe Elisabeth, die mit Friedrich dem Großen verheiratet gewesen war) das Privileg, als ranghöchste Damen des Hofes hinter der Braut hergehen zu dürfen. Königin-Witwe Elisabeth war zu diesem Zeitpunkt bereits stattliche 78 Jahre alt, gichtgeplagt und unsicheren Ganges. Mit wackeligen Schritten versuchte sie, auf ihrem Stock Halt zu finden, verhakte sich aber mit diesem in der langen Schleppe der Braut, sodass Friederike abrupt nach hinten gezogen und – Skandal! – ein Teil ihrer wohlgeformten Waden sichtbar wurde. Die Kavaliere, die der Trauung beiwohnten, freute es, aber für die ohnehin unsichere Braut war es eine Katastrophe.

Um Missgeschicke dieser Art zu vermeiden, ist es zuallererst einmal ratsam, bedächtig zu gehen – und bedächtig gehen bedeutet: schreiten. Schreiten und das Tragen einer Schleppe bilden genau genommen eine untrennbare Einheit. Das Gewicht der Schleppe drosselt die Gangart, mit gedrosselter Gangart entfaltet sich die Pracht der Schleppe umso eindrucksvoller. Darüber hinaus sollte man sich Personen suchen, die beim Tragen der

Schleppe helfen. Bei Damen ist es Sitte, Helfer*innen* zu haben, was allerdings gefährlich werden kann, wenn sich unter ihnen eine Rivalin befindet: Napoleons Schwestern Elisa, Pauline und Caroline beispielsweise schäumten vor Wut, als sie hörten, dass Josephine gleichzeitig mit Napoleon gekrönt werden sollte, und dass sie – eigentlich eine Ehre! – der Kaiserin in spe auch noch die Schleppe tragen sollten. Die eifersüchtigen Schwestern rächten sich an der verhassten Schwägerin, indem sie die 25 Meter lange, mit russischem Hermelin verbrämte und aufwendig mit Gold bestickte Samtschleppe (damals 26.000 Goldfranc, heute inflationsbereinigt 78.120 Euro teuer) genau in dem Augenblick losließen, als Josephine das steile Thronpodest bestieg. Die Kaiserin-in-spe strauchelte, und erst als Napoleon die Boshaftigkeit seiner Schwestern mit einem mahnenden Blick dämpfte, hoben die drei Damen die Schleppe wieder an. Doch Josephines Performance war versaut.

Da wusste sich Kate Middleton bei ihrer Hochzeit mit Prinz William weitaus besser zu helfen: Als Trägerin ihrer 2,70 Meter langen, mit englischer und französischer Chantilly-Spitze bestickten Schleppe wählte sie ihre Schwester Pippa. Die Aufnahmen von Pippa, die sich vor den Toren von Westminster Abbey und vor Kamerateams aus aller Welt beugt, um den Stoff für die Zeremonie zu ordnen, löste einen unerwarteten Hype aus. Wochenlang beherrschte die englische Presse nur die Frage nach »Pippas Bum« – Pippas Po –, und Kate hatte auf ihrer Hochzeitsreise wenigstens *etwas* Ruhe vor den Paparazzi.

Königin der Mode
oder: Warum Prinzessinnen alles anziehen dürfen, was sie wollen

Prinzessinnen und Mode sind ein so unerschöpfliches Thema, dass ich mich hier kurzfassen möchte. Fast alles, was wir über historische Mode wissen, kennen wir von historischen Prinzessinnen-Porträts, was daran liegt, dass einfache Bäuerinnen und Mägde nicht so oft in Öl festgehalten wurden: die dramatischen Kragen der Königin Elisabeth I. von England, die ihre gottgegebene Glorie optisch zu einem Heiligenschein erhöhen. Die rauschende weiße Schneewittchenrobe der Kaiserin Elisabeth aka Sisi auf dem berühmten Ganzkörperporträt von Franz Xaver Winterhalter. Die fließenden Stoffe im Stil der griechisch-römischen Antike, in denen die Prinzessinnen Luise und Friederike in Johann Gottfried Schadows berühmter Marmorgruppe dargestellt sind, und die uns eine detailgetreue Vorstellung davon geben, warum beide Prinzessinnen bei Preußens Junkern so gut aufgenommen wurden. Es gibt zahlreiche Beispiele mehr, und es sind unter anderem genau diese Bildnisse, derentwegen sich viele selbst gekrönte Prinzessinnenschwestern und ich in diese vergangene Zeit modischer Extravaganzen zurückwünschen.

Nun ist unsere moderne Zeit auch nicht gerade arm an modischen Extravaganzen. Ich denke an Schulterpolster, Plateauschuhe, Netz-T-Shirts, Neonfarben, Schlaghosen, Technohosen, Karottenhosen, Stulpen, Puffärmel, Tanktops, Tattoo-T-Shirts, Ugg-Boots, Stubenfliegen-Sonnenbrillen und, ja, das gab es auch, Schnullerketten. Aber ein Rokokokleid mit schmaler Taille und ausladendem Rock, delikatem Ausschnitt und Pastellfarben ist einfach etwas völlig anderes, und wenn man sich bei Prinzessinnen im Herzen umhört, läuft es *immer* auf ein Rokokokleid hinaus. Einen kleinen Trost kann ich Ihnen liefern: Die Korsagen waren so eng geschnürt, dass sie der Trägerin den Atem nahmen – wie häufig fielen die Damen in Ohnmacht! Die Unterröcke waren so ausladend, dass die Dame, die darin steckte, in hohem Grade zur Immobilität verdammt war, und letztlich gab es auch Probleme mit Hygiene und Notdurft: ein schwerer Lederrock, der im Inneren der Krinoline, des Reifrocks, getragen wurde, hielt Urinspritzer vom Oberkleid ab. Igitt!

Dennoch vermittelt uns diese Garderobe etwas, das aktuelle Extravaganzen vermissen lassen: weibliche Würde. Es ist schwer vorstellbar, dass man in solch einem Aufzug Schultern und Kopf hängen lässt oder sich fortbewegt wie ein Kronstädter Landsknecht auf seinem Marsch zum Feldlager, und wer jemals ein Dirndl, quasi eine Lightversion dieser Rokokoauswüchse, getragen hat – schmale Taille, ausladender Rock, delikater Ausschnitt –, weiß die Vorzüge dieser Mode zu schätzen. Und der Begleiter natürlich auch.

Aber es gibt noch einen anderen Grund, aus dem sich Prinzessinnen im Herzen in diese Zeit hineinträumen: Das Wissen darum, dass man wirklich Avantgarde war, und nicht wie heute dazu verdammt ist, nur dem Diktat einer Industrie hinterherzurennen – egal, wie modisch man sich auch kleidet. Wer lässt heute schon individuell schneidern? Historische Prinzessinnen aber setzten Trends – manchmal sogar aus der Not heraus: Als Luise von Mecklenburg-Strelitz sich trotz einer dicken Schwellung am Hals nicht vor einer gesellschaftlichen Verpflichtung drücken konnte, wickelte sie ihr Tuch nicht nur um den Kopf, sondern auch um den Hals. Alle Damen der Gesellschaft machten es ihr nach, und der Bildhauer Schadow verewigte es in dem bereits oben erwähnten marmornen Standbild.

Georgiana Cavendish, Herzogin von Devonshire, hatte nicht sofort Erfolg damit, sich als Trendsetterin zu behaupten, weil zu ihrer Zeit alle zum Londoner Hof blickten. Da Königin Charlottes Prüderie bald jedoch auch mit ihrer Vorliebe für aufwendige Stickereien in Verbindung gebracht wurde, konnte Georgiana mit ihren leichten, flatterhaften, frivolen Kattunkleidern bald gegen sie auftrumpfen. Ihr Look war stilbildend.

Natürlich dürfen wir, was den Modewahn betrifft, Marie Antoinette nicht vergessen – ein Großteil ihrer Zeit und ihres Budgets gingen drauf, um sich, wenn schon nicht als regierende Königin, so doch als Königin der Mode zu profilieren. Stefan Zweig schreibt in seiner bekannten Romanbiografie über ihre Klamottenexzesse mit süffisantem Unterton: »Marie Antoinette hat sich zu entscheiden, welche Roben sie heute anzuziehen wünscht: welche schwierige, verantwortungsreiche Wahl, denn für jede Saison sind zwölf neue Staatskleider, zwölf Phantasiekleider, zwölf Zeremonienkleider vorgeschrieben, die hundert anderen gar nicht zu zählen, die alljährlich neu angeschafft werden (man erdenke die Schmach, die Königin der Mode würde etwa dieselben Roben mehrfach tragen!). Dazu die Morgenröcke, die Leibchen, die Spitzentücher und Fichus[2], die Hauben,

Mäntel, Gürtel, Handschuhe, Strümpfe und Unterkleider aus dem unsichtbaren Arsenal, das ein Heer von Schneiderinnen und Garderobenfrauen beschäftigt.«[3]

Wegen solcher Obsessionen denken wir, wenn wir an Prinzessinnen denken, immer sofort an Mode oder besser: an Moderäusche und die Möglichkeit, alles an Klamotten haben zu können, was uns gefällt. Diese Exzesse inspirierten offenbar auch den TV-Sender RTL2 zu der Sendung *Princess – Hilfe, ich bin shoppingsüchtig!* Dank des Titels weiß man auch gleich, wie wir die modischen Eskapaden der französischen Königin zu bewerten haben: Marie Antoinette war nach heutigem Ermessen schlicht kaufsüchtig. Wir Prinzessinnen im Herzen wissen alle, wohin das führt: in die Schuldenfalle und im Falle der unseligen Marie Antoinette zu einer Revolution. Es ist aber, das muss hier betont werden, ein Sonderfall und hat nur bedingt mit ihrer Eigenschaft, eine Prinzessin zu sein, zu tun. Eher mit Marie Antoinettes großer Frustration über ihr Eheleben und daran, dass sie sich nicht anders zu helfen wusste. Psychiater gab es noch nicht.

Aber: Wir müssen Marie Antoinette auch zugutehalten, dass sie einem gesamten Wirtschaftszweig in Frankreich zu weltweitem Ruhm verholfen hat. Alle wollten französischen Chic, damals fing es an. Der Soziologe Pierre Bourdieu beschreibt, dass die Befriedigung der nach immer neuen Reizen gierenden höfischen Prunksucht das Geschäft der französischen Schneider, Juweliere, Goldschmiede, Putzmacher, Schuhmacher, Seidensticker, Täschner, Stricker und Weber aufblühen ließ. Mehr noch: Die Pariser Handwerkskünstler erlangten ein solches Höchstmaß an Kunstfertigkeit, dass dadurch letztlich der Grundstein für die Vormachtstellung Frankreichs im Bereich der Luxusgüter gelegt wurde.

Wenn ich mir den Kleiderschrank meiner selbst gekrönten Prinzessinnen-Freundinnen und auch meinen eigenen ansehe, muss ich zugeben: Da ist was dran. Überall findet sich – ob gefälscht oder nicht – mindestens ein Stück von Louis Vuitton, Givenchy, Dior, Hermès (meist ein Tuch) oder Chanel – hier beschränkt sich die modische Habsucht wegen der Preisgestaltung des Modehauses in der Regel auf einen Lippenstift, der immerhin auch 35 Euro kostet.

Nun haben die Auswüchse am Hof von Versailles das Bild, das wir von Prinzessinnen in Bezug auf Mode haben, etwas verfälscht. Natürlich waren Prinzessinnen im Gegensatz zu ihren Untertanen gut gekleidet – zumal auf den Porträts, die es von ihnen gibt. Bei dieser Gelegenheit musste man nämlich dick auftragen. Das lief unter Repräsentationspflicht und war Sinn der Sache. Aber jedes Kind weiß, dass diese Porträts geschmeichelt waren, und so wie einige Nasen verkürzt und abstehende Ohren angelegt wurden, verschönerten kostbare Seidenstoffe, feine Brüsseler Spitze, Federn und Pelze die speckige, teilweise abgetragene Garderobe. In vielen Fällen sah es ganz anders aus, als die Porträts vermitteln: Die meisten Prinzessinnen hatten gar nicht die Möglichkeit, sich modisch zu exponieren. Das lag keineswegs an ihrem Desinteresse (Prinzessinnen sind Frauen!), sondern daran, dass viele von ihnen – uns Prinzessinnen im Herzen wird das nicht unbekannt sein – nur über bescheidene Revenuen verfügten.

Welfen-Prinzessin Elisabeth Christine, eines von 15 Kindern am zwar kinderreichen, aber sonst ärmlichen Hof von Braunschweig-Bevern, war so schlecht gekleidet, dass sie von Prinzessin Wilhelmine, der Lieblingsschwester von Elisabeths Bräutigam Friedrich – später: der Große –, als »Landpomeranze« verhöhnt wurde. Das hatte natürlich auch damit zu tun, dass Wilhelmine bis zum Platzen eifersüchtig war, weil die Neue ihr die Stellung streitig machte. Denn nun war Elisabeth Christine als Kronprinzessin die erste Dame des Hofes.

Eifersucht und Neid waren auch bei der fiktiven Madame Merteuil aus Choderlos de Laclos' Briefroman *Gefährliche Liebschaften* im Spiel, als sie über die neue Liebe ihres Ex-Kavaliers lästerte: »Sie schreibt so schlecht, wie sie sich kleidet.«

Ganz anders Friederike von Mecklenburg-Strelitz. Die jüngste der vier viel gerühmten Mecklenburg-Prinzessinnen verstand es immerhin, ihre überschaubare finanzielle Lage geschickt zu vertuschen: Obwohl sie in endlosen Stunden die abgetragenen Kleider ihrer älteren Schwestern, die man ihr als Jüngster überlassen hatte, aufarbeitete und Ärmel wie Säume mit breiten Borten verlängerte, stand sie am prachtvollen Hof von Preußenkönig Friedrich Wilhelm II. in dem Ruf, elegant gekleidet zu sein.

Wir sehen: Es galt schon damals, die Balance zu finden zwischen Modelust und schmalem Budget. Heute ist das nicht anders. Kronprinzessin Mary erlitt einen schweren Imageschaden, da sie lange Zeit keine Hemmungen zeigte, den dänischen Haushalt mit Einkäufen bei Gucci, Chanel und Co. zu belasten. Ihre Kauflust lenkt sie jetzt in Richtung heimischer Toplabels wie Malene Birger und Camilla Skovgaard, so richtig beliebt ist sie dennoch nicht. Ganz anders das Trio Victoria von Schweden, Herzogin Kate (England) und Spaniens Letizia, die unter Fans als beliebteste Royals gelten. Victoria von Schweden zeigt sich bei Staatsempfängen in einem Mantel von H&M (Preis: achtzig Euro), Herzogin Kate schwört auf die Kleider der Billigmarke Topshop (rund: fünfzig Euro pro Kleid), für die sie sogar einmal gearbeitet hat, und Letizia (1,70 Meter) überbrückt die 27 Zentimeter zu ihrem Mann, König Felipe VI., mit schwindelerregenden High Heels der hippen iberischen Billigmarken Mango und Zara. Die drei sind nicht nur unbezahlbare Markenbotschafter ihrer lokalen Textilindustrie, sie vermitteln die Message: Wir sind bodenständig! Gloria von Thurn und Taxis wusste das schon in den Neunzigerjahren und überließ ihre kostbaren Designer-Einzelstücke gern ihren beiden Töchtern Elisabeth und Maria Theresia. Ihr Credo: »Die deutsche Hausfrau ist sparsam.« Auch das wird zu ihrer Beliebtheit beigetragen haben.

Wer so denkt und handelt, darf sich dann auch mal einen Ausrutscher in Richtung Luxuslabel leisten. Denn es heißt ja nicht, dass das ein oder andere Stück nicht teuer sein darf. Unsere Prinzessinnenschwestern machen sich nie zur Ikone nur *einer* Marke (außer Caroline von Monaco, die Karl Lagerfeld als Muse dient und meist nur Chanel trägt), sondern sie mixen und tragen Altes auf.

Das Paradoxe am Luxus ist, dass er heute im Gegensatz zur Zeit unserer Rokoko-Schwestern allgegenwärtig ist – eigentlich ein Widerspruch. Denn er sollte doch nur wenigen vorbehalten sein – erst das macht ihn zum Luxus. Nach längerem Sparen kann sich jedoch selbst eine normale Prinzessin im Herzen eine

2.55 von Chanel (die Flapbag) und nach noch längerem Sparen ein Secondhand-Exemplar der Kelly Bag leisten. Und muss dann sehen, dass sie nicht die Einzige ist, die darauf gespart hat.

Das verleidet einem die Sache mit dem Luxus ein wenig, er ist nicht mehr exklusiv. Deshalb ist der eigentliche Luxus, sich von jeglichem Diktat frei zu machen – das sollte zumindest älteren Prinzessinnen im Herzen leichter fallen. Sie wissen: Es zähmt die Experimentierlust enorm, wenn die einst heiß geliebten Trendteile, wenn man ihrer überdrüssig ist und deshalb verkauft, bei eBay nur einen Bruchteil dessen einbringen, was sie ursprünglich gekostet haben.

Auf der Suche nach mehr prinzessinnenhafter Individualität möchte ich den Rat meiner adligen Kollegin – auch sie hat ein Buch über Königin Luise von Preußen geschrieben – Christine von Brühl weitergeben: Sie ist der Ansicht, dass jede Adelige einmal im Leben bei einem Schneider gewesen sein muss, und erzählt, wie man sich in ihren Kreisen die Adressen der besten Schneider herumreicht. Einige nutzen sogar ihre Fernosturlaube, um dort gleich *en gros* fertigen zu lassen. Individuell anfertigen zu lassen, ist ein Ausweg aus der Markenware – und es hilft, die Figur zu halten. Denn wer kann es sich schon leisten, jede Saison zum Schneider zu gehen?

Es erinnert mich ein wenig an die Prinzessinnen, die ich aus meinem Internat kenne. Sie bildeten eine Clique und hoben sich auf seltsame Weise von uns anderen ab. Ich habe es nie in Worte fassen können, was sie von uns unterschied. Deshalb möchte ich Wolfgang Herrndorf zitieren. Er beschreibt in seinem Roman *Tschick* eine Gruppe junger Adeliger mit Worten, nach denen ich lange gesucht habe: »... und sie sahen wirklich merkwürdig aus. Sie trugen alle so Klamotten, keine Markenware, aber es sah auch nicht billig aus, im Gegenteil. Sehr teuer ...«[4] Es könnte also durchaus einen Gang zum Schneider wert sein, wenn man so einen Eindruck hinterlassen möchte – immerhin sind dann auch wir Prinzessinnen im Herzen im besten Sinn merkwürdig.

Wenn wir Prinzessinnen im Herzen uns ein wenig vom Stil unserer prominenten Prinzessinnenschwestern abgucken wollen, dann ist eigentlich für jeden Geschmack etwas dabei. Mette-Marit sieht man öfter im legeren Denim-Look, Mary setzt – wie gesagt – auf Designermode. Letizia gibt sich damenhaft, Máxima beweist Mut in der Farbwahl, und selbst für einen robusten Outdoor-Stil haben wir Vorbilder: Queen-Enkelin Zara Phillips und Camilla, Herzogin von Cornwall. Beide Pferdeliebhaberinnen sieht man gelegentlich in Gummistiefeln und Regenjacke über Landwege stampfen.

Möglicherweise ist das die Antwort auf die Frage, was wir Prinzessinnen im Herzen in Sachen Mode lernen können: Wenn man eine Prinzessin ist, ist alles erlaubt. Das können geradezu surreale Inszenierungen sein, wie sie etwa Caroline von Braunschweig-Wolfenbüttel liebte – als Ehefrau des nachmaligen George V. von England immerhin einmal Thronprätendentin. Auf ihrer *grand tour* durch Italien zeigte sie sich in einer muschelförmigen Kutsche als Venus von Botticelli und machte im Evakostüm der Kaiserinnen neue Kleider populär. In Jerusalem ritt sie – ganz im Stile des Erlösers – im Büßergewand auf einem Esel ein.

Auch ein Opfer von Trends zu sein, wird geduldet, damals wie heute. Denken wir nur an die Fotos von Stéphanie von Monaco im Doppel-Denim-Style und mit einer Hochsteckfrisur, die in Köln-Kalk oder Berlin-Marzahn verbreitet ist und wenig schmeichelhaft »Assipalme« heißt.

Ich möchte, wenn wir schon über Prinzessinnen und Mode reden, auf keinen Fall versäumen, auf ein Privileg hinzuweisen, das Prinzessinnen aufgrund ihrer hohen gesellschaftlichen Stellung an allen europäischen Höfen vorbehalten war: Sie durften, bis das mittägliche Dejeuner mit seinen ersten repräsentativen Pflichten rief, in ihren Gemächern *en negligee* bleiben.

Das Negligee des 18. Jahrhunderts hat übrigens nichts mit der Reizwäsche zu tun, die wir heute mit diesem Begriff verbinden. Es bezeichnet vielmehr ein bequemes Kleid, das im Gegensatz zu den eng geschnürten Galaroben in der Taille nachlässt (es leitet sich vom lateinischen *neglegere* ab, das »vernachlässigen« bedeutet); es lässt atmen, anders gesagt: aufatmen. Praktisch bedeutet das, die Prinzessin darf einen Hausmantel tragen, ein Hauskleid und Pantoffeln, in denen sie sich wohlfühlt. Möchte sie von ihrem Vorrecht, sich und die Schnürungen locker zu machen, am Nachmittag Gebrauch machen, trägt sie ein *Déshabillé*. Auch das hat nicht mit der heute gebräuchlichen Bedeutung zu tun, nämlich sich auszuziehen (französisch: *déshabiller*), sondern beschreibt einfach nur die Sitte, den Nachmittag en negligee zu bleiben. Der Look ist der gleiche. Meist waren die Kleidungsstücke inspiriert von asiatischen Blumenmalereien, die dem Geschmack der Zeit entsprachen und die man fälschlicherweise »tahitischen Stil« nannte. Heute kennen wir diesen Stil als japanische oder chinesische Blumenmuster: Kirschzweige, Lotusblüten, Bambuswälder – so wie man sich im Rokoko eben Fernost und die Südsee vorstellte.

Émilie du Châtelet besaß Hunderte dieser Kleidungsstücke. Als eine der wegweisenden Mathematikerinnen und Physikerinnen ihrer Zeit, heute eher als Geliebte Voltaires bekannt, verfasste sie alle ihre klugen Abhandlungen en negligee. Auf ihren Bildnissen ist sie selbstverständlich in repräsentativer Robe zu sehen – so viel zum Thema Bildnisse und Schmeicheleien –, aber ihre Aufzeichnungen verraten die Wahrheit. Sie liebte nichts mehr als ihre seidigen Tagesmäntel. Bei Kälte trug sie sogar mehrere übereinander.

Königin Maria II. von England erledigte ein halbes Jahrhundert zuvor die umfangreiche Korrespondenz, die ihr die Staatsgeschäfte an der Seite ihres Mannes Wilhelm III. von Oranien abnötigten, immer im Déshabillé – und aß dabei kandierte Früchte.

Wenn wir Prinzessinnen im Herzen uns also in unserem Homeoffice (wobei auch Familienmanagerinnen ihr Zuhause als Homeoffice ansehen dürfen) etwas leger geben, dann brauchen wir uns keine Gedanken zu machen. Ganz gleich, ob unser Déshabillé der kuschelige, gefütterte Kaschmir-Hausmantel ist, den wir uns von der Rucksackreise nach Kathmandu mitgebracht haben, oder doch nur ein ausgeleierter grauer Jogginganzug von C&A – wir genießen das Privileg unseres hohen Standes und sind auch darin ganz royal.

Zum Schluss noch eine gute und eine schlechte Nachricht, die schlechte zuerst: Es gibt Kleidungsstücke und Accessoires, die Prinzessinnen im Herzen nicht tragen dürfen, auch wenn es früher en vogue war. Pelz ist absolut passé. Es verströmt weder Luxus, noch schmückt es, sondern gibt schon von weitem zu erkennen, dass man ohne Empathie und zudem gedankenlos ist. Das kann eine Prinzessin jedoch nicht sein – sie ist feinfühlig und überlegt. Und sie liebt Tiere. Ich spreche hier nicht von dem

Persianer, den eine Prinzessin im Herzen von ihrer geliebten Oma geerbt hat, sondern von Pelzkragen, Pelzfutter, Pelzverbrämungen an Parkakapuzen, wie sie überall in der Mode aktuell sind. Pelz ist das Produkt einer blutigen Industrie. Millionen Tieren wird das Fell über die Ohren gezogen. Prinzessinnen im Herzen retten diesen Tieren die Haut. Sie streicheln lieber Pelz – etwa den ihres Hundes oder ihrer Katze. Das ist viel kleidsamer. Und obendrein ein *echter* Wau-Effekt.

Nun die gute Nachricht: Es gibt einen Look, der aus jeder Verlegenheit hilft: Tracht, und da berufe ich mich auf Beobachtungen, die ich an meinen adeligen Klassenkameradinnen gemacht habe, ist immer in Mode. Leider hat man in den nördlichen Regionen Deutschlands keinen Zugang mehr zu dieser Sitte. Da zeigt man sich im süddeutschen Raum schon wesentlich aufgeschlossener. Im Hochschwarzwald geht man sonntags mit Bollenhut, dessen Schmuck an große Kirschen erinnert, in die Kirche, und dass man in Bayern nicht nur im ländlichen Raum und zum Oktoberfest Dirndl trägt, ist bekannt. Da können sich Prinzessinnen im Herzen getrost einmal ausprobieren. Unsere hochwohlgeborenen Schwestern machen es ja auch: Victoria von Schweden begeht den schwedischen Nationalfeiertag in einem Kleid in den Landesfarben Blau und Gelb und setzt dazu eine weiße Haube auf. Mette-Marit legt zu offiziellen Anlässen die Tracht der Lappen an, und selbst die stylische Mary setzt einen traditionsbewussten Kontrapunkt zu ihren topaktuellen Designerklamotten, wenn sie knallbunten Grönland-Strick überstreift. Wir können die Sache durchaus langsam angehen lassen und unsere ersten Versuche mit einer Jacke in dunklem Lodengrün starten. Das erinnert ein wenig an den Landadel oder an Kaiserin Sisi, als sie jung war.

Jaaaaames!!!
oder: warum Prinzessinnen nie Ärger mit dem Personal haben

Von denen, die es gewohnt sind, Personal zu haben, wissen wir zwei Dinge: Es ist schwer zu bekommen, und man hat immer Ärger mit ihm. Es schnüffelt in den Sachen herum, plaudert intime Details aus und trägt heimlich unsere Klamotten. Das soll sogar schon der Queen passiert sein. Eins vorweg, bevor ich hier die Geschichte erzähle, die rumgeht: Es ist ein offenes Geheimnis, dass ein Großteil der männlichen Angestellten in den Diensten Elizabeths schwul ist. Möglicherweise hat es mit der Faszination der Szene für eine überpointierte Ästhetik des Schrillen zu tun – schließlich ist die Queen *die* Camp-Ikone schlechthin! Weit vor Conchita Wurst, Joan Crawford und Dita Von Teese. So viel Drama, Baby, kann sich nicht einmal Bruce Darnell ausdenken!

Einmal machten sich zwei Kammerdiener einen Spaß daraus, den Schmuck, den Königin Elizabeth und ihre Schwester Margaret bei einem Festessen tragen wollten, selbst anzulegen. Als die beiden Damen zurück in ihr Ankleidezimmer gingen, fanden sie dort zwei völlig überschminkte und mit Tiara, Gehängen und Colliers aufgetakelte Lakaien vor. Die beiden Diener liefen rot an, die Königin aber blieb cool: »Ich fürchte, uns stehen die Juwelen einfach besser.«

So viel Klatsch, so viel Aufregung. Die Moral: Personal bringt Probleme. Eine Prinzessin im Herzen braucht – wie jedes Unternehmen auch – nicht nur ein gutes Gespür bei der Auswahl ihres Personals, sie tut auch gut daran, sich mit den verschiedenen Gattungen der dienstbaren Geister zu beschäftigen:

Die sparsamen Deutschen haben den Typus des »Mädchen für alles« (zuständig für Garderobe, Küche, Haushalt *und* Bewirtung) hervorgebracht, Pflichtbewusstsein und Kadavergehorsam sind seine Maxime. Und brav ist es. Meist trägt es Haube und Schürze.

Die Franzosen verfügen über das galante Dienstmädchen, die Ecken sind zwar rund, aber der Auftritt très charmant und der Ausschnitt tief. Es lässt sich nicht nur an verregneten Nachmittagen für Konversation einsetzen, sondern – da es selbst in die eine oder andere Liebschaft verstrickt ist – durchaus auch als Postillon d'Amour.

In England zählt man auf den Butler. Der Butler ist das Muster aller Dienstboten, das Vorbild für Dienstfertigkeit, die richtige Mischung aus Pflichtbewusstsein und Standesstolz in einem. Er ist das zur Vollendung gereifte Muster des Personals, das sich neben tadellosen Manieren, einem feinen Akzent, Redegewandtheit, einem enzyklopädischen Wissen über genuin adelige Gebiete (»James, der Derbysieger von 1948 war ...?«, Antwort: »Er heißt My Love, Mylord, und war im Besitz des Aga Khan III.«), Beflissenheit in allen Fragen des Ranges und der Garderobe, auch durch seine Treue auszeichnet. Eine Treue, die sich von ihm auf jeden im Stab überträgt:

In der Serie *Downton Abbey* gibt es, nachdem das Personal erfährt, dass das Anwesen einem anderen Familienzweig zufällt und der Haushalt möglicherweise aufgelöst werden muss, folgenden Dialog zwischen der Haushälterin Elsie Hughes und dem Butler Charles Carson:

»Sie dürfen es nicht so persönlich nehmen.«

»Ich nehme es aber persönlich, Mrs Hughes, ich kann nicht ruhig dabei zusehen, wie *unsere Familie* alles verliert, was ihr lieb und teuer ist.«

»Die sind doch nicht *unsere Familie*.«

»Sie sind die *ganze Familie*, die ich besitze.«

Die Dienstherren quasi als Familienersatz.

Aber auch zwischen Butler und Butler gibt es Unterschiede. In dem Roman *Was vom Tage übrigblieb* des britischen Schriftstellers (und Booker-Prize-Trägers) Kazuo Ishiguro sinniert die Hauptfigur Stevens, ein Butler, der seinem Herrn seit dreißig Jahren dient, über die Frage, was ein wirklich guter Butler ist. Dabei denkt er über die Definition der Hayes Society, ein exklusiver Berufsverband der Butler, nach, die freilich auch nur eine Erfindung Kazuo Ishiguros ist: »Meines Wissens hat es, obschon diese Frage im Lauf der Jahre viel Gerede auslöste, innerhalb des Berufstandes nur sehr wenige Versuche gegeben, eine offizielle Antwort zu formulieren. Der einzige Fall, der mir in den Sinn kommt, ist der Versuch der Hayes Society, Kriterien für die Mitgliedschaft auszuarbeiten. Die Hayes Society behauptete, als Mitglieder nur Butler ›allerersten Ranges‹ aufzunehmen. Ein großer Teil ihrer Macht und des Prestiges, das sie nach und nach gewann, rührte von der Tatsache her, dass es ihr im Gegensatz zu anderen ähnlichen Organisationen gelang, ihre Mitgliederzahl äußerst niedrig zu halten und so diesem Anspruch eine Glaubwürdigkeit zu verleihen. Wie es hieß, stieg die Zahl der Mitglieder nie über dreißig und betrug oft sogar nur neun oder zehn. Doch ein Punkt, zu dem die Hayes Society sich lange nicht äußern wollte, war die Frage der Kriterien für die Mitgliedschaft. Man drängte sie, diese zu verkünden, und als Reaktion auf eine Reihe von Leserbriefen in *A Quarterly for the Gentlemen's Gentlemen*, der vierteljährlich erscheinenden Zeitschrift für Kammerdiener, ließ die Hayes Society wissen, zu den Voraussetzungen für eine Aufnahme gehöre, dass ›der Bewerber einem vornehmen Haus verbunden‹ sei. ›Obwohl dies allein natürlich‹, so fuhr die Gesellschaft fort, ›noch nicht genügt, um den Anforderungen zu entsprechen.‹« Butler Stevens protestiert gegen diese Deutung, wie viele seiner Zunft. Zunächst rechtfertigt die Hayes Society ihren Standpunkt, »sonst können wir auch gleich die Manieren des bolschewistischen Russlands übernehmen«, reicht dann aber eine Erklärung nach, die nicht nur Stevens, sondern ihre gesamte Leserschaft zufriedenstellt. Für die Mitgliedschaft in der Hayes Society, so formuliert sie, »ist das entscheidende Kriterium, dass der Bewerber von einer mit seiner Position in Einklang stehenden *Würde* beseelt ist. Kein Bewerber, wie hoch sein Leistungsniveau im Übrigen auch sei, kann den Erfordernissen entsprechen, wenn er diese Bedingung nicht erfüllt.«[5]

Die Würde also, ich komme darauf zurück.

Vorher sollten wir uns den Fragen widmen: Wie viel Personal braucht eigentlich eine Prinzessin im Herzen, und wo bekommt sie es her? Um diese Frage zu klären, müssen wir erst einmal die Größenordnung anderer Hofhaltungen kennenlernen. Der Hofstaat des preußischen Königs Friedrich Wilhelm III. etwa umfasste einen Oberstallmeister, einen Großmeister der Garderobe, einen Hofmarschall, einen Schlossmeister, einen Oberjägermeister, einen Oberschenken, einen geheimen Kabinettssekretär, einen Leibpagen, einen geheimen Kämmerer, einen Kastellan, einen Bettmeister, einen Hofkurier, acht Hofküchenoffizianten, acht Mundköche, drei Champagnerköche, einen Kellermeister, einen Mundschenken, einen Silberdiener, einen Hofkonditor, mehrere Hoflakaien und 255 (sic!) Kammerherren.[6]

Prinzessin Marie Thérèse, sieben Jahre lang ersehntes erstes Kind von Frankreichs Königin Marie Antoinette und von daher Adressatin einer gewissen Überbetreuung, kann mit dem preußischen Potentaten durchaus mithalten. Sie verfügte neben einer Schar an Bediensteten über neun Ärzte (»Der Prinzessin darf nichts passieren!«), zwanzig Geistliche, einen Friseur, eine Person für Mani-, eine für Pediküre, je einen Lehrer für die Fächer Musik, Schreiben, Zeichnen, Mathematik, Physik und Tanz sowie einen Trapezmeister. Und das, als die kleine Prinzessin gerade mal anderthalb Jahre alt war.

Was für ein Brimborium! Doch wie können wir nur halbwegs mit diesem Aufgebot an dienstbaren Geistern mithalten? Wieder machen es die Engländer vor: Der stolze britische Landadel, durch Missernten, Revolten, Kriege und Entmachtung geschult in bewunderungswürdigen Überlebensstrategien, bietet uns ein gutes Beispiel für einen Haushalt, der trotz Knappheit der Mittel nichts vermissen lässt: Guy Hart Dyke, Erbe von Lullingstone Castle, eins von Englands ältesten Gütern, im 15. Jahrhundert erbaut, lebt nur zwanzig Kilometer von Londons brodelndem Zentrum entfernt. Seit zwanzig Generationen ist das Anwesen im Besitz seiner Familie. Guy Hart Dyke ist der zweite und jüngste Sohn des 8th Dyke Baronet of Horeham, sein Stammbaum lässt sich bis in das Jahr 1355 zurückverfolgen, ein Ahne kämpfte gegen die normannischen Eroberer. Vor anderthalb Jahrzehnten drohte ihn der Unterhalt seines

Schlosses, finanziell aufzufressen. Er zog selbst in die Pförtner-loge, vermietete sein Schloss für Ritterspiele und mittelalterli-che Märkte und schuf in seinem Park ein botanisches Miniatur-wunderland. Seine Gäste (etwa steinreiche Chinesen, die für ein Wochenende im Ambiente altenglischer Noblesse teuer bezah-len) empfängt er im fadenscheinigen Tweedjacket. Im Gespräch gibt er eine Szene wieder, die sich oft bei ihm abspielt, wenn Gäste kommen, wobei er beide Rollen einnimmt – den Fragen-den und denjenigen, der antwortet:

»Wo ist Ihr Butler?«, fragt Guy Hart Dyke, indem er den Ton seiner Gäste imitiert und so tut, als ob ihm die Frage gestellt würde.

Dann verneigt er sich: »Er steht vor Ihnen!«, antwortet er in seiner eigenen Stimmlage. »Ich bin der Butler!«

Seine Frau, die Schauspielerin Sarah Hart Dyke, bekannt aus der Comedyserie *Monty Pythons Flying Circus* und Guy Hart Dykes Cousine dritten Grades, sagt: »Ja, Guy ist der Haus-meister und der Butler, und ich putze. Tom, unser Sohn, ist der Gärtner.«[7]

Gehen also auch wir Prinzessinnen im Herzen die Dinge realistisch an – genau wie die Hart Dykes. Dienstmagd und -mädchen durch eigene Leistung zu ersetzen, ist ein Anfang, des-sen man sich nicht schämen muss. Wer es sich leisten kann, kann natürlich auch eine Reinigungshilfe engagieren, aber bitte mit Sozialversicherung. Eine Prinzessin im Herzen macht sich nicht strafbar! Außerdem herrschen dann klare Verhältnisse. Ansons-ten machen Sie ihren Dienst an sich und Ihren Gemächern zu ei-nem Ritual. Reservieren Sie sich eigens Zeit dafür und genießen Sie es, sich etwas Gutes zu tun.

Keine Scham: In der Zeit, als ich noch in Bad Homburg lebte, war ich mit einer Dame bekannt, die von sich behauptete, sie gehöre dem Hause Reuß an. (*Gotha*-Leserinnen wissen: Fürstliche Häuser, Erste Abteilung.) Wir sprachen sie alle immer mit »Prinzessin« an, obwohl sie dann immer abwinkte und uns damit im Unklaren darüber ließ, ob die Geschichte über ihre Abstammung stimmte. Aber ihr Verhalten (dazu später mehr!) rechtfertigte unsere Bewunderung.

Sie lebte in einer Etagenwohnung in der Gartenfeldsiedlung, einem Neubauviertel, das durch Beton- und Plattenbauarchitektur bestach – wir nannten sie daher alle die Gartenfeldprinzessin. Als Schülerin ging ich jeden Samstag in ihrer Nähe in einem italienischen Restaurant putzen. War ich fertig, schaute ich gern bei ihr vorbei.

Manchmal traf ich sie mit rosa Gummihandschuhen und einem Eimer in der Hand an. Während ich die Köstlichkeiten, die mir der Inhaber des Restaurants (freilich hinter dem Rücken seiner geizigen Frau) eingepackt hatte, in ihrer winzigen Küche aufwärmte, sah ich ihr zu. Sie war beseelt von ihrer eigenen Tätigkeit, summte vor sich hin und ging ganz in der gleichmäßigen Rhythmik ihrer Wischbewegungen auf. Einmal fragte ich sie, wie sie das aushalte, selbst für sich zu putzen, wo sie als »Prinzessin« doch sicher einst in einem Schloss mit lauter Bediensteten gewohnt hatte. Ich kam ja gerade vom Putzen, und es war mir verhasst.

Sie sagte: »Ich bin eine glückliche Frau, denn ich diene mir selbst.«

Das machte mich nachdenklich. Sie hatte weder Hofstaat, noch Entourage, aber sich selbst. Sie hatte ihren Dünkel abgelegt, aber nicht ihren Adel – und vielleicht, so dachte ich, macht genau diese Fähigkeit, seinen Lebensstil flexibel an neue Verhältnisse anzupassen, *wahre* Noblesse aus. Es ist egal, was du machst, denn du *bist*! Prinzessin sein wird nicht über Besitz oder gar Arbeit definiert. Die Gartenfeldprinzessin verlor trotz ihrer bescheidenen Lebensführung nichts von ihrer Würde – und wir wissen: Die Gabe, alle seine Handlungen mit Würde auszuführen, ist die einzige Bedingung, die zu einer Aufnahme im nobelsten Club der Diener führt: der Hayes Society. Sie war Prinzessin *und* gleichzeitig Dienerin ihrer selbst, und stand damit in einer hochadeligen Tradition.

Für fürstliche Häupter war es nicht ungewöhnlich, zu dienen. Die hohen Hofämter der mittelalterlichen Kaiserhöfe wie die des Truchsesses (auch Drostes), Kämmerers, Mundschenks, Brotmeisters und Marschalls waren ausschließlich Ämter, die der Hochadel bekleidete und bei offiziellen Zeremonien ausführte. Die hohen Adelshäuser waren so stolz darauf, dem Kaiser auftischen zu dürfen, dass sie die Amtsbezeichnung sogar in ihrem Namen führten. Bei Annette von Droste-Hülshoff oder Carl Schenk Graf von Stauffenberg finden wir das wieder. Ein Hofstaat bestand nie nur aus Lakaien, in dem Sinn, wie wir es heute kennen, sondern auch aus Vertretern hochherrschaftlicher Häuser, die sich lukrative Posten und damit die Nähe zum Souverän sicherten.

Es wundert vor diesem Hintergrund nicht, dass das Dienen von jeher im Wahlspruch hoher Häuser angelegt ist. Der Fürst von Wales, aktuell Kronprinz Charles, hat in seinem Wappen die Worte »Ich dien« (auf Deutsch!) verzeichnet, Friedrich II., König von Preußen, sah sich als »erster Diener seines Staates«.

Diesen Gedanken kann man bis zum letzten treuen Untertanen im Hofstaat herunterbrechen – sich selbst. Mir fällt dazu Woody Allen ein, der einmal sagte: »Sagen Sie nichts gegen Masturbation – das ist Sex mit jemandem, den ich sehr liebe.« Genau so kann man den Dienst an sich selbst sehen. Egal, ob es putzen oder eine andere Tätigkeit im Haushalt ist – es ist nichts anderes als Selbstliebe.

Putzen wir also für uns selbst und schrubben unsere Böden, stauben unsere Regale ab, saugen die Polster, wischen die Fenster und polieren die Spiegel blank – und vergessen wir dabei nicht zu beobachten, wie die Zacken in unserer Krone anfangen zu funkeln. Einen guten Dienst wird uns in der Küche eine Spülmaschine erweisen. Man sagt, dass sie sogar ökonomischer und billiger sei als der Abwasch per Hand. Auch was die Böden betrifft, können wir entlastet werden: Es gibt neuerdings kleine diskusförmige Roboter, die um sich selbst kreiseln und dabei fegen, wischen und polieren. Diese kleinen Roboter sind, erzählte mir eine Freundin, die sich erst kürzlich so eine automatisierte Putzhilfe gekauft hat, so possierlich wie BB-8 aus *Star Wars*. Man möchte ihnen direkt einen Kosenamen geben. Ich hätte da auch schon einen Vorschlag: »Jaaaaames!!!«

Was brauchen wir noch an Personal? Schauen wir noch einmal, wer bei Friedrich Wilhelm III. und Marie Thérèse auf den Lohnlisten geführt wurde: Oberstallmeister, Großmeister der Garderobe, Hofmarschall, Oberjägermeister, Schlossmeister, Silberdiener und Trapezmeister – alles Posten, die wir getrost streichen können. Obwohl so ein Trapezmeister durchaus reizvoll ist. Er kann tollkühne Kunststücke vollführen und ist bei

Hofe verantwortlich dafür, seinen Herrschaften das Vergnügen des Schaukelns näherzubringen. Das ist eine feine Sache. Aber ein Besuch auf dem Jahrmarkt tut es auch, wenn man das Bedürfnis verspürt, hoch in der Luft herumgewirbelt zu werden. Ich würde sagen: Die akrobatischen Dienste des Trapezmeisters sind modernen Fahrgeschäften mit ihren schwindelerregenden Loopings zum Opfer gefallen. Diese sind zwar nicht ganz so charmant, aber: Sie haben TÜV.

Leibpagen, Oberschenk, Kellermeister, Mundschenk, Champagnerköche, Mundköche, Hofkonditor, Kabinettssekretär, Lehrer für diverse Fächer, Truchsess (Tafelmeister), Marschall, Chauffeur, Pedikeur, Manikeur, Friseur und zwanzig Geistliche sollten wir aber durchaus anstellen. Als standesgemäße Prinzessinnen müssten wir das dienstbare Ensemble außerdem noch um einen Vorleser, einen Protokollchef und eine Oberhofmeisterin erweitern. Das dürfte zunächst reichen.

Gehen wir die Liste durch: Ein *Truchsess* (der Tafelmeister) lässt sich leicht ersetzen. Einen Tisch zu decken und die Sitzordnung zu kontrollieren, bekommt eine moderne Prinzessin selbst hin. Man urteilt nach Sympathien und nach möglichem Gesprächsstoff: »Sonja, Tim – seid ihr nicht beide Donaldisten?« Das läuft dann. Als *Stallmeister* dient Ihnen der Taxifahrer – eine royale Behandlung (»Ich passe auf, bis Sie die Haustür aufgeschlossen haben und drin sind.«) ist garantiert, wenn Sie regelmäßig einem bestimmten Fahrer oder Unternehmen vertrauen – und Trinkgeld geben. Oder Sie nutzen die öffentlichen Verkehrsmittel: Sie gehören ja schließlich durch die Steuern, die Sie zahlen, zu Ihrem königlichen Fuhrpark. Queen

Elizabeth macht es auch so. Statt sich in einen Helikopter zu setzen, der den Staat mit einer vierstelligen Summe belastet, steigt sie immer, wenn sie zur Sommerfrische auf ihren Landsitz Sandringham House fährt, in den Zug. Ticketpreis: umgerechnet fünfzig Euro.

Was noch? Der *Leibarzt* einer Prinzessin im Herzen ist ihr Hausarzt (m/w). So finden sich für viele ehemalige Ämter heute bezahlbare Entsprechungen, die wir mit Treue und Geduld an uns binden können wie einen kleinen Hofstaat.

Kommen wir zum *Leibpagen*: Ein leibhaftiger Leibpage ist natürlich lästig, weil er uns immerzu (und das im Wortsinne!) an die Wäsche geht. Das können wir auf ganz einfache Weise umgehen. Der Lebensstil des Adels hat ein Möbel hervorgebracht, das in seiner Funktionalität bis heute sinnvoll erscheint – auch wenn mein persönlicher Eindruck ist, dass es nur in entlegenen Landgasthöfen und Vintagehotels zum Einsatz kommt. Ein Fehler! Der »Stumme Diener« sollte in jedem Haushalt stehen, in jedem Prinzessinnenhaushalt zumal. Er ist ein Möbelstück, das Kleider- und Hosenbügel, Tablett, Ablage und im besten Fall eine Schublade in sich vereint. Man kann T-Shirt oder Bluse daran aufhängen, ohne dass sie knittern, Hosen oder Rock zurechtlegen, Schuhe bereitstellen. Wenn man die Kleidungsstücke richtig arrangiert, lässt sich die Wirkung der Garderobe, die man am darauffolgenden Tag zu tragen beabsichtigt, begutachten – und gegebenenfalls Veränderungen vornehmen. Das ersetzt nicht nur den Leibpagen, sondern – wie praktisch! – auch die *Schneiderin*, die beim Ankleiden unserer historischen Prinzessinnen-Schwestern letzte Hand anlegte. In der Schublade bewahrt man Kleiderbürste und/oder Schuhputzzeug auf, auf der Ablage legt man sich Schmuck und Accessoires bereit. Ein »Stummer Diener« schmutzt nicht und hinterlässt keine Spuren, er verlangt weder nach Kost noch nach Logis, er ist verlässlich und verschwiegen. Man kann ihm also in vollem Umfang trauen. Und: Er kostet – je nach Ausstattung – nur bis zu rund zweihundert Euro. Ein Schnäppchen für einen Gefährten, der einem ein Leben lang treu ergeben sein wird.

Zwanzig Geistliche zu finden, wie sie Marie Thérèse für sich beanspruchen konnte, wird noch leichter sein. Wer eine spirituelle Heimat sucht, der findet in jedem Viertel eine Gemeinde, der er sich anschließen kann. Da hierzulande Religionsfreiheit herrscht, ist auch Vielfalt bei den Konfessionen, unter denen man wählen kann, garantiert. Allein die reformatorischen Kirchen warten neben der Evangelischen Amtskirche mit Lutheranern, Calvinisten, Anglikanern und Altevangelisch Taufgesinnten mit unzähligen Freikirchen auf. Da werden auch wir Prinzessinnen im Herzen Menschen finden, die sich unseres Seelenheils annehmen.

Einen Pedikeur und Manikeur? Was für Prinzessin Marie Thérèse zu haben war, gibt es auch für uns Prinzessinnen im Herzen überall. Aber Achtung: Sie sollten diese Dienstleistung, wie es sich für einen royalen Auftritt gehört, auch regelmäßig in Anspruch nehmen. Besonders im Sommer, wenn Ihre Füße in offenen Schuhen stecken. Die Nonchalance, mit unpedikürten Füßen und Slingpumps auf einem Empfang zu erscheinen, kann sich nur Königin Máxima, Prinzessin der Niederlande, erlauben – ihr gelingt es, über alles hinwegzulachen. Wir aber halten uns an die guten Sitten.

Was die Sache erleichtert: Viele Salons bieten eine Zehnerkarte an, die beim elften Besuch einen Rabatt sichert. Nutzen Sie dieses Angebot getrost aus. Es macht die Sache billiger, und Sie binden sich an einen Anbieter – der weiß dann bald, welche Leistungen Sie bevorzugen, und trägt das in seine Kundenkartei ein. Und Sie? Sie haben auf einfache Weise Ihren Hofstaat erweitert.

Die *Lehrer*: Das sollte das geringste Problem sein. Ganz gleich, was Sie lernen möchten – ob eine fremde Sprache, die Kunst des Ikebana, Stricken, Bridge, Modegeschichte oder was sonst noch einer Prinzessin würdig ist –, es findet sich heutzutage für jedes Fach ein Meister, der bereit ist, sein Wissen gegen ein entsprechendes Entgelt weiterzugeben. Dabei ist freilich zu beachten, dass je entlegener das Gebiet, in das man einzudringen wünscht, und je geachteter der Lehrer auf diesem Gebiet ist, ein umso höheres Honorar fällig wird. Sehen Sie es so: Eine Prinzessin im Herzen kann sich gar nicht genug wert sein. Ansonsten blättern Sie einmal im Katalog der Volkshochschule. Ja, dort werden selbst so herrschaftliche Tätigkeiten wie etwa Fechten oder Stricken bei englischer Konversation angeboten.

Kommen wir zum *Kastellan* oder *Schlossmeister*. Die Sache ist einfach. Die Bezeichnung Kastellan leitet sich von dem lateinischen Begriff *castellum* ab, was im Deutschen mit »Burg« übersetzt wird. Der Kastellan war für die Verwaltungsaufgaben innerhalb einer mittelalterlichen Burggesellschaft zuständig. Mit dem Wandel des mittelalterlichen Feudalstaates zum Beamtenstaat absolutistischer Prägung veränderte sich auch die Funktion des Kastellans. Er war nicht länger Ansprechpartner bei Fragen zu Personal, Koordination der Abläufe, Bezahlung,

Anschaffung von Vorräten, Planung der Ausgaben und anderem (wofür er oft mit dem Adelstitel »Burggraf« belohnt wurde) – sondern, da ihm diese Aufgaben von Ministern abgerungen worden waren, lediglich zuständig für die Wartung des Gebäudes (wofür er statt mit Adelstiteln mit Beschimpfungen belohnt wurde: »Sie Esel! Sie Hornochse! Wenn ich noch einmal sehe, dass die Pflastersteine ...«) Der Kastellan war nunmehr nur noch ein Schlossmeister. Dieser Begriff offenbart etwas Wesentliches: Ein Schlossmeister steht im gleichen Verhältnis zum Schloss wie ein Hausmeister zum Haus. Wann immer etwas morsch ist, bröckelt, verzogen oder verwohnt, schickt er Handwerker. Er sorgt dafür, dass der Putz nicht rieselt, das Parkett ausgebessert wird, kein Wasser in den Keller läuft, der Hof gefegt wird und sich kein Schimmel bildet. Ein Riesenproblem übrigens im Winterpalast von St. Petersburg, was bei hoher Luftfeuchtigkeit und 120 Regentagen im Jahr nicht verwundert. Hausherrin Katharina die Große sah sich öfter mal gezwungen, zu improvisieren und ihre Hofhaltung in ein Nebengebäude zu verlegen, wenn sie den Husten, den Feuchtigkeit und Schimmel provozierten, auskurieren wollte. Wenn wir Prinzessinnen im Herzen also die Dienste eines Schlossmeisters benötigen, haben wir zwei Möglichkeiten: Wir bitten den Prinzen, der im T-Shirt und mit Fernbedienung neben uns auf dem Sofa sitzt, um Abhilfe. Oder wir greifen zum Telefon und rufen die Hausverwaltung an. Mit Glück (ich schränke ein, weil es bei beiden Optionen durchaus zu Hindernissen kommen kann) geht es uns besser als Katharina der Großen – und die Mängel unseres hoheitlichen Quartiers werden im Nu behoben.

Der *Vorleser* oder die *Vorleserin*. In Zeiten, als es noch keine elektronischen Medien gab, nahm man bei Hofe die Dienste eines Vorlesers oder einer Vorleserin in Anspruch. Während die Prinzessin und ihre Hofdamen stickten oder strickten (übrigens eine besonders zu Kriegszeiten weitverbreitete Tätigkeit in höfischen Kreisen – man sah es als patriotische Pflicht an, für die Truppen Strümpfe zu stricken. Die ermordete Romanow-Zarin Alexandra Fjodorowna, eine geborene Hessen-Prinzessin, strickte für ihr Ulanen-Regiment.), trug eine Vorleserin Texte vor. Meist aus Büchern, über die man gerade heiß und kontrovers diskutierte. Auf diese Weise konnte die Prinzessin ihre Zeit für eine karitative Tätigkeit (Stricken) nutzen und war gleichzeitig in Bezug auf ihre Lektüre à jour. Bei Gesellschaften verschaffte ihr das enorme Vorteile: Sie konnte in einer Konversation mit ihrem Wissen über zeitgenössische Literatur glänzen und auch das ein oder andere Zitat fallen lassen. Das Arrangement half auch über die Hürde hinweg, schwierige Texte zu bewältigen – waren Passagen unwegsam, konnte man sie wiederholt vorlesen lassen oder ein Gespräch darüber beginnen. Die Gefahr über einer Lektüre, die man als langweilig, aber leider auch als verpflichtend empfand, einzuschlafen, war ebenfalls gebannt – in Anwesenheit einer Vorleserin hätte eine Prinzessin sich niemals die Blöße gegeben, hinwegzudämmern.

Vorleserin wurde übrigens nicht irgendwer. Es war ein Job, der Kenntnisse in Literatur, Kontakte zu Literaten und kulturellen Größen sowie höfische Umgangsformen voraussetzte. Die bekannteste Vorleserin hierzulande war Karoline von Berg. Sie trat um 1795 in den Dienst des preußischen Königshofs und brachte der denkfaulen Kronprinzessin (später Königin) Luise die Schriften der Weimarer Kapazitäten Goethe und Schiller näher. In ihrem Haus in der Berliner Wilhelmstraße 70 führte sie einen viel beachteten Salon, der sich zum Place-to-be für alle Dichter und Gelehrten entwickelte.

Prinzessinnen im Herzen, die ebenfalls die Vorzüge einer Vorleserin bemühen möchten, können heute auf ein vielfältiges elektronisches und digitales Angebot zurückgreifen. Die meisten Bestseller in gedruckter Form sind auch als Hörbuch zu haben, sie werden wöchentlich bestimmt und bei *SPON* (*Spiegel-Online*) gelistet. Die Prinzessinnen unter uns, die einen höheren Anspruch haben, können sich Empfehlungen auf der Website des Deutschen Hörbuchpreises geben lassen. Es gibt also, was unsere Lektüre betrifft, keine Ausreden! Und wir können uns nicht nur der leichtesten Muse hingeben, ohne die höfische Etikette zu verletzen, sondern uns auch ungeniert in Morpheus' Schoss hinübergleiten lassen.

Nun zu den Hofämtern, die für Ablauf, Organisation, Sekretärs- und Botendienste bis hin zu Handreichungen beim Ankleiden oder beim Servieren der Mahlzeiten zuständig waren und die Herrschaften auch auf Reisen begleiteten. Da gibt es beispielsweise den *Kämmerer* oder *Kammerherrn*, die *Hofmeister* (für einen Damenhof die *Hofmeisterin*), die *Hofdamen*, die *Kabinettssekretäre*, die *Protokollchefs* (alle m/w) und, glauben Sie mir, viele mehr. Es würde zu weit vom Kern dieser Ausführungen wegführen, wollte man alle Ämter hier aufzählen. Auch wer für was zuständig war, ist weder genau auszumachen, noch lässt es sich eins zu eins in unsere heutigen Bedürfnisse übersetzen. Das hat mehrere Gründe: Die Zuständigkeiten variierten von Hof zu Hof und innerhalb eines Hofes. Wer darf was machen? Geradezu bezeichnend für dieses Kompetenzgerangel ist eine Begebenheit am Hofe von Ludwig XV. von Frankreich. Prinzessin Marie Antoinette wird am Tag nach ihrer Hochzeit von ihrer Hofmeisterin Madame Noailles über die Gepflogenheiten bei Hofe aufgeklärt.

»Jede Dame des Hofes hat das Recht, beim Ankleiden der Dauphine zu helfen.«

Wir müssen uns vor Augen führen, dass Hofdamen auch Hofämter innehatten. Es war ihre Aufgabe, einer höher gestellten Dame etwas anzureichen. Das mag in unseren Ohren komisch klingen, da auch die Hofdamen von Adel waren, aber diese betrachteten es als Privileg – denn es zeigte ihre Nähe zu der Ranghöheren an.

Die Noailles will Marie Antoinette gerade das Unterkleid anreichen, da betritt die Fürstin von Lamballe, die durch ihre Ehe mit einem (legitimierten) Urenkel König Ludwigs XV. der Familie angehört, den Raum. Sie ist höher im Rang als die Hofmeisterin, deshalb gibt die Hofmeisterin das Unterkleid den Zofen zurück, und diese geben es der Fürstin. Gerade als diese das Unterkleid Marie Antoinette reichen will, betritt die Prinzessin Duchardt den Raum, eine Kämmerin.

Die Noailles mahnt die Lamballe an, das Hemd zurück auf das Kissen zu legen. Das Kissen mit dem Kleidchen wandert durch die Hände der Zofen, und diese geben es der Duchardt. Beseelt von der Ehre, der neuen Thronfolgerin ihre Unterwäsche anreichen zu dürfen, streckt diese ihr das Kissen mit dem Kleidungsstück entgegen – da betritt die Herzogin der Provence das Appartement, die oberste Dame der Königin.

Die Noailles klärt auf: »Die nach der neuen Dauphine und der Königin ranghöchste Dame von Versailles.«

Alle verneigen sich vor der Herzogin. Die Choreografie der Etikette nimmt abermals ihren Lauf. Marie Antoinettes Lippen sind in der Zwischenzeit vor Kälte blau angelaufen.

Dieses Gezerre mag auf uns albern wirken, als Prinzessinnen im Herzen kann uns nur wichtig sein, dass der Laden läuft. Deshalb folgt hier nur eine ungefähre Zuordnung, wie wir die Kompetenzen unseres Personals für uns nutzbar machen können. Da wäre zunächst der *Kämmerer*. Einer seiner vielen Zuständigkeitsbereiche war die Buchhaltung. Er musste sich mit Fragen herumschlagen wie: Wie viel gibt die Prinzessin aus, für was gibt sie es aus (zwei Bahnen Seide, ein Perlenkollier, ein Rotkehlchen), welche Möbelstücke aus den Magazinen wurden ihr für ihre Gemächer zur Verfügung gestellt, welche wurden ihr vermacht, bei wem hat sie Spielschulden, wie kann man diese Gläubiger vertrösten?

Die letzte Frage dürfte für uns Prinzessinnen im Herzen per Gesetz geregelt sein: Man zahlt vorab und meist bei der Spielbank oder dem Anbieter der Lotterie, an der man teilgenommen hat. (Viel Glück!) Prinzessinnen im Herzen, die an illegalen Glücksspielen teilnehmen, sind keine Prinzessinnen!

Für alle anderen Fragen sind heutzutage Banken, Steuerberater und bei größeren Schenkungen (»Für das Pläsir Ihrer Gegenwart vermache ich Ihnen diese kostbare Uhr aus dem

Erzgebirge. Meine Urgroßmutter hat sie zu ihrer Hochzeit von Zar Nikolaus ...« – Sie verstehen schon!) Anwälte und Notare zuständig. Für die private Buchhaltung bietet sich ein Steuerberater an, für (lediglich finanziell) verarmte Prinzessinnen im Herzen gibt es in vielen städtischen Einrichtungen eine öffentliche Finanzberatung, die man ohne Zuzahlung in Anspruch nehmen kann. Nutzen Sie diese Dienste! Listen von Ein- und Ausgaben können Sie – so Sie das denn wollen – selbst führen. Im Internet lassen sich Programme mit entsprechenden Tabellen herunterladen. Das ist leicht, schwieriger hingegen ist es, seine Ausgaben und Einnahmen mit der Gewissenhaftigkeit eines Kammerherrn oder Sekretärs zu führen. Vielleicht reicht es Ihnen aber auch, sich regelmäßig bei Ihrer Bank Kontoauszüge ausdrucken zu lassen – um sie in einem Ordner abzuheften, der mit Ihrem Wappen verziert ist.

Etwas mehr Zeit und Geduld müssen wir Prinzessinnen im Herzen investieren, wenn wir die Dienste eines *Protokollchefs* oder der *Hofmeisterin* ersetzen wollen. Wie wir oben schon erfahren haben, muss eine Prinzessin bei einer Cour jeden Gast verbindlich ansprechen, und es war der Job der Hofmeisterin oder des Protokollchefs, ihr dabei zu helfen. Denn eine der Aufgaben dieser beiden Ämter war, bei einer Cour der Gastgeberin Rang, Familienstand, Verdienste und Privates zu soufflieren, sodass die Prinzessin den Angesprochenen immer etwas Verbindliches sagen konnte – was enorm zur Beliebtheit der Gastgeberin beitrug. Uns geht es ja ähnlich: Es macht einen Unterschied, ob wir mit einem einfachen »Hallo, wie geht es dir?« begrüßt werden oder mit einem »Geht es deiner Tochter besser? Das letzte Mal, als wir uns gesprochen haben, hatte sie einen Unfall.«

Um jemandem seine volle Aufmerksamkeit schenken zu können, muss man einiges beherrschen: Man muss sich Gesichter merken können, man muss sich Personen merken können, man muss sich Geschichten merken können, man muss zuhören können. Ich gebe zu, dass bis auf die letzte Fähigkeit mein eigenes Prinzessinnentum in diesem Punkt noch nicht zu voller Blüte gereift ist. Deshalb werde ich immer hellhörig, wenn es anderen Menschen gelingt, diese Fähigkeiten zu vereinen.

Eine Freundin hat mir einmal verraten, wie sie es macht: »Ich tippe alles in mein Notebook. Nach jedem Gespräch mache ich mir eine kurze Notiz. Ich notiere mir auch, durch wen ich die jeweilige Person kennengelernt habe. Wenn ich es weiß, auch mit wem sie befreundet ist und mit wem sie im Clinch liegt. Das verlinke ich mit dem jeweiligen Foto. Darunter sind dann die Kontaktdaten notiert.«

Kein Wunder, dass sie einen bedeutenden Posten in der Kommunikationsabteilung eines großen Unternehmens innehat.

Für uns Prinzessinnen im Herzen heißt das: an die Arbeit! Notizen machen, Notizen aktualisieren – und immer, wenn es auf eine Party oder sonst wohin geht, wo man viele Menschen treffen wird, überlegen, wer da auftauchen könnte, und sich zwei, drei, vielleicht auch vier (mehr schaffen wohl selbst ambitionierte Prinzessinnen im Herzen nicht!) Personen herauspicken und sich kurz vorher durchlesen, was man sich zu ihnen aufgeschrieben hat. Es ist mühselig, aber die Art, wie man Sie in Erinnerung behalten wird, lohnt den Einsatz.

Bleiben noch die Bediensteten, die für das leibliche Wohl sorgen – die *Oberschenke, Kellermeister, Mundschenke,*

Champagnerköche, Mundköche, Bäcker, Hofkonditoren. Hinzukommen Hilfen fürs Wasserholen, Feuermachen, Spülen, Wäschewaschen, und, und, und. Allein in Versailles umfasste die Küchenbrigade über tausend Personen. Diese Heroen des Herdes erfanden eine Cuisine, die von der UNESCO ins immaterielle Weltkulturerbe aufgenommen wurde. Sie erfanden wohlschmeckende Füllungen, Pasteten und Soßen, die sie manchmal den edlen Damen des Hofes widmeten. Die Maintenon-Sauce (benannt nach der Marquise de Maintenon, der zweiten Frau des 14. Ludwigs) ist so eine Delikatesse; es ist eine würzige Farce aus Champignons und Schalotten, die in Kalbsfleisch eingewickelt und als Röllchen serviert wird.

Natürlich würden wir Prinzessinnen im Herzen uns nicht sträuben, wenn man uns auf ähnliche Weise ehrt: Vielleicht mit einer wohltemperierten Sauce aus Wildkräutern oder mit einem luftigen Vanille-Zitronen-Soufflee. Mmmmmh! Aber Hand aufs Prinzessinnen-Herz: Wovon sollen wir diese Leute bezahlen? Hören Sie nicht das tiefe Seufzen Ihres Kämmerers?

»Madame, Ihr könnt Euch das einfach nicht leisten. Ihr seid ruiniert.«

Das mag sein, wenn wir die Angelegenheit von der finanziellen Seite aus betrachten. Denn selbstverständlich bietet sich uns Prinzessinnen im Herzen eine andere Möglichkeit, uns diese Küchendienste zu sichern, auf die wir allein aufgrund unseres Standes Anspruch haben. Sie könnten jetzt natürlich den Koch in Ihrem Lieblingsrestaurant auffordern, sich von Ihrer Person zu kulinarischen Extravaganzen inspirieren zu lassen – es gibt Prinzessinnen im Herzen, bei denen das geklappt hat. Ich möchte in diesem Zusammenhang unsere Prinzessinnen-Schwester Sophia Loren und die gleichnamige Pizza erwähnen. Aber es gibt eine Methode, die eher ans Ziel führt und auch Ihren Kämmerer besänftigen wird. Ach, was rede ich hier lange herum? Ich mache es kurz: Lernen Sie kochen! Ja, ich meine es ernst. Dieses bürgerliche Geschäft ist heutzutage nicht nur mit so viel aristokratischer Attitüde ausgestattet, dass es uns leicht gemacht wird, unsere Finger formvollendet um Pfannengriffe und Topflappen zu schmiegen. Es hat vielfältige Vorteile für unsere Hofhaltung und für unseren Ruf: Sie können sich damit nämlich als vollendete Gastgeberin präsentieren. Mehr dazu im Kapitel: »Gastfreundschaft«.

Zu guter Letzt sollten wir den Hofmeisterinnen noch ein paar Worte widmen. Sie wurden Prinzessinnen, die durch Heirat an einen neuen Hof kamen, beigestellt und hatten die Aufgabe, die hoheitliche Novizin in die Sitten und Bräuche ihrer neuen Heimat einzuweisen. Die sogenannte Etikette diente nicht nur dazu, die Abläufe bei Hof zu dirigieren, sondern auch dem dringlichen Wunsch, verletzte Eitelkeiten jeglicher Art zu vermeiden. Aber die Hofmeisterinnen nutzten ihre Macht oft aus und machten den Debütantinnen das Leben zur Hölle. Sie waren meist von jenem Typus Frau, deren Tugend selbst das böseste Lästermaul nicht infrage stellen würde und deren Verbitterung darüber sich in Gängelung und Schikane ausdrückte. Wir erinnern uns an die bereits erwähnte Parforcepeitsche Gräfin Voß und auch an Madame Noailles, die Marie Antoinette jeglichen menschlichen Impuls auszutreiben versuchte. Ihre Motive sind Neid und Missgunst, was sie aber niemals zugeben würden.

Auch wir modernen Prinzessinnen haben unsere unberufenen Hofmeisterinnen, die uns das Leben schwer machen. Sie tadeln, sie giften und lächeln uns dabei kalt ins Gesicht. Sie tun so, als ob sie mit uns befreundet wären, und verstecken dahinter ihre Sticheleien. Sie meinen es ja gut mit uns. Jedes Kompliment ist ein Treffer: »Toll, deine neuen Stella-McCartney-Schuhe. Aber ich finde schon, dass die so ein klein bisschen nuttig aussehen. Als Freundin darf man das doch wohl mal sagen.« Nein, darf man nicht! Eben weil diese Oberhofmeisterinnen keine Freundinnen sind, sondern miese Bitches. Gottlob haben wir Selbstgekrönten eine Option, die unseren historischen Schwestern verwehrt blieb. Wir können diese Art von unliebsamem Personal entlassen. Und das sollten wir in diesem Fall auch dringend tun!

Der Majestätsplural
oder: Warum Prinzessinnen immer königlich angesprochen werden

Wenn eine Prinzessin im Herzen auf die richtige Weise angesprochen werden möchte, muss sie zunächst viel über die Finessen deutschen Standesbewusstseins lernen. Über 1200 Jahre Kaiser- und Königreich haben mit deutscher Gründlichkeit ein titularisches Monster geschaffen. Jeder Dünkel, jede Gunst, jedes Privileg wurde mit einer Regel und zugleich einer Ausnahme bedacht. Die größte Tücke liegt allerdings darin, die Standesunterschiede zu beachten, dazu müssen wir die Standespyramide des HRR betrachten: Diese ist genau genommen keine Pyramide, zumindest keine nach der Art der ägyptischen Antike. Sie ist ein Bauwerk voller Treppen, Leitern, Hängebrücken, Falltüren, geheimer Gänge, Sackgassen. Vor allem gibt es Schranken und Betondecken zu den unteren Etagen hin. Denn wer oben ist, will sich nach unten hin absichern – da soll so bald keiner die gleiche Stufe erklimmen, auf der man selbst steht. Es ist also nicht die leichteste Aufgabe, das Labyrinth an Titeln zu entwirren, das die Rangordnung bezeichnet, aber irgendwo muss man ja anfangen. Etwa beim Kaiser oder der Kaiserin, die ohne Zweifel oben stehen.

Hat eine Prinzessin einen Kaiser zum Vater, Großvater, Urgroßvater (und damit meinen wir jetzt nicht den bürgerlichen Nachnamen, wie ihn zum Beispiel Herr Kaiser von der Hamburg Mannheimer trägt) oder einen kaiserlichen Prinzen geheiratet, dann ist sie eine Prinzessin und wird mit »Kaiserliche Hoheit«

angesprochen. Das Gleiche gilt für die Töchter eines Zaren, auch diese werden mit »Kaiserliche Hoheit« angesprochen, sind aber keine Prinzessinnen, sondern Großfürstinnen.

Stammt eine Prinzessin aus dem Hause Habsburg-Lothringen, redet man von ihr als *Erz*herzogin. Mit der Vorsilbe »Erz« bezeichnet man die Ersten einer Gattung: Da die Habsburger in der Rangordnung des HRR die Nase vorn hatten (immerhin stellten sie seit 1453 bis zur Zerschlagung des HRR durch Napoleon fast durchgehend alle Kaiser), zeigten sie das in ihrem Titel an.

Bleibt die Frage, warum die Habsburger Prinzessinnen nicht Erzprinzessinnen sondern Erzherzoginnen heißen. Nun: Auch die Bezeichnung Herzog weist auf die Rangordnung des HRR zurück. In dessen Anfängen um 800 n. Chr. vergab der Kaiser für seine treusten Gefolgsleute einen Titel, der mit einem Stück Land, einem Lehen, verbunden war. Meist war es ein Vertrauter, auf den er bei der Entfaltung seiner Macht angewiesen war, oder es war einer seiner Heeresführer, was damals aufs Gleiche hinauskam. So erklärt sich auch der Titel. Herzog bedeutet: derjenige, der das Heer zog. Das dazugehörige Land war entsprechend ein Herzogtum. Im Idealfall wurde der Titel nicht wieder entzogen und konnte weitervererbt werden. Da Herzoge bis auf den Kaiser niemanden über sich hatten, waren sie souverän, ihre Töchter von gleichem Rang wie die Töchter anderer Souveräne, deshalb ist eine Herzogin nichts anderes als eine Prinzessin – die Tochter eines souveränen Herrschers. Obwohl die Habsburger im Laufe der Geschichte den Status der Herzöge weit hinter sich gelassen und sich nach oben gearbeitet haben – seit dem 15. Jahrhundert beherrschten sie mehrere Reiche als Kaiser (HRR, Brasilien, Mexiko, Österreich) und Könige

(Ungarn) –, behielten sie in der Namensgebung ihrer Töchter das Wort »Herzogin« bei, allerdings werden diese mit »Kaiserliche Hoheit« angesprochen – es sind eben *Erz*herzoginnen. Auch wenn es sich nach schmutzigem Gestein und Bergbau anhört, stehen diese Prinzessinnen ganz oben in der Wertepyramide.

Bei den Königen ist die Lektion kürzer: Königstöchter sind Prinzessinnen. Das wissen wir schon aus den Märchen der Gebrüder Grimm. Prinzessinnen werden mit »Königliche Hoheit« angesprochen, manchmal allerdings, wenn sie eine Mesalliance eingehen und unter ihrem Stand heiraten, müssen sie sich mit der Anrede »Hoheit« zufriedengeben.

Weiter geht es mit den Fürsten. Der Name »Fürst« ist verwandt mit dem englischen *first*, das sagt schon, was es heißt: der Erste. Im HRR rangierte der Fürst über den Grafen, aber unter den Herzogen und den Königen. Davon gab es nur ohnehin nur einen: den preußischen König. Außerhalb des HRR bezeichnet das Wort »Fürst« eigentlich alle, die den Hut, ähm, die Krone aufhaben – egal, ob es sich um Kaiser, Könige, Stammeshäuptlinge, Maharadschas, Großmogule oder Sultane handelt. Durch die hohe, wenn auch im Detail nivellierende Anrede, konnte man die Tücken aristokratischer Hierarchien fremder Länder umgehen und gleichzeitig seinen Respekt zollen. Pauschalisierungen dieser Art ziehen sich bis heute durch. Denn den Titel »Fürst« gibt es nur in Deutschland. Länder, in denen die Adelstitel auf den lateinischen Ursprung zurückzuführen sind, bezeichnen ihren »Ersten« als Prinz. Das wird von *princeps* abgeleitet, was ebenfalls mit »der Erste« zu übersetzen ist. Eine Prinzessin ist gleichsam »die Erste«. Prinzessin Gracia Patricia war Fürstin von Monaco, nicht Prinzessin, obwohl der Eigenname des

Fürstentums »Principauté de Monaco« genau das nahelegt. Dann gibt es noch Fürstin Gloria von Thurn und Taxis, bei ihr ist alles anders – eben weil sie Gloria ist. Sie ist genau genommen (aber wer es bei Gloria genau nimmt, ist ein Spießer) keine Fürstin, sondern eine Prinzessin, hatte aber keine Lust, den Titel »Fürstin« in ihren Papieren eintragen zu lassen, weil – wie Rudolf Schröck in seiner Gloria-Biografie verrät – so ein Sozi in der Amtsstube saß und jedes Kind weiß, dass Sozis es mit dem Adel nicht so haben. Gloria trägt den Titel »Fürstin« dennoch, als Aristonym, also als Pseudonym mit Adelstitel. Anders aber als Hella von Sinnen (Hella Kemper) und Jürgen von der Lippe (Hans-Jürgen Hubert Dohrenkamp) muss sie keinen Adel vortäuschen.

So oder so: Die Töchter von Fürstinnen sind Prinzessinnen. (Aber eben keine Prinzessinnen im Herzen. Das sind wir!)

Nun zu den Töchtern der Kurfürsten sowie der Land-, Mark- und Pfalzgrafen – auch sie sind allesamt Prinzessinnen. Ihr Rang unterscheidet sich aber durch die Anrede. Sie werden, je nachdem, ob sie einem ehemals regierenden oder einem mediatisierten (Was das ist, fragen Sie? Wirklich? Dann gehen Sie nicht über Los, ziehen Sie keine Krone ein, sondern gehen Sie direkt zurück zum Kapitel »Wann ist eine Prinzessin eine Prinzessin?«) Haus angehören, als »königliche Hoheit«, »Hoheit« oder »Fürstliche Gnaden« angesprochen. Manchmal geht auch »Ihre Durchlaucht« und seine Steigerung »Ihre Durchlauchtigste«, seltener »Ihre Erlaucht« – Anreden, die sich alle, wie sinnig, von »durchleuchten« oder »erleuchtet sein« herleiten. Welche, wenn nicht diese Attribute, könnten die sonnengleiche Aura des Gottesgnadentums besser bezeichnen?

Diese Feinheiten adeligen Distinktionsvermögens finden sich vor allem im Schriftverkehr wieder. Je nach Rang der Prinzessin wird dem Namen eine Abkürzung vorangestellt: Eine Königliche Hoheit wird mit I. K. H. Prinzessin von X-Stadt und Y-Burg angesprochen, die Großbuchstaben stehen für: Ihre Königliche Hoheit. Ihr Mann, so er denn gleichen Ranges ist, mit S. K. H., Seine Königliche Hoheit. Wird das königliche Paar gemeinsam adressiert, heißt es II. KK. HH., also Ihre Königlichen Hoheiten. Diese Formel kann man bis zum (nur noch äußerst selten verwendeten) »Ihre Erlaucht« durchdeklinieren, sodass auf dem Brief an eine Prinzessin eines Mark-, Land- oder Pfalzgräflichen Hauses, das bis 1806 souverän war, I. E. stehen wird, beziehungsweise wenn sie mit ihrem Prinzen gemeinsam angesprochen wird: II. EE. – Ihre Erlauchten.

Nun gibt es Menschen, denen die Werte der Demokratie etwas bedeuten und die sich aus ideologischen Gründen weigern, eine Prinzessin mit ihrem Titel anzusprechen. Es ist ihr gutes Recht, denn der Adel wurde 1919 abgeschafft. Aber Höflichkeit und historisches Bewusstsein gebieten es, sich dennoch daran zu halten.

Dazu fällt mir eine Geschichte ein: Ich war als Gast bei einer Veranstaltung eingeladen, auf der ich hoffte, Gabrielle Prinzessin zu Leiningen zu treffen. Zu dieser Zeit war sie noch die Ehefrau des Karim Aga Khan IV., trug den Titel Begum Aga Khan, und Begum heißt (genau!) Fürstin. Ihr (Ex-)Mann ist geistiges Oberhaupt der Nizariten, einer islamischen Glaubensgruppe. Er wird von seinen Anhängern als direkter Nachkomme von Fatima, der jüngsten Tochter des Propheten Mohammed, und damit auch als direkter Nachkomme des Propheten verehrt. Prinzessin

Gabrielles Sohn steht also ebenfalls in direkter Linie zum Propheten Mohammed. Die Prinzessin zu Leiningen war also mit einem Gottgesandten verheiratet, und sie ist die Mutter eines Gottgesandten. Auch wenn sie in aristokratischen Kreisen als gesellschaftliche Aufsteigerin betrachtet wird, spricht man so eine Frau nicht mit »Hey, Gaby« an.

Ich suchte also in meiner Redaktion nach einer Kollegin, die sich mit solchen Dingen besser auskennt, als ich es tat, aber die war gar nicht so leicht zu finden. In der Vorzimmerdame meines Chefs, die kurz vor der Rente stand, fand ich schließlich eine kompetente Ansprechpartnerin. In der Schublade ihres Schreibtisches lag ein dicker Ordner, in dem sie Verzeichnisse mit korrekten Anreden abgelegt hatte, mündliche wie schriftliche wohlgemerkt. A wie »Adel« kam vor B wie »Botschafter«. Also blätterten wir nach und einigten uns schnell auf »Hoheit«. Vorsichtshalber rief ich noch einmal bei der Gastgeberin an. Die riet mir ebenfalls zu »Hoheit«.

»Einfach nur Hoheit? Nicht vielleicht königliche oder gar göttliche Hoheit?« (Ich meine: Mohammed. Das machte mich natürlich unsicher.)

»Hoheit reicht.«

Mit diesem Wissen fühlte ich mich gerüstet und positionierte mich strategisch günstig auf der Party. Dennoch wurde ich nervös, als eine schlanke Blondine in schicker Valentino-Robe (Größe 36 – höchstens) auf mich zukam.

Ich deutete einen Knicks an und murmelte unsicher: »Hoheit ...«

Da antwortete mir die Dame in breitestem Hessisch: »Isch bin nedd die Hoheit, die Hoheit is hinne' mir.«

Ich war so perplex, dass ich die Hoheit, die drei Schritte dahinter ging, unbehelligt an mir vorbeirauschen ließ. Die Dame, die ich angesprochen hatte, war ihre Mutter Renate Thyssen-Henne gewesen. Zu meiner Entschuldigung muss ich sagen, dass die Familienähnlichkeit zwischen Mutter und Tochter schon sehr groß ist. Auch die Tatsache, dass Renate Thyssen-Henne mit Ewige-Jugend-Genen gesegnet zu sein scheint, wird zu dieser Verwechslung beigetragen haben. Ich habe beide dann später getroffen, als ich den Schock verdaut hatte, und wir haben uns angenehm unterhalten. Eins hatte mich diese Panne nämlich gelehrt: Die Anrede »Hoheit« stimmte.

Für Prinzessinnen im Herzen, die ebenfalls den Anspruch erheben, standesgemäß tituliert zu werden, gibt es gute Nachrichten: Wir werden es schon, ganz gleich, ob andere uns »Frau« nennen und dabei siezen oder ob sie uns gar mit »du« ansprechen. Kaum zu glauben, aber schauen wir uns die Entstehung und Verwendung des Wortes »Frau« an, besser noch die des männlichen Pendants »Herr«, die der Erfolgsgeschichte der Anrede »Frau« vorausging.

Der erste Herr war, wer sonst, der Herr im Himmel. Um die Gottgegebenheit gegenüber ihren Untertanen auszudrücken, nannten sich die gotischen und germanischen Adeligen *vrô* oder *frô*. (Die Herrscher unter romanischem Einfluss hatten es ihnen vorgemacht: Sie nannten sich *Domini*, heute noch in *Don* zu finden.) *Vrô* oder *frô* ist Mittelhochdeutsch und bedeutet nichts anderes als »Herr«. Man findet dieses Wort in *Fron*leichnam – Leib des Herrn -, oder im *Fron*dienst – Dienst für den Herrn. Die Gemahlinnen dieser Adeligen nannte man *frouwe*, also

»Herrin«, eine *frouwe* war eine Edelfrau, eine adelige Dame, eine Prinzessin. (Na, merken Sie schon, worauf ich hinauswill?) Aus *frouwe* hat sich im Lauf der Geschichte das Wort »Frau« entwickelt, allerdings ist seine Bedeutung, wie wir wissen, heute keineswegs auf die oberen Sphären des Adels beschränkt, sondern wird absolut gleichberechtigt zwischen Adel und Bürgerlichen verwendet. Denn nach und nach sickerte die hohe Anrede – über den Klerus, über die Bürger – bis in die untersten Schichten der Gesellschaft. Ein durchaus gewöhnlicher Prozess. Denn alle wollen Herr sein, alle Herrinnen, eben Frauen. Wer, wenn nicht wir Prinzessinnen im Herzen, könnte das verstehen?

Das Siezen. Die Anrede »Sie« enthält ebenfalls eine Reminiszenz an adelige Umgangsformen. Mit ihr spricht man eine einzelne Person in der Mehrzahl an, auch wenn das heute kaum noch jemandem bewusst ist. Aber grammatikalisch gesehen (es geht jetzt gleich die Linguistin mit mir durch) kommt hier die dritte Person Plural zur Anwendung: Sie sind, sie gehen, sie kommen, sie bleiben. In der Regel spricht man so über eine Gruppe, aber beim Siezen verhält es sich anders. Es ist nur eine Person adressiert, aber mehrere Menschen sind gemeint. Es ist eine in sprachliche Würdigung gegossene Vorstellung davon, dass das Ich des Gegenübers mehr ist als nur ein einzelnes, es ist so groß und respektabel, dass es nicht in ein Ich hineinpasst – sondern nur durch viele Ichs präsentiert werden kann. Jeder, der schon einmal vom Pluralis Majestatis, dem Majestätsplural, gehört hat, weiß, was gemeint ist. Ein König, der sagt: »Hiermit verfügen wir!«, legt in seinen Befehl das gesamte Gewicht einer Gruppe hinein, sei es die Gruppe seiner langen Ahnenlinie oder die Gruppe seines zu mehreren Personen aufgeblähten Egos (Me, myself & I), wozu ihn die Annahme, von Gott bestimmt zu sein, verleitet. Wenn wir also heute einander siezen, drücken wir im Grunde genommen nichts anderes aus als das Empfinden: Wir sind alle ein bisschen Majestät!

Das heißt aber nicht, dass wir Prinzessinnen im Herzen uns durch Gesprächspartner, die uns duzen, entwürdigt fühlen müssten. Im Gegenteil. Auch da kann unser Ehrgefühl durch einen Blick in die Sprachgeschichte besänftigt werden. Die Sitte (oder, wie man es nimmt: Unsitte), sich hierzulande schnell und bei den meisten Gelegenheiten mit Du anzusprechen, ist relativ neu. Sie beruht auf der Übernahme angloamerikanischer Umgangsformen, die seit den 1968er-Jahren Konjunktur hat. Mit Popmusik, Hollywood, Flower-Power, Coca-Cola und Jugendkultur kam auch das Du zu uns. Das englische »You« aber ist in seinen Ursprüngen nicht mit dem deutschen »Du« zu vergleichen.

Das deutsche »Du« bezeichnet die zweite Person Singular, das englische *you* hingegen leitet sich von der zweiten Person Plural ab: »You are« heißt »Ihr seid«. (Um dies zu verstehen, empfiehlt es sich, die anderen englischen Pluralformen anzuschauen: *We are, you are, they are*, im Gegensatz zu *I am* und *he/she/it is*.)

Auch hier versteckt sich also ein Majestätsplural wie im deutschen »Ihre Durchlaucht« oder in »Ihre königliche Hoheit«. 007-Fans kennen dieses Pronomen durch die Wendung »Im Auftrag Ihrer Majestät«, womit Königin Elizabeth II. gemeint ist. Das demokratische Du ist also nichts anderes als eine sprachliche Verneigung vor unserer herrschaftlichen Person und ihren vielen Prinzessinnen-Ichs.

Auch andere Formen der Anrede, die bei uns (Majestätsplural!) Prinzessinnen im Herzen durchaus üblich sind, haben ihre Entsprechungen im aristokratischen Titularkodex. Immer, wenn ich uns Prinzessinnen im Herzen mit Prinzessinnenschwestern anspreche und mir unsere große, weitverzweigte Seelenverwandtschaft vor Augen führe, denke ich daran, wie dem beim Adel Ausdruck gegeben wurde. Auch da ging nicht immer alles förmlich zu. Es gab neben den überkorrekten Anreden auch eine vertrauliche Ebene. Bei der Vielzahl an Geschwistern, Halbgeschwistern, Stiefgeschwistern, Cousins, Cousinen, Cousinen zweiten und dritten Grades oder Cousinen und Cousins, die von Halb- oder Stiefgeschwistern stammten, Tanten, Onkel, Schwiegermüttern und –vätern, Schwäger und Schwägerinnen und so weiter und so fort, kurz: bei den für den Adel typischen großen Familien, ist das nur allzu gut verständlich. Denn man war sich wirklich familiär zugetan und entband sich deshalb von den Zwängen der Etikette. Oder – auch das kam durchaus vor – man hatte den Überblick verloren.

Besonders die Frauen sahen keine Probleme darin, die Wissenslücke über das tatsächliche Familienverhältnis mit einem familiären »liebe Cousine« zu überbrücken. Mit »liebe Cousine« machte man niemals etwas falsch, es war in jedem Fall verbindlich und taktvoll zugleich. Elisabeth I. und Maria Stuart sprachen sich in ihren Briefen mit »Cousine« an – ihre Großmütter waren Geschwister, sie genau genommen Großcousinen. So war diese Anrede passend.

Aber auch edle Damen, deren Stammbäume weit auseinanderstanden, machten von dieser Anrede Gebrauch: Als die flüchtige Bourbonen-Prinzessin Marie Thérèse (erzkatholisch, französisch-italienischer Stammbaum) bei der preußischen Königin Luise (lutherisch, Mecklenburger Linie) um Asyl bat, nannte sie sie in ihren Bittbriefen erst »Cousine«, beim zweiten Mal »Geliebte Cousine« und in ihrem dritten Brief schließlich »Meine Schwester«. Natürlich hat die edelmütige Königin Luise ihrer Wahlverwandten geholfen – wie auch wir Prinzessinnen im Herzen unseren Prinzessinnenschwestern in so einer Notlage selbstverständlich beigestanden hätten.

Wir Prinzessinnen im Herzen dürfen nicht außer Acht lassen, dass auch die Manierismen aristokratischer Namensgebung einer bürgerlichen Pragmatik gewichen sind. Mehr noch: Adelsnamen gelten nur formal und für Außenstehende (wir Bürgerliche müssen, die Adligen nicht), untereinander bleibt man bequem. Der Journalist und Schriftsteller Friedrich Siegburg (1893 bis 1964) bemerkte in treffender Verkürzung über die Gepflogenheiten der abgesetzten Aristokratie: »Ihre wichtigste Eigenschaft besteht darin, ›verwandt‹ zu sein, und die Freude dran, dass alle miteinander verwandt sind und zu sich ›Du‹ sagen.«

Vergessen Sie also das II. KK. und KK. HH., das Erlaucht und Durchleuchtet, das Hoheit und Herr. Die Eintrittskarte zum blaublütigen *inner circle* ist das Du. Mehr noch: Wer die Klatschspalten der bunten Illustrierten liest, wird vermutlich schon auf merkwürdige Namensschöpfungen wie Mick, Poldi, Uschi, Hubsi, Knöppi, Schaumi, Lilly, Lolo oder Ika gestoßen sein. Hinter diesen Namen verbergen sich meist Abkömmlinge hoher Häuser, die zu Ehren aller Paten auf eine Reihe von mindestens acht Vornamen und zum eigenen Schutz auf ein paar Heilige getauft wurden. Das ist im Umgang ziemlich umständlich. Eine Virginia Carolina Theresa Pancrazia Galdina mutiert deshalb zu einer schlichten Ira. Geht einfach etwas leichter über die Lippen. Anders gesagt: Der Adel macht es kurz, während neumodische Namensketten wie Keera-Indigo Ludovíka nur auf den Spielplätzen Normalsterblicher in unsere Ohren dringen.

Asfa-Wossen Asserate, der Großneffe des letzten äthiopischen Kaisers, schreibt in seinem wundervollen Buch *Manieren*: »Mimi und Schnecki, Dodo und Titti, Mommi und Didi sind zu den wahren Adelsabzeichen geworden.« Der Prinz entwirft im Anschluss an diese Behauptung eine herrliche Szene, die ich uns nicht vorenthalten will (sein Buch sollte man allerdings unbedingt in Gänze lesen).

»Neulich beim Karl Hohenhausen ...«, beginnt er und erklärt, dass sowohl der Titel als auch das »von« bei Adligen unbedingt unterschlagen werden müssen, will man als zugehörig gelten. Dann geht es weiter: »›Geh, bei wem? Beim Karl Hohenhausen? Ist das der Bruder von der Lolli?‹ – ›Nein, der Vetter vom Guggi‹ – ›Ah, du meinst den Kiki!‹ – ›Der Kiki ist der Schwager von der Fifi‹ – ›Aber die Fifi ist doch die Frau vom Hansi!‹ – ›Ich meine aber die Balli, die Tante vom Baba.‹ – ›Ja, von dem red' ich doch, vom Baba.‹ – ›Du sagtest was von einem Karl.‹ – ›Ja, der Karl ist doch der Baba! – ›Ja, sag's doch gleich!‹«[8]

Was lehrt uns das? Bevor wir mit unserem hochtrabenden, selbst gewählten Titel Fürstenfeld-Meiengraben-Winterfell unsere Visitenkarten verschandeln, können wir uns als echte Selfmade-Prinzessinnen getrost bei unserem Namen rufen lassen. Egal, ob wir uns siezen oder duzen oder mit Kosenamen ansprechen – wir sind *immer* Prinzessinnen im Herzen, und immer wird die Ansprache unserer hohen Stellung gerecht. Das versichert Euch, Eure Königlichen Hoheiten, meine lieben Prinzessinnenschwestern im Herzen, Eure Betsy.

My Home is my Castle
oder: Warum jedes Zuhause ein Schloss ist

Kommen wir zur Wohnsituation. Ein Schloss gehört zum normalen Lebensstandard einer Prinzessin.

Eine Freundin, eine Radioreporterin, war einmal so neugierig darauf, zu wissen, wie es sich in einem Schloss lebt, dass sie sich nachts in dem Schloss, das unseren kleinen Ort überragte, einschließen ließ. Sie berichtete live darüber, was sie dort erlebte. Kaum zu glauben, aber es war ein Straßenfeger in Zeiten, in denen es nur zwei TV-Kanäle und einen Sendeschluss gab. Dem Schlossgespenst, das sie interviewen wollte, ist sie nicht begegnet, über den Knall aber, den es gab, als sie – es war ja stockfinster – mit dem Kopf gegen eine Marmorsäule donnerte, redet heute noch das ganze Dorf.

Aber ein Schloss zu besuchen, das wissen wir spätestens, wenn wir die Filzpantoffeln am Ausgang von unseren Füßen streifen, ist etwas anderes, als in einem Schloss zu wohnen. Deshalb bleibt die Frage: Wie kommen wir an ein Schloss heran? Unsere Prinzessinnenschwestern haben es sich einfach schenken lassen: Kronprinzessin Luise bekam zu ihrem 18. Geburtstag Schloss Oranienburg geschenkt – ein verspäteter Willkommensgruß ihres Schwiegervaters, des preußischen Königs Friedrich Wilhelm II.

Marie Antoinette fragte sich zunächst, was sie mit dem unförmigen Schlüssel anfangen sollte, den ihr ihr Mann, der französische König, zum Geburtstag überreichte. Die verwöhnte Erzherzogin sah eine peinliche Situation auf sich zukommen:

Ihr Mann war ein ambitionierter Hobbyschlosser – wollte er für dieses hässliche Ding etwa ein Lob? Aber nein, so viel Stil hatte der französische König schon, dass er seine Frau nicht mit Selbstgebasteltem überraschte. Es war vielmehr der Schlüssel zum Petit Trianon, einem kleinen Lustschloss in einer abgelegenen Ecke des Versailler Parks, wo Marie Antoinette fern der strengen Etikette endlich seelisch aufblühen konnte.

Die schöne Marie-Louise O'Murphy wurde von König Ludwig XV. für ihre Liebesdienste mit dem Château de Migneaux belohnt – ein guter Deal, denn andere Mätressen hatte der royale Casanova ins Kloster abgeschoben, nachdem er ihrer überdrüssig geworden war.

Da wir Prinzessinnen im Herzen in der Regel keine solch großzügigen Gönner haben, müssen wir auf andere Glücksfälle hoffen. Einigen mag ein Erbe in den Schoß fallen, andere ziehen vielleicht in das Schloss ihres neuen Prinzen ein. Wiederum andere kaufen sich eins.

Deutschland ist voller Schlösser. Nach dem Dreißigjährigen Krieg wurde der Adel sesshaft (vorher pflegte man kriegsbedingt eher einen mobilen Lebensstil oder die Besitzverhältnisse waren ungeklärt) und jeder Duodez-Potentat stellte das Zeugnis seiner Macht in die Landschaft. Über tausend Schlösser soll es hierzulande geben. Barockschlösser, Rokokoschlösser, Märchenschlösser, Wasserschlösser, Jagdschlösser, Stadtschlösser, genau wie ihre Vorgänger: Burgen, Trutzburgen, Wehrburgen, Klosterburgen und dann noch Herrenhäuser oder Gutshäuser. In Regionen mit französischem Einfluss findet man Palais, Italien brachte uns die Tradition des Palazzo, Gebäude, die eher im

Süden Deutschlands zu finden sind. Aus England kam die Mode, sich ein Castle zu bauen, oft im historisierenden Tudorstil.

Manchmal ist der Unterschied nicht auszumachen. Ist ein Schloss eine kleine Burg oder ein großes Gut? In der Szene gibt es eine Daumenregel: »Alles, was mehr als einen Treppenaufgang hat, ist ein Schloss.«[9] Zwei Treppen sind wichtig, damit Herrschaft und Personal nicht den gleichen Eingang teilen müssen. Man macht sich nicht gern gemein. Aber es gibt noch eine zweite Regel: »Ein Schloss ist, was die Leute in der Umgebung Schloss nennen.«

Zwischen Elbe und Oder gibt es viele herrenlose Gebäude, die mehr als einen Treppenaufgang haben und von den Leuten in der Umgebung als Schloss angesehen werden. Die städtischen Gemeinden, zu denen sie gehören, sind meist froh, wenn sie diese baufälligen Zeugnisse hochwohlgeborenen Lebensstils loswerden. Sie verscheuern sie für einen symbolischen Preis von einem Euro. Da könnten Sie zuschlagen, aber seien Sie vorsichtig: Die Folgekosten können in Millionenhöhe schnellen. Selbst alteingesessene Schlossbesitzer jammern darüber. Das Dach leckt, die Fensterrahmen sind morsch, dann ist da noch der Denkmalschutz. Wenn Sie das Geld haben, nur zu, aber wenn Sie es nicht haben, dann sollten Sie sich als Frischgekrönte die Erfahrung, die so viele Adelige machen mussten, ersparen – und es vermeiden zu verarmen.

Machen wir uns nichts vor: Ein Schloss erweckt in uns immer die Vorstellung von Luxus und unermesslichem Reichtum. Es ist groß und geräumig und einladend und natürlich imposant. Friedrich der Große sagte über das »Neue Palais«, das er nach sieben Jahren Krieg am Ende des Parks von Sanssouci errichten ließ, um seine Rivalen zu beeindrucken: »Es ist eine einzige Protzerei!« Und Fürst Salina, die Hauptfigur in Giuseppe Tomasis Roman *Der Leopard*, sagt: »Ein Schloss, in dem man jeden Raum kennt, ist es nicht wert, bewohnt zu werden.«

Nun fällt immer, wenn es um Schlösser geht, der Satz: »My home is my castle.« Seinem Urheber, dem englischen Juristen Sir Edward Coke, ging es um sein Recht als Hausherr, den eigenen Besitz gegen Räuber und Ritter verteidigen zu dürfen – notfalls mit Waffengewalt. Das war um das Jahr 1600, und es war damals durchaus notwendig. Heute verbindet man mit diesem Leitsatz eher den Wunsch nach Behaglichkeit. Ganze Industrien leben davon: Unter dem Motto »My home is my castle« werden Kerzen verkauft, kuschelige Plaids, Leuchter und Kerzenhalter, Duftessenzen, Bilderrahmen und neuerdings auch Zimmerkamine, die dank innovativer Techniken schön flackern, aber weder rußen noch rauchen. Doch ob man der Deutung von Sir Edward Coke folgt oder dem zeitgenössischen Sinn – das eigene Zuhause erfüllt einen mit Stolz. Es ist eben der eigene kleine Palast, der für das bürgerliche Ich so bedeutend ist wie der große Palast für die da oben.

Man mag einwenden, dass der Vergleich zwischen einem Schloss und der Mietwohnung in der fünften Etage links hinkt. Tatsächlich wurden im Laufe der Baugeschichte architektonische Strukturen und ihre sozialen Funktionen von der Spitze der gesellschaftlichen Pyramide bis nach unten ins Fundament auch zu uns Prinzessinnen im Herzen durchgereicht – und zwar so:

Denis Diderot und Jean-Baptiste le Rond d'Alembert, die berühmten Verfasser der nicht weniger berühmten *Encyclopédie* (manche sagen, sie hätte die Französische Revolution gedanklich vorbereitet), haben sich in ihren Artikeln auch den Wohnanlagen des Adels und des Bürgertums gewidmet. Der Soziologe Pierre Bourdieu hat die soziale Funktion dieser Wohnanlagen interpretiert. Hören wir hin! Hervorzuheben sind die *Hôtels*, die nichts mit dem zu tun haben, was wir heute als Hotel bezeichnen. Sie waren die Pariser Stadtschlösser des französischen Adels, die ihre Besitzer bevorzugt während der Ballsaison nutzten – die vielfältigen gesellschaftlichen Verpflichtungen während der Saison machten es unmöglich, jeden Abend zurück nach Versailles zu fahren, und so schuf man in der Stadt einen Ort der Repräsentation und der Bequemlichkeit. Denn um diese beiden Begriffe geht es immer bei einem Schloss. In ihrem Grundriss glichen diese Pariser *Hôtels* dem großen Vorbild aus der Vorstadt Versailles: Es gab einen Ehren- und Eingangshof, zentrale Gesellschaftsräume in der Beletage (dem ersten Stock), einen Ballsaal, der sich über eine Etage erstreckte, Flügel mit Appartements zu beiden Seiten, vorne eine protzige Zufahrt, hinten einen Park.

Die Großbürger von Paris, die meist mehr auf der Naht hatten als der Adel, der sein Vermögen am Spieltisch durchbrachte, orientierten sich an diesen *Hôtels* und schufen Gebäude, in denen die Idee von Versailles noch ein bisschen reduziert wurde. Ihre Anlagen hießen *maisons particulières*.

Die Kleinbürger der Stadt verdünnten den Gedanken von Versailles abermals zum *maison ordinaire*, darin gab es keine Ballsäle mehr, aber immerhin noch eine Beletage und einen protzigen Eingang.

So ging es Schicht für Schicht nach unten weiter. Selbst in den Appartementhäusern, die die großen Boulevards des

19. Jahrhunderts säumen, findet man noch Anklänge an die Ära des Sonnenkönigs. Die großzügigen langen Flure und die Reihe mehrerer aufeinanderfolgender Durchgangszimmer einer Pariser Wohnung hätten so manche hochwohlgeborene Madame in Entzücken versetzt – in Versailles stand ihr nur ein Zimmer (feiner gesagt: *appartement privé*) zur Verfügung, welches sie zudem mit ihren Damen teilen musste. Eine Situation, mit der man in den Armenvierteln dieser Zeit durchaus vertraut war.

Da Ende des 17. Jahrhunderts alle Welt nach Paris blickte, fand man bald in jedem deutschen Duodez-Fürstentum ein kleines Versailles wieder. Es wurde vom niederen Adel kopiert, von den Großbürgern, von den Kleinbürgern, von den Großbürgern für ihre Arbeiter und so fort, sodass wir auch heute, über dreihundert Jahre später, selbst in der Bayreuther Arbeitersiedlung Burg oder in den Zigarrendreher-Häusern von Altona Anklänge an die französische Lebensart finden – auch wenn sie auf den kleinsten gemeinsamen Nenner zusammengeschrumpft war: einen Eingang (das Portal) mit einem Stück Grün dahinter (der Park) und ein Wohnzimmer, das nun statt der Küche und je nach Bedarf für familiäre (Appartements) wie repräsentative Zusammenkünfte (die Beletage) diente. In Deutschland wurde daraus die »gute Stube«.

Was eine winzige Elite einst für sich beanspruchte, ist heute Standard für jedermann. Eine Dreißig-Quadratmeter-Wohnung bietet heute mehr Komfort als das Schloss von Versailles. Sehen wir einmal genauer hin: Versailles ist 51.000 Quadratmeter groß und in 288 Wohnungen (frz. *appartements privés*) und 1800 Räume aufgeteilt. Allein der königlichen Familie waren 157 Wohnungen vorbehalten. Bleibt nicht mehr viel Platz für die fünftausend

Personen, die das Schloss aller Schlösser im Schnitt beherbergte. Es war eng. Hören Sie nur, was unsere historischen Prinzessinnenschwestern über ihre Wohnsituation zu erzählen haben:

Liselotte von der Pfalz, Schwägerin von Ludwig XIV., lästerte, dass sich unter dem goldenen Putz der Schwamm bilde. Maria Josepha von Sachsen machten chronische Kopfschmerzen und Übelkeit zu schaffen. Wie bei ihren drei traurigen Fehlgeburten machen Historiker die Quecksilberdämpfe des Spiegelsaals dafür verantwortlich. Maria Anna von Bayern klagte, obwohl noch jung, über Schmerzen in den Knochen – die Feuchtigkeit. Madame Lamballe beschwerte sich über die langen Wege, die sie von einem Gemach zum anderen zurücklegen musste. »Es ist jedes Mal eine Tagesreise, und wenn man wieder am Ausgangspunkt angekommen ist, wird es schon Abend.«

Es gab Mäuse, Ratten, Ungeziefer, und über allem schwebte eine feine Note von Urin und Fäkalien. Eines der größeren Mängel eines Schlosses ist nämlich seine fehlende Abwasserkanalisation: Seine Bedürfnisse verrichtete man auf einem Leibstuhl, der dafür aus einem Schrank geholt und mitten ins Zimmer gestellt wurde. Den Damen wurden Pisspfannen unter ihren Reifrock gereicht. Selbst wenn ein Schloss in diesem Punkt modernisiert wurde, ist es oft bis heute unangenehm, dort seine Notdurft zu verrichten.

Mir fällt da eine Begebenheit ein: Einmal war ich mit ein paar Freundinnen auf das Landgut einer adeligen Schulkameradin eingeladen. Es war nicht so groß, aber immerhin als Schloss erkennbar. (Heute weiß ich: zwei Treppenhäuser.) Im zentralen Raum nahmen wir auf zwei riesigen Kaminsofas Platz und tranken Saft.

Ich erinnere mich daran, dass mir schon beim Eintreten ein schwarzer fast deckenhoher Holzschrank auffiel, der im Flur neben dem Eingang stand. Es war ein Monstrum von Schrank, durch die Tür konnte man ihn sehen.

Mit einem Mal wurde unser Mädchengeschnatter von mehreren salvenartigen Geräuschen gestört: Prrrprrr, Prrrprrr, Prrrprrr. Oh, wie peinlich. Wir wussten alle, was da passierte, und schauten uns gegenseitig vorwurfsvoll an. Prrrprrr, Prrrprrr, Prrrprrr.

»Ich war's nicht«, sagte ich und wurde trotzdem knallrot.

Niemand von uns war es, man konnte es (nicht) riechen. Aber wer dann? Mit einem Mal schwang die Tür des Schrankmonstrums auf, und der Vater unserer Schulfreundin stellte sich mit einem freundlichen »Guten Tag, Mädchen! Ich habe schon viel von euch gehört!« vor.

Ich habe keinen Tropfen Saft mehr getrunken, nur damit ich niemals auf diese Toilette gehen musste.

Dann der Baulärm! Da jeder neue Hausherr dem Schloss, das er vom Vorgänger übernommen hatte, seinen Stempel aufdrücken wollte, war das höfische Treiben vom permanenten Klopfen, Bohren, Hämmern der Gewerke untermalt. Maurer, Stuckateure, Schlosser, Dachdecker, Steinmetze, Tischler, Zimmermänner und so weiter nisteten sich in den Fluren, Treppenhäusern und im Hof ein, feiner Gipsstaub und frische Farbe versaute die neue Galarobe. Die Gärtner schleppten die Erde ins Haus.

Jeder, der schon einmal Handwerker im Haus hatte, weiß, wovon ich spreche. Aber bei einem Schloss ist alles ein, zwei

Dimensionen größer. Manchmal floh der Hausherr mit seinem Gefolge auf eine seiner Sommerresidenzen. Manchmal aber war diese Möglichkeit verwehrt, und der Hof litt. Als Napoleon III. beschloss, den Louvre rechtzeitig zur Eröffnung der ersten Weltausstellung in Frankreich nun endlich nach dreihundert Jahren Planung mit dem Palais de Tuileries zu verbinden, glich das Zentrum von Paris einer offenen Wunde. Die Handwerker arbeiteten rund um die Uhr (eine Kantine gab es nicht, sie mussten ihr Mittagessen während der Arbeit zu sich nehmen), und die Pferdefuhren lieferten Tag und Nacht Ziegel und Mörtel an. Das nächtliche Getrappel über die Kopfsteinpflaster war so ohrenbetäubend laut, dass der Präfekt schließlich drei Routen festlegte, die abwechselnd befahren werden mussten. So konnten die Bewohner des Tuilerien-Palastes wenigstens zwei von drei Nächten durchschlafen.

Ein anderes Manko in einem Schloss sind heutzutage die Türen. Sie schließen nicht oder nicht mehr. Das fällt uns Prinzessinnen im Herzen meist nicht so auf. Denn wenn wir ein Schloss besichtigen, stehen die Türen meist weit offen, damit wir ungehindert durchgehen können, oder eine Museumsführerin öffnet sie mit großem Tamtam, um die Sensation, die sich dahinter verbirgt, in Szene zu setzen: »Wenn Sie reinkommen, sehen Sie gleich links das Paradebett ...«

Gebannt von dem so präsentierten Eindruck achtet keiner darauf, wie viel Mühe die Dame anschließend hat, diese Tür wieder zu schließen. (Die nächste Besuchergruppe soll ja auch diesen Effekt erleben.) Sie klemmt oder schleift oder hängt. Vor allem hält sie nicht dicht. Es zieht. Und das war schon immer so.

Der bekannte Soziologe Norbert Elias beschrieb, dass in den kalten Antichambres von Versailles (den royalen Vorzimmern, in denen die Besucher von niederem Rang auf eine Audienz zu warten hatten) mobile Öfen aufgestellt waren, die nur das kleine Areal vor der Tür des königlichen Empfangszimmers heizten, damit sich die Hoheit nicht an dem Luftzug verkühlte, der entstand, wenn die Tür aufschwang. Den Lakaien aber, die den ganzen Tag neben der Tür ausharrten, froren die Lippen blau.

Da Schlösser – das liegt in der Natur der Sache, denn es ist ein großes Erbe – immer Orte des Bewahrens und des Bewährten (funktioniert ja seit Jahrhunderten!) sind, waren sie oftmals die letzten Häuser, die von wohnungsbaulichen Neuerungen profitierten. Elektrizität, Heizung und fließend Wasser haben eher in bürgerlichen Mietshäusern Einzug gefunden als in einem Schloss. Das liegt einzig und allein daran, dass die neuen Gebäude später gebaut wurden. Ein Herrscher hatte natürlich mehr Geld und hätte sich das spielend leisten können. Dennoch war man oft zögerlich: Würde das elektrische Licht das alte Gehölz entflammen? (Man weiß ja nie!)

Während also Architekten für ihre fortschrittlichen Arbeitersiedlungen Mitte des 19. Jahrhunderts gekürt wurden, suchte man auf Schlössern noch vergeblich nach einem Lichtschalter, und als man sich doch zur Modernisierung entschloss, verlegte man die Kabel über Holzvertäfelungen und antike Seidentapeten hinweg. Achten Sie einmal bei der nächsten Schlossbesichtigung darauf. Wenn Sie also gerade Ihrem Vermieter schreiben, weil die Elektrizität immer noch nicht unter Putz verlegt ist, ziehen Sie Ihre Beschwerde zurück: Sie leben sehr Schloss!

Auch wenn ich alle Nachteile eines Lebens auf dem Schloss aufgezählt habe, liegt es mir fern, Schlösser herabzusetzen. Denn machen wir uns nichts vor: Schlösser sind einfach fantastisch! Ich wollte Ihnen nur ein wenig die Augen dafür öffnen, dass auch das höfische Leben durchaus von wohnlichen Mängeln begleitet war – und damals konnte man noch nicht einmal die Miete mindern. (Was das angeht, wären wir bei Versailles allein wegen der Ratten bei achtzig Prozent Mietminderung gewesen (AG Dülmen, Urteil v. 15.11.2012, Az. 3 C 128/12). Auch wollte ich zeigen, dass die Art, wie wir wohnen, schon sehr viel mit dem Leben auf einem Schloss zu tun hat – wenn auch in maximal vereinfachter Form.

Einer Prinzessin von Savoyen stand in Versailles nur ein Zimmer zur Verfügung. Alle anderen Räume im Schloss waren im Prinzip nichts anderes als Gemeinschaftsräume, so wie man es heute aus Internaten, Hotels und auch Gefängnissen kennt. Der Schlosspark wurde sogar von allen Untertanen genutzt – er war öffentlich. Es war üblich, dass jeder, der gut angezogen war und nicht in Trauer ging, durch die Gärten flanieren durften. Einzige Regel: Die Männer mussten einen Kavaliersdegen tragen. Sofort fanden sich fliegende Händler, die diese an den Ein- und Ausgängen vermieteten. Die Appartements aber hatten die gleiche Ausstattung, wie wir sie heute kennen: Ein Möbel, das man als Sofa beschreiben kann, einen Tisch, manchmal einen Beistelltisch, manchmal eine Uhr, einen Kamin, Stühle. So sieht heute jedes Wohnzimmer aus, nur dass der (flackernde) Kamin einem (flimmernden) Fernseher gewichen ist.

Eine Frage höfischen Lebens, die uns mit Sicherheit heute immer wieder begegnet, ist die Ausrichtung unserer Wohnung zwischen den Grundsätzen der Bequemlichkeit (*appartements privés*) oder Repräsentation (*appartements de société*). Ich hatte oben schon erwähnt, dass ein Schloss immer von beiden Funktionen geprägt ist.

Selbst in den beengten Wohnverhältnissen meiner Patentante Ilse spiegelte sich ein Konflikt zwischen den beiden Nutzungsarten wider: Sie hatte eine »gute Stube«, ein Zimmer, das nur sonntags oder für Festlichkeiten benutzt wurde. Dort standen die antiken Möbel, die sie von ihren Großeltern geerbt hatte, etwas Versilbertes in der Vitrine sowie die letzten heilen Stücke eines Services von KPM. Der Rest war zerdeppert. In diesem Zimmer roch es immer ein wenig nach Staub. Es war der ganze Stolz meiner Tante, ich aber habe nur in Erinnerung, dass ich mich fürchterlich gerade halten und sehr stillsitzen musste. (»Sonst gehen die Stühle kaputt.«) Lieber war es mir, nach der Schule zu ihr in die Küche zu gehen. Dort stand ein alter Lehnstuhl, der meinem kindlichen Temperament viel eher gewachsen war.

Wenn wir heute ein Schloss betrachten, fallen uns sogleich die vielen Stühle auf. Mich erinnern sie immer an Tante Ilses »gute Stube«. Sie sind meist wie Gardeoffiziere an der Wand aufgereiht, die Lehnen steil, die Sitzfläche klein – allein das zwingt zu einer geraden Haltung. Genau so war es gedacht: Es waren (wie bei Tante Ilse) Repräsentationsräume, und da ließ man sich nicht gehen.

In den Salons der *appartements privés* hingegen gab man sich leger, auch wenn man niemals wirklich allein war. (Wie bei Tante Ilse in der Küche.) Bis man in der zweiten Hälfte des 19. Jahrhunderts die Vorzüge einer Privatsphäre auch an den Höfen entdeckte, war es allerdings auch dort durchaus üblich, seinem

Gefolge (geregelten) Zutritt zum Schlafgemach zu gewähren. Ein Bett war niemals nur zum Schlafen da, man hielt dort Hof. Denken wir nur einmal an das *Lever du roi* des Sonnenkönigs – man muss schon eine ziemliche Rampensau sein, um sich öffentlich beim Aufstehen (Augenringe, Pelz auf der Zunge, zerzauste Haare) beobachten zu lassen! Wollte man nicht repräsentieren (was ich verstehe), gab es in den Salons, in denen es gelöster zuging, je nach Ära und Geschmack Chaiselongues, Récamièren oder Ottomanen, auf denen man ruhen konnte. Wer müde war, gönnte sich ein Nickerchen – inmitten seiner Runde. In einer privaten Runde beschämte das niemanden, es war etwas ganz Natürliches. (Bei offiziellen Anlässen war es nach wie vor ein No-Go.) Der Siegeszug der Bequemlichkeit nahm seinen Lauf über England und führte zu einer Erfindung, von der wir noch heute profitieren: der Couch, einem im Gegensatz etwa zur Chaiselongue dick gepolsterten Möbel der Behaglichkeit, das, wenn es denn nötig war, auch dem Tagesschlaf dient. Sein Name ist dem französischen *coucher* (= schlafen) entlehnt. Noch Fragen?

Was fällt uns noch auf, wenn wir ein Schloss betrachten? Diesmal möchte ich den Fokus auf die angenehmen Dinge richten, solche, die wir für unsere Wohnung adaptieren können.

In einem Schloss gibt es viele Zimmer und folglich viele Wände, und die Wände und Decken sind bespannt, bemalt, tapeziert, vertäfelt, mit Teppichen behangen und darüber hinaus mit Bildern geradezu gepflastert. »Salonhängung« nennt man es, wenn die Bilder auf Kante hängen – denn die Zimmer im Schloss heißen Salons. Meist sind es Porträts, seltener Landschaften, aber immer sind es Einzelstücke.

Auf den Böden liegen, so sie sich nicht durch aufwendige Parkettarbeiten auszeichnen, dicke Teppiche. Es ist bunt. Und überall stehen alte Möbel herum: Kommoden, Sofas und – ich sagte es schon – viele, viele Stühle für viele, viele Gäste. Dass die Möbel alt sind, liegt in der Natur der Sache, denn auch Schlösser sind alt. Der Cecilienhof, das letzte Schloss, das die Hohenzollern bauen ließen, entstand 1913. Das ist über hundert Jahre her.

Haben Sie ein antikes Stück geerbt? Sehr gut. Das bleibt, auch wegen der Erinnerungen, die damit verknüpft sind. Wenn nicht, dann kaufen Sie sich etwas neues Altes. Die meisten Prinzessinnen im Herzen möchten die Wohnung, die sie beziehen, neu einrichten. Das ist verständlich. Immerhin haben es unsere historischen Schwestern genauso gemacht. Der ganze alte Plunder wurde hinausgeworfen, ein Architekt engagiert und alles nach dem eigenen Geschmack umgestaltet – bis die Nachfolgerin kam und das Gleiche mit den Sachen der Vorbesitzerin machte und so weiter.

Die ausgemusterten Sachen landeten aber nicht auf dem Recyclinghof, sondern in den Magazinen, den Lagerräumen des Schlosses. Von dort haben sie, so sie die Jahrhunderte überdauert haben, den Weg zurück in die (Museums-)Schlösser gefunden – oder in den Antiquitätenhandel.

Das ist Ihre Chance. Jeder Kleinanzeigenmarkt, auch ein Anzeigenportal im Internet, bietet erschwingliche Stücke an. Wenn Sie diese lieber vor dem Kauf in Augenschein nehmen wollen, gehen Sie zum Trödler oder schlendern Sie über den Flohmarkt. Kaufen Sie sich etwas – ob Kommode, Spanische Wand, Regal oder Vitrine. Mit einem Solitär möbeln Sie – im Wortsinn – das skandinavische Einheitsdesign auf, das heutzutage eine Wohnung aussehen lässt wie die andere. Prinzessinnen aber sind individuell. Außerdem lassen sich auf diese Weise die beiden widerstreitenden Gesetze eines Schlosslebens prima vereinen: Mit dem Einzelstück (»Wie originell! Wo hast du *das* denn her?«) können Sie angeben, das Ikea-Sofa dient der Bequemlichkeit.

Widmen wir uns den Wänden: Wände im Schloss sind nicht einfach nur Mauern, die den Wind ab- und die Nachbarn fernhalten, sie sind eines der wichtigsten Gestaltungselemente überhaupt. Weiße Raufasertapete hat hier keine Chance. (Ein Punkt, in dem ich, ich gebe es zu, noch Nachholbedarf habe.)

Wollen Sie Ihre Wohnung herrschaftlich gestalten, treiben Sie es bunt. Wählen Sie Mustertapeten, Blumen, Streifen – alles geht, Hauptsache: Farbe.

Manche Prinzessinnen im Herzen entscheiden sich auch für ein Wandgemälde von einer Landschaft vielleicht oder einem Garten. Das ist gut, denn dort müssen Sie keine Bilder aufhängen.

Bei Bildern gilt die Regel: Mehr ist mehr. Es ist eines der Hauptmerkmale eines Schlosses, dass es voll ist mit Bildern. Meist sind es die Ahnen der Besitzer, die von oben auf einen herabschauen. Ich habe mir immer vorgestellt, was für ein Gefühl das sein muss, wenn sich das Leben unter den Augen der Vorfahren abspielt. Fühlt man sich beschützt? Oder ist man eingeschüchtert? Die Augen sehen einen manchmal ja schon sehr, sehr merkwürdig an ... Das Gefühl, dass da jemand aus dem Himmel auf einen herabschaut, ist – im Wortsinn – sehr sichtbar. Jeden Tag wird man daran erinnert. Ich glaube, dass es dazu anhält, sein Leben mit Würde zu führen. Man will stolz machen. Aber da die Ahnenreihe selbst gekrönter Prinzessinnen im Herzen noch nicht lang ist, ist dies jedoch nur eine philosophische Erwägung. Wir wenden uns lieber den praktischen Dingen zu: Woher nehmen wir Bilder?

Wenn wir uns keinen Gerhard Richter, Neo Rauch oder Michael Triegel leisten können, müssen wir nicht gleich verzweifeln und uns das Schwarz-Weiß-Poster »Mittagspause auf einem Wolkenkratzer« an die Wand hängen. Das macht jede, wir sind aber nicht jede!

Erschwingliche Kunst gibt es überall. Der Verein »Griffelkunst« hat es sich seit den Zwanzigerjahren zur Aufgabe gemacht, namhafte Künstler zu verpflichten und deren Werke als Kunstdrucke herauszugeben. Es gibt eine Warteliste, der Jahresbeitrag liegt bei 132 Euro (Stand: August 2016). Dafür bekommt man vier Blätter. Auf diese Weise bin ich an Bilder von Daniel Richter, Eberhard Havekost, Stefan Balkenhol und sogar Ernst Ludwig Kirchner gekommen. Rahmen drumherum (der kann von Ikea sein) und ab an die Wand.

Unendlich viele, auch gute Künstler bieten ihre Werke in kleinen Galerien oder im Internet an. Dort finden Sie auch Porträtmaler. Das ist wichtig, denn jede Prinzessin braucht einen guten Porträtmaler. Sie können getrost einfordern, dass man Ihre Schwächen nicht ganz so naturgetreu wiedergibt. Das hat Tradition. Es muss ja nicht gerade in Verleugnung eines künstlerischen Ethos münden, wie bei jener Fürstin, deren voluminöse Wurstlippen Gegenstand so mancher Bemerkung waren, und deren Porträtist zaghaft anbot: »Wenn Hoheit wünschen, werde ich Ihren Mund durch einen Punkt ersetzen.«

Seien Sie in jedem Fall vorsichtig, denn sich porträtieren zu lassen, könnte auch zu Ihren Ungunsten ausgehen.

Wie etwa bei Queen Elizabeth II.: Als sie ihr 3D-Porträt des Hologramm-Künstlers Chris Levine enthüllte, sagte sie irritiert: »Ich sehe aus wie eine alte Frau, die sich im Wald verlaufen hat.«

Sehr typisch für ein Schloss sind auch Tapisserien – Wandteppiche. Die Originale stammen aus der Manufacture nationale des Gobelins im 13. Arrondissement von Paris. Sie belieferte seit dem 17. Jahrhundert ganz Europa mit ihren kostbaren Stücken. Die schlechte Nachricht: Wir Prinzessinnen im Herzen können uns die nicht leisten. Die gute Nachricht: Die Werke aus der Manufacture sind total passé.

Zum Glück aber hat sich auch diese royale Tradition weiterentwickelt und dem Geschmack der jeweiligen Zeit angepasst. Wer sich kein Original von Bauhaus-Meisterin Gunta Stölzl leisten kann, wird in Designshops fündig. Empfehlenswert sind auch die Werke der Künstlerin Renate von Löwis of Menar. (Dieser Name! Sie ist bestimmt auch eine Prinzessin im Herzen.) Schauen Sie mal im Netz nach. Die Dame ist online.

Zu jedem Schloss gehört ein Park. Wir haben heute meist höchstens einen Balkon, manchmal nicht einmal das. Bevor wir ihn bepflanzen, sollten wir wissen, dass es auch hier zwei Schulen gibt: Der französische Barockgarten domestiziert die Landschaft – Blumen, Hecken und Bäume sind symmetrisch arrangiert, Buchsbaumhecken sind zu Ornamenten geformt. Der englische Garten hingegen simuliert ein natürliches Arrangement – man soll den Eingriff nicht merken.

Beides geht auch auf kleinem Raum: Immer, wenn ich in die Hamburger Innenstadt radele, staune ich über einen Balkon im feinen Winterhude: Auf ihm sind die Buchsbäume akkurat auf das gleiche Maß gestutzt und geometrisch angeordnet – ganz wie im Schlosspark von Charlottenburg. Persönlich bevorzuge ich den englischen Stil: Mein Balkon gleicht einem Wildgarten, wie man ihn in einigen Ecken von Sissinghurst Castle Garden findet – und tatsächlich ist er ein großer Anziehungspunkt für Bienen und Zugvögel. Manchmal kommt auch ein Eichhörnchen vorbei. Entscheiden Sie selbst, welche Gartenform die Ihre ist.

Was fehlt? Der Esprit eines jeden Schlosses – die Geselligkeit. Ein Schloss lebt von den Gästen, die hier ein und aus gehen. Das ist für uns Prinzessinnen im Herzen oft nicht so ersichtlich, weil die Schlösser, die wir besichtigen, Museen sind – und unbewohnt. Aber was wäre Versailles ohne den täglichen Strom von Besuchern, die dort empfangen und aufgenommen wurden? Eine Protzbude ohne Seele!

Es ist unterm Strich gleich, ob Sie nun wirklich ein Porträt von sich anfertigen lassen, einen wertvollen antiken Schrank kaufen und einen echten Jonathan Meese über ihr Sofa hängen. Das alles mag unserem Prinzessinnen-Ego schmeicheln. Aber wenn Ihre Türen für Freunde und Bekannte verschlossen bleiben, ist Ihr kleines privates Schloss kein wirkliches Schloss. Ein Schloss heißt willkommen, auch wenn es im dritten Stock eines Berliner Hinterhauses angesiedelt ist. Für diesen Zweck ist es ratsam, immer ein paar Klappstühle in Reserve zu haben, damit Sie selbst bei beengten Verhältnissen einen Platz anbieten können. Neben den Klappstühlen halten Sie einen Tapeziertisch bereit. Es sei denn, Ihr Tisch ist ausziehbar. Dann arrangieren Sie eine gesellige Runde, auf dass auch bald auf Ihre Wohnung der Leitsatz der Szene zutrifft: »Ein Schloss ist, was die Leute in der Umgebung Schloss nennen.«

Der Wau-Effekt
oder: Warum Prinzessinnen die Sprache der Tiere sprechen

Prinzessinnen verstehen die Sprache der Tiere. Wie sonst hätte der Froschkönig das ihm gegebene Versprechen bei seiner Prinzessin einfordern können? Er wusste, er würde erhört. Das Aschenbrödel ruft ein paar Tauben zur Hilfe, die statt ihrer die Linsen und den Mais sortieren – und gewinnt so Zeit, um auf den Prinzenball zu gehen. Die magischen Kräfte der Gänsemagd reichen sogar so weit, dass sie ihr Pferd Falada über den Tod hinaus hören kann: »Jungfer Königin«, flüstert es jedes Mal, wenn sie an seinem ausgestopften Kopf, der über dem Stadttor hängt, vorbeigeht: »Jungfer Königin.« Das hört natürlich auch der König, sie wird geoutet, dem Prinzen zugeführt, die Rivalin bestraft, glanzvolle Hochzeit, und wenn sie nicht gestorben sind, dann leben sie noch heute.

Nun gibt es Menschen, die hier einwenden mögen, dass das ja alles Beispiele aus Märchen sind und in Märchen Dinge passieren, die sonst nicht passieren. Diese Menschen sind meines Erachtens jedoch einfach falsch informiert, denn es ist das Selbstverständlichste auf der Welt, dass Prinzessinnen mit Tieren reden können. Es ist die logische Konsequenz ihres Charakters. Tiere spüren das. Sie wittern die Magie einer Prinzessin – und folgen ihr. Tiere sind natürliche Botschafter der Prinzessinnen, sie verstärken ihre Aura und tragen die Nachricht von ihrem guten Wesen nach außen. Deshalb sind sie nie nur Wegbegleiter, sondern immer auch Partner und

Seelenverwandte. Eine Prinzessin sieht in einem Tier nicht nur ein Tier, sondern ein Mitgeschöpf, das sich auf einer Ebene mit ihr befindet. Deshalb versteht eine Prinzessin auch die Sprache der Tiere. Prinzessinnen im Herzen, da bin ich mir sicher, werden das natürlich schon lange wissen.

Diese natürliche Gabe kann sich so zeigen wie bei Prinzessin Anne. Ihr Vater, Prinz Philip, sagte einmal über sie: »Anne interessiert sich für niemanden, der kein Heu frisst und nicht furzt.« Das ist jetzt nicht sehr charmant, aber es sagt aus, dass Anne mehr Empathie besitzt, als ihr sprödes Wesen auf den ersten Blick verrät. Wer einmal alte Aufnahmen von ihr gesehen hat, als sie noch als Reiterin aktiv war (auch bei den Olympischen Spielen), wird anerkennen, dass sie eine wahre Pferdeflüsterin ist. Ich wollte, mir würde einmal jemand so liebevoll beistehen, wenn ich nervös bin, wie Prinzessin Anne ihren Pferden. Da kann man als Mensch richtig neidisch werden.

Pferde sind ein typisches Prinzessinnentier. Das rührt daher, dass unseren historischen Schwestern keine so illustren Fortbewegungsmittel wie Motorräder, Kreuzfahrtschiffe, Rolls-Royces oder Gulfstreams G500 zur Verfügung standen. Ein Pferd zu besitzen und reiten zu können, hob sie von ihren Untertanen ab.

Prinzessin Maria von Burgund, reichste Erbin des 15. Jahrhunderts, galoppierte schon mit acht Jahren auf ihrem Pony durch die Wälder, Felder und über die unbefestigten Straßen ihres Reiches, das sich, damit wir eine Vorstellung von ihrem Vermögen bekommen, nicht nur über das heutige Burgund, sondern auch über die mittelfranzösische Region

Bourgogne-Franche-Comté, Luxemburg, Belgien und die Niederlande erstreckte. Ihre Ausritte brachten ihr eine ungeheure Beliebtheit ein, denn immer, wenn sie an einer Stadt, einem Dorf oder einem Weiler vorbeiritt, erfreuten sich die Bewohner an ihrer freundlichen, gewinnenden Art. Alle hielten Ausschau nach ihren wehenden braunen Zöpfen. Bald näherten sich ihr die Menschen mit Huldigungen, manche schenkten, es ist nicht verwunderlich, Tiere – Hündchen, Glückskätzchen, heimische Vögel. Gesandte aus fernen Ländern, die ihrer liebenswürdigen Herrscherin gefallen wollten, brachten ihr exotische Gattungen mit. Es hatte sich herumgesprochen, dass Marie, die früh von ihren Eltern getrennt leben musste, in Tieren Gefährten und gar Freunde sah. Als Prinzessin Marie mit nur 25 Jahren starb, hinterließ sie eine kleine Menagerie, in der man auch Papageien, einen Ozelot und Äffchen bestaunen konnte. Menagerien waren Vorgänger der Zoos, wie wir sie heute kennen.

Die Tragik von Maries Leben ist, dass ausgerechnet ihr Lieblingshengst ihren Tod verursachte. Als sie mit ihm durch die Wälder ritt, strauchelte er an einer Baumwurzel, bäumte sich auf und warf die Prinzessin ab – sie erlag ihren inneren Verletzungen. Dennoch hätte sie ihm niemals die Schuld daran gegeben: Während der Kronrat den Kopf des Tieres forderte, das seine Herrscherin so brüsk abgeworfen hatte, gewährte sie ihm mit ihren letzten Worten Gnade.

Die Liebe zu Pferden ist auch bei unseren heutigen Prinzessinnenschwestern ungebrochen. Queen Elizabeth hat ein eigenes Gestüt, und ihre Enkelin Zara Phillips tritt als Vielseitigkeitsreiterin bei den Olympischen Spielen an. Als Zaras Freund

Mike Tindall ihr einen Heiratsantrag machte, überraschte er sie beim Ausmisten im Pferdestall. Die Fotos, auf denen Zara ihren hochkarätigen Verlobungsring der Presse präsentiert, zeigen ihre unmanikürten, schwieligen Hände. Allgemeiner Tenor der sonst so kritischen englischen Medien: Eine Prinzessin darf das! Zumal, wenn sie ein so großes Herz für Tiere hat! Ich sag es ja.

Neben der Liebe zu Pferden zeichnen sich Prinzessinnen besonders für ihre Liebe zu Hunden aus. Das ist natürlich ein schwerer Schlag für uns Katzenliebhaberinnen, die wir die sozialen Medien täglich mit niedlichem Catcontent zuspammen. Denn immerhin stehen Katzen mit 12,9 Millionen Exemplaren in deutschen Haushalten wesentlich höher in unserer Gunst als Hunde (nur knapp acht Millionen Tiere). Aber da müssen wir einfach die Fakten sprechen lassen.

Katzen gab es zwar in den royalen Palästen schon, aber sie waren keine Haustiere, sondern hatten einen Job: Katharina die Große hielt in ihrer Eremitage zehn Katzen, die eigens dafür zuständig waren, die Mäuse, die ihre wertvollen Bilder annagten, zu jagen und zu fangen. Diese Tradition wird übrigens noch in 10 Downing Street, dem Amtssitz der britischen Premierministerin, gepflegt. Kater Larry ist oberster Mäusefänger – oder wie seine offizielle Bezeichnung lautet: »Chief Mouser to the Cabinet Office«.

Hunde hingegen waren Spielgefährten, Lieblinge, Hätschel- und Schmusetiere, Freunde, manchmal sogar erotische Partner (manche Schoßhündchen waren auf Cunnilingus dressiert) und Begleiter bei langen Spaziergängen – eine große Prinzessinnenmode, die mit Jean-Jacques Rousseaus

Zurück-zur-Natur-Welle Mitte des 18. Jahrhunderts um sich griff. Oder sie verliehen Trost: Als Marie Antoinette sich in einem Brief an ihre Mutter über ihr missglücktes Debüt am französischen Hof beklagte und sich nichts sehnlicher wünschte als einen *chien Mops*, erkannte Maria Theresia die heikle Lage ihrer Tochter sofort und gab ihrem Gesandten ein besonders niedliches Exemplar der anschmiegsamen Rasse mit. Der Kummer ihrer Tochter konnte so etwas besänftigt werden.

Hunde konnten als Accessoire aber auch Ausdruck von hohen Tugenden sein: Die Prinzessin Margarete von Angoulême, die spätere Königin von Navarra, ließ sich beim Schachspielen (ihre Klugheit!) und mit ihrem Spaniel (ihre Treue zum Volk!) porträtieren.

Geradezu verrückt nach Hunden war Kaiserin Sisi. Sie hatte im Laufe ihres Lebens mehrere große und kleine Hunde, für die sie extra mehrere Hundehalter (für die kleinen, für die großen) anstellte, die sie nach einem bestimmten Turnus füttern und ausführen mussten. Sisi brachte von einer ihrer Parforcejagden in England (sie war eine der besten Reiterinnen ihrer Zeit) sogar exotische Rassen auf den Kontinent mit – so besaß sie etwa zwei Irische Wolfshunde. Mit Houseguard, einem der sandfarbenen Riesen, hat sie sich gleich mehrfach im Jagdkostüm ablichten lassen. Es gibt aber auch Porträts von ihr mit ihrem Pudel Pluto, Brave, einem Spaniel, Dragon und Hamlet, zwei sehr kurz geschorenen Leonbergern sowie einem Barsoi und einem Rehpinscher, deren Namen nicht überliefert sind.

Einige der Hunde ließ Sisi teuer in Öl oder Marmor verewigen. Am liebsten mochte sie einen rabenschwarzen Boxer namens Shadow, der ihr – der Name sagt es – wie ein Schatten folgte. Als er 1875 starb, verfiel die Kaiserin, wie eine Hofdame Sisis verriet, in tiefe Melancholie, sie trauerte »wie um einen guten, alten Freund«. Im Park von Schloss Gödöllő ließ sie ihm ein Grabmal errichten.

Sisi tröstete sich mit einem neuen Liebling, dem Schäferhund Plato, den sie (auch das verriet die indiskrete Hofdame) wie ein Kind herzte und an sich drückte. Die Heimeligkeit von Hundehaaren waren der scheuen Kaiserin lieber als jegliche menschliche Nähe – auch wenn es ihr die schönen Roben verdreckte.

Man könnte glauben, dass sich an der besonderen Verbindung zwischen Prinzessinnen und Tieren im Lauf der Zeit etwas geändert hat, aber das ist nicht so. Königin Margrethe von Dänemark ist seit ihrer Zeit als Kronprinzessin umringt von einem Rudel Dackel. Natürlich werden sie von ihr verwöhnt und gehorchen nicht. Bei einem Staatsempfang mit Gästen aus aller Welt, schnupperte ihre Dackeldame Evita so energisch an jedem royalen Schuh, dass so mancher der hoheitlichen Gäste in Verlegenheit geriet. (»Stinke ich?«)

Ihre Untertanen sehen es der Königin nach, auch sie lieben die verrückten Tiere und begeben sich sogar mit Leckerlis auf die Suche, wenn wieder einmal einer der Dackel entwischt ist. Die Sonderstellung der Tiere geht so weit, dass ihnen am Copenhagen Airport ein Grünstreifen vorbehalten ist, auf dem sie nach Flügen, bei denen sie fraglos mitgenommen werden, sofort herausspringen und ihr Geschäft erledigen können. Damit kein Polizei- oder Wachhund diese komfortable Gelegenheit ebenfalls nutzt, steht vor dem kleinen Terrain ein

Mahnschild – darauf ein Dackelkopf mit einem Krönchen. Hoffen wir mal, dass in diesem Fall nicht nur Prinzessinnen die Sprache der Tiere, sondern Hunde auch die Sprache der Menschen verstehen.

Von einem echten und seltenen Missverständnis in der Tier-Prinzessinnen-Kommunikation erzählte einmal Alexander von Schönburg: Zu einem Familientreffen, bei dem alle Angehörigen im Schloss seiner Schwester zusammenkamen, durfte er selbstverständlich auch seinen Hund mitnehmen. Der aber war an die beengten Verhältnisse einer Kreuzberger Etagenwohnung gewöhnt und konnte die Dimensionen im Schloss nicht so richtig einschätzen – es führte dazu, dass er die langen, unbeheizten Flure als »draußen« identifizierte und jeden Türpfosten mit Sorgfalt markierte.

Wir dürfen natürlich nicht die Hunde von Queen Elizabeth II. vergessen. Obwohl sie Zeit ihres Lebens immer auch eine Handvoll Spaniel und Dackel besaß, ist sie bekannt für ihre Vorliebe für Pembroke Welsh Corgis, in den Medien: Corgis (verspielt, kontaktfreudig, beschützend, beharrlich, freundlich). Schon als kleine Prinzessin war sie ganz vernarrt in diese Tiere. Sie hatte sie durch den Marquis von Bath kennengelernt. Mit 18 Jahren bekam sie die Hündin Susi geschenkt, von der alle darauffolgenden Corgis abstammen. Sie sind zweifelsohne die Hunde mit den meisten Privilegien im ganzen Königreich. Sie haben einen eigenen Salon im Palast und gepolsterte Körbchen, die sie vor Zugluft schützen (die undichten Türen!). Ihre Mahlzeiten werden von einem Hundekoch zubereitet, und ein Butler serviert die mit pflanzlichen Nahrungsergänzungsmitteln zubereiteten Speisen in speziellen

Silbernäpfchen. Misstöne gegen die Queen-Lieblinge werden nicht geduldet, ein Angestellter wurde sogar gefeuert, weil er die Hunde leise mit »Bloody §=&@?*!!!« beschimpft hatte. Das königliche Verwöhnprogramm scheint übertrieben, aber die Hunde locken in der Queen eine andere, zärtlichere Seite hervor, als die, die wir kennen. Ihnen ist es nämlich ziemlich gleich, ob Elizabeth das Oberhaupt Englands ist, und wenn sie ein Bedürfnis verspüren, dann kläffen sie in der Gegenwart der Monarchin genauso wie in der Gegenwart eines Küchenmädchens.

Die Queen betrachtet die Corgis wie Familienangehörige, und das ist auch der Grund, warum sie – trotz Anraten des Tierarztes, der sich um ihre Lieblinge kümmert – keine neuen Welpen züchten lässt: Die über Neunzigjährige schätzt ihre Lebenserwartung realistisch ein, und sie möchte nicht, dass ihre Hunde allein auf einer Welt ohne sie zurückbleiben.

So viel Weitsicht sollten auch wir Prinzessinnen im Herzen haben. Wenn wir unserer natürlichen Liebe für unsere Mitgeschöpfe Rechnung tragen wollen, dann sollten wir uns in jedem Fall eines Waisentierkindes aus dem Heim annehmen. Es ist unsere royale Pflicht, unser Mitgefühl gerade diesen Tieren angedeihen zu lassen.

Für moderne Prinzessinnen ist das eine Selbstverständlichkeit. Gabriele Prinzessin zu Leiningen gründete bereits 2002 die »SOS Projects – für Mensch und Tier e.V.« mit Sitz auf dem Sonnenhof im oberbayerischen Rottenbuch. Über dreitausend teils verwahrloste und kranke Tiere wurden hier verarztet, aufgepäppelt und schließlich vermittelt – gewiss auch an die ein oder andere Prinzessin im Herzen.

Tugenden
oder: Wie Prinzessinnen sich überall beliebt machen

Jedes Kind weiß, dass eine Prinzessin beliebt ist. Es wäre aber falsch zu denken, dass das allein mit ihrer exponierten gesellschaftlichen Stellung zu tun hat, obwohl diese natürlich immer eine Schar von Schmeichlern anzieht.

Unsere historischen Schwestern mussten sehr viel dafür tun, andere Menschen dauerhaft für sich einzunehmen. Der Grund waren die besonderen Konventionen der Kreise, in denen sie sich bewegten. Für unsere historischen Schwestern galt nämlich, dass sie nicht aus ihrem Umfeld ausbrechen konnten. Der Adel bildete eine eingeschworene Gemeinschaft, ein Leben lang waren Prinzessinnen von den immer gleichen Menschen umgeben. Da konnte es zum Problem werden, wenn man sich – durch eine Kleinigkeit nur – eine Feindin machte.

Es war überlebenswichtig, Sympathien zu erringen. Natürlich gab es auch falsche Bekenntnisse. Es wurde geheuchelt, intrigiert und Fallen gestellt. Seinen Ärger und seine Wut zeigte man jedoch nie offen (auch ein Punkt, den wir Prinzessinnen im Herzen uns merken sollten!) – man hätte sich eine Blöße gegeben. Nach außen wurde stets gelächelt.

Generationen moralischer Denker haben versucht, diese komplexe Dynamik höfischen Handelns in Worte zu fassen. Besonders die Frage, wie man sich Freundschaften sichert, haben sie auf vielfältige Weise beleuchtet. Hören wir hin!

Charles de Montesquieu (1689–1755) sagte in einem seiner Aphorismen: »Ein wahrhaftig tugendhafter Mann würde noch dem entferntesten Fremden so schnell zur Hilfe kommen wie seinem eigenen Freund.« Michel de Montaigne (1533–1593) stellte fest: »In der wahren Freundschaft schenke ich mich meinem Freunde mehr, als dass ich ihn an mich ziehe.« Blaise Pascal (1623–1662) meinte: »Freundliche Worte kosten nichts und bringen viel ein.« Und Baltasar Gracián (1601–1658) schrieb: »Freundschaft ist eine Tür zwischen zwei Menschen. Sie kann manchmal knarren, sie kann klemmen, aber sie ist nie verschlossen.«

Über Jahrhunderte hinweg haben unsere Vorgängerinnen sich in die Lektüre dieser Denker vertieft und die große Kunst verfeinert, Freunde zu machen und Feindinnen zu umgarnen. Doch wie haben sie sich beliebt gemacht? Lernen wir von den Besten!

Unterkunft gewähren

Ich habe es oben schon erwähnt: Ein Schloss ist kein Schloss, wenn man nicht bereit ist, seine Freunde willkommen zu heißen. Unterkunft zu gewähren, war einer der Wege, wie sich unsere Vorgängerinnen und überhaupt der gesamte Adel beliebt gemacht haben, ganz gleich, welchen Rang man einnahm:

Wollte die Prinzessin Friederike ihren Mann Ludwig, der nach Polen in den Krieg zog, noch bis zur Grenze begleiten, bevor sie von ihm Abschied nahm (man wusste ja nicht, ob für immer), war es ihrer Hofmeisterin eine Ehre, Friederike ihren Landsitz in der Uckermark zur Verfügung zu stellen. Ein Kammerherr ritt voran und sorgte dafür, dass alles gerichtet war. Die Hoheiten durften sich fühlen wie zu Hause. Friederike dankte es ihrer Hofmeisterin nicht nur mit Zuwendungen (ein Ballen Seide), sondern auch mit Folgsamkeit bei Hofe, wo die Gräfin Voß als Parforcepeitsche streng auf die Etikette achtete.

Schon auf ihrer Brautfahrt von Darmstadt nach Berlin hatte die Prinzessin an mehreren Stationen Halt gemacht: Würzburg, Hildburghausen, Weimar (bei ihrer Tante Anna Amalia), Leipzig, Wittenberge, schließlich Potsdam. Statt die Umstände zu monieren, die der Tross machte, erfreute man sich an ihrem Besuch – dabei spielt sicher auch eine Rolle, dass man sich im 18. Jahrhundert entfernungsbedingt nur selten sah. Die Gelegenheit, sich endlich einmal vis-à-vis auszutauschen und herzlich in die Arme zu schließen, nutzte man überall gern. Daran hat sich bis heute nichts geändert.

Eine Unterkunft zu gewähren, ist in friedlichen Zeiten ein Vergnügen, in der Not Pflicht: Marion Gräfin Dönhoff berichtet, dass ein Grund, warum ihr die siebenwöchige Flucht aus ihrer ostpreußischen Heimat Schloss Friedrichstein nach Westfalen (1.200 Kilometer entfernt) letztlich geglückt ist, vor allem die Gastfreundschaft ihrer Standesgenossen gewesen sei – sie hätten sie vorbehaltlos (es war Januar 1945, sie als Flüchtige Landesverräterin) aufgenommen.

Nun könnten wir einwenden, dass Adelige ja Schlösser haben und wir nur wenig Platz. Da möchte ich uns alle aber an den Erfolg von airbnb erinnern: Wo kommen denn diese netten, schönen, kuscheligen Privatunterkünfte mit einem Mal alle her? Zimmer frei in Zweizimmerwohnung, in zentraler Lage, 51 Euro pro Nacht? Es geht also auch auf kleinem Raum, und es sollte für Freunde kein Geld kosten. Keine Ausreden mehr! Eine Prinzessin kann über spärliche Revenuen verfügen, sie kann in einem Reihenendhaus wohnen, sie kann nicht aufgeräumt haben, die neusten Interieurtrends verpassen. Wenn Freunde oder Bekannte in der Stadt sind, klappt sie das Schlafsofa aus oder pumpt die

Luftmatratze (genau: das Airbed) auf. Zum Frühstück bringt sie, so ihr Gast das zulässt, einen Kaffee ans Bett. Man plaudert. Auf diese Weise sind schon viele Freundschaften vertieft worden.

PS: Wenn Sie immer noch zögerlich sind, hier die Geschichte einer Bekannten: Sie, tatsächlich eine Baronin, aber gewiss eine Prinzessin im Herzen, hat sich auf diese Weise einmal bei einem Hollywoodstar beliebt gemacht. Es war Mitte der Achtzigerjahre, Winter, Blitzeis, beide in einem TV-Studio eingeschneit, wo er in ihre Talkshow eingeladen war, der nächste Flughafen gesperrt, die Autobahnen unbefahrbar.

Natürlich hätte der Star, genauer: sein Manager, ein Hotelzimmer buchen können. Er aber sagte zu, als meine Bekannte ihm spontan anbot, seinen Manager und ihn selbst bei sich in einer Mietwohnung übernachten zu lassen. Warum? Vielleicht hatte er keine Lust auf die anonyme Atmosphäre eines Hotels und ihm gefiel die Herzlichkeit meiner Bekannten.

Und so lotste sie Star und Manager um den Block nach Hause, kochte einen Kakao (!), überzog ihnen die Betten mit der *Ninja-Turtles*-Bettwäsche ihrer Söhne, die bei Freunden untergekommen waren, und wünschte: »Gute Nacht!« Der Star schlief oben im Etagenbett, der Manager unten.

Wenn sie sich jetzt bei einem Filmfestival in Cannes oder Berlin treffen, bekommt sie immer ein Interview.

Gastfreundschaft

Dieser Punkt hängt natürlich mit dem vorherigen zusammen, zielt aber auf etwas anderes ab: auf Geselligkeit und auf einen Tisch, um den sich viele Menschen versammeln. Sind Sie schon einmal einer Prinzessin im Restaurant begegnet? Letizia beispielsweise, die eine Paella isst, oder Máxima, die gerade einem Kellner zuruft: »Noch zwei Pils, bitte.« (Was bei den ehemaligen Trinkgewohnheiten ihres Mannes – wir erinnern uns: König Willem Alexander hatte den Spitznamen Prins Pils – durchaus denkbar wäre.)

Man könnte einwenden, dass wir selbstverständlich nicht in so eine Situation geraten, weil wir uns normalerweise nicht da aufhalten, wo sich Prinzessinnen aufhalten. Aber auch in Klatschmagazinen finden wir keine Fotos solcher Szenen, obwohl diese uns doch sonst kein noch so kleines Detail aus dem Leben gekrönter Häupter vorenthalten. Es ist nämlich so: Wir erleben so eine Szene nicht, weil es sie nicht gibt, und deshalb gibt es auch keine Bilder davon. Eine Prinzessin liebt ihr Zuhause und lädt dorthin ein. Als Gloria von Thurn und Taxis einmal ein Restaurant betrat und die vielen Menschen sah, die dort aßen, sagte sie erschrocken: »Haben die denn alle kein Zuhause?«[10] Selten hat jemand die Sache so auf den Punkt gebracht!

Wie gesagt, ist die Funktion eines Schlosses nicht nur, zu repräsentieren, sondern auch, viele Gäste zu bewirten – was oftmals miteinander einhergeht. Es müssen aber nicht immer die rauschenden Bälle sein oder festliche Bankette – Etagenprinzessinnen wie wir nehmen ohnehin Rücksicht auf ihre Nachbarn und halten die Nachtruhezeit ein (zur Erinnerung: 22 Uhr bis 6 Uhr).

Es geht auch kleiner und intimer. Historisch interessierte Prinzessinnen im Herzen erinnern sich an Salonnièren wie Henriette Herz, Rahel Varnhagen, Bettina von Arnim, Juliette Récamier (nach ihr ist das oben bereits erwähnte Möbel benannt!), Madame de Staël, Georgiana Cavendish, die Herzogin von Devonshire. Sie luden neue, interessante, inspirierende, etablierte oder einfach nur mit ihnen befreundete Literaten, Maler, Forscher, Reisende, Ärzte und Politiker zu sich nach Hause ein. Es gab Erfrischungen, denn viele Gäste waren durchaus auf eine Mahlzeit angewiesen: Rahel Varnhagen berichtet, dass sie es liebte, wenn Heinrich von Kleist mit seinen schmutzigen Schuhen bei ihr auftauchte und ordentlich zulangte.

Das Vorbild für diese Kombination aus Geselligkeit, anregenden Gesprächen und Bewirtung ist an den Renaissancehöfen Italiens zu suchen: Die italienische Renaissanceprinzessin Isabella d'Este war eine der Ersten, die erkannte, dass man Künstler und Gelehrte mit Essen locken kann und dafür gute Unterhaltung bekam – die größte Sorge unserer Schwestern vergangener Zeiten war es nämlich, der ewigen Langeweile zu entgehen. Es gibt dafür sogar einen Begriff: Ennui. Ihre Tage waren eintönig und nicht von einem marktschreierischen Medienzirkus geprägt. Isabella wurde zur großen Förderin: Leonardo da Vinci, Tizian, Bellini, Raffael, Michelangelo – Künstler, deren Werke Italien zu einem der meistbesuchten Länder der Welt machen, wurden von ihr unterstützt. Daran konnte sie sich ergötzen.

Aber es geht auch ein paar Nummern kleiner. Es müssen auch nicht immer Künstler eingeladen werden und Sie, liebe Herzensprinzessin, müssen noch nicht einmal groß auffahren. Was nützt es Ihrem Besuch, wenn Sie als Gastgeberin die ganze Zeit in der Küche verbringen, anstatt mit Ihren Freunden in der Runde zu sitzen?

Also: Machen Sie es sich leicht, reduzieren Sie den Aufwand und steigern Sie gleichsam die Geselligkeit. Wer erinnert sich noch an die Abendessen in der WG-Küche? Spaghetti Bologne-se, Billigwein aus dem Supermarkt, Schokolade als Nachtisch, als Nachschub ein Sixpack von der Tankstelle – ging doch wunderbar und meist bis in die späte Nacht. Heute aber muss alles fein und perfekt sein, und weil das natürlich neben Job und Familie kaum eine von uns leisten kann, lädt man gar nicht mehr ein. Dabei sind perfekte Partys doch – mal unter uns! – ziemlich grauenhaft. Ich war mal bei einer Bekannten eingeladen, da bekam man schon beim Eintreten Schwellenängste: Ihr Tisch war komplett mit dem damals neuesten Geschirr von Rosenthal eingedeckt. »Flash one« hieß die Serie, und es war so hysterisch bunt, dass man fast blind davon wurde. Auf dem ohnehin über-füllten Tisch standen – nächste Unsitte – überall Kerzen. Wie soll man denn sein Gegenüber ansehen, wenn einem immer eine Flamme vor der Linse rumflackert? Das Essen ging über mehre-re Stunden, und statt das Gespräch laufen zu lassen, mussten wir jeden Gang, den sie auftischte, loben. Es war erstickend.

Ganz anders die Atmosphäre drei Straßen weiter bei der Prin-zessin aus der Gartenfeldsiedlung, die ich oben schon erwähnt hatte. Sie hatte immer ein offenes Haus – in ihrem Fall: eine kleine Wohnung. Auch konnte sie nur ein Gericht kochen, das war eine kräftige Soljanka. Die säuerlich-scharfe Suppe hatte den Vorteil, dass man sie warm stellen konnte, und wer immer dazukam, durf-te sich einen Teller davon nehmen. Auch ihr Tisch war bunt – aber nur, weil sie von dem einen Geschirr noch drei Teller übrig hat-te, von dem anderen fünf. Die Kaffeetassen waren wiederum die Restbestände eines anderen Ensembles. Keiner ihrer Gäste achte-te auf diese Dinge, denn wir haben uns aufeinander konzentriert.

Ich schwöre: Jeder in der Champagnerstadt Bad Homburg hätte ein Essen im Hardtwald Hotel (Sterneküche!) sausen lassen für eine Einladung bei der »Prinzessin« aus der Gartenfeldsiedlung.

Es geht also nicht darum, kochen zu können, es geht darum, Menschen zusammenzuführen. Da kann übrigens – ein weiterer Trick der Gartenfeldprinzessin – auch ein Gesellschaftsspiel für Stimmung sorgen: Früher hat sich der Adel am Spieltisch amüsiert und ruiniert – selbst gekrönte Prinzessinnen spielen heute nicht um Geld, aber um die höchste Punktzahl, etwa beim Scrabble oder Bridge. Beliebt ist übrigens auch das Puzzeln, gern mit selbst gemachten Puzzles und ohne eine Vorlage, an der man sich orientieren kann. Damit können sich Adelsfamilien von Weihnachten bis Silvester bei Laune halten, Prinzessinnen im Herzen auch.

Spielfreuden

An dieser Stelle möchte ich auf ein Gesellschaftsspiel hinweisen, das sowohl Ihre Kenntnisse in Sachen Prinzessinnen auffrischt, als auch gute Laune macht. Spielen Sie das Spiel »Wer bin ich?« mit Prinzessinnen.

Bei »Wer bin ich?« bekommt jede Teilnehmerin einen Zettel auf die Stirn geklebt, auf dem der Name einer Person steht, die sie erraten muss. Das können historische Prinzessinnen sein, Prinzessinnen, die wir aus der Klatschpresse kennen, oder fiktive Prinzessinnen aus Märchen oder Filmen. Alle anderen können sehen, wer sie ist, nur die Person selbst nicht.

Es ist eine gute Gelegenheit, seinem wahren Prinzessinnen-Ich Ausdruck zu verleihen. Und es macht Spaß!

Was das Kochen betrifft: Es ist doch so, dass man keine große Kochkünstlerin sein muss, damit es allen schmeckt. Wir haben doch auch zwei, drei, vier Gerichte, die wir lieben und jeden Tag essen könnten. Bei unserem Stamm-Spanier, -Italiener, -Vietnamesen um die Ecke sind wir selten aufgeschlossen für Experimente und bestellen über Jahre hinweg: »Einmal die Nummer 5, bitte.« Weil uns dieses Gericht genauso schmeckt, wie es dort schmeckt, und nicht anders. Warum dann zu Hause groß auffahren? Üben Sie ein paar Gerichte ein, die schnell zubereitet sind, nicht viel kosten, die Sie gut warm halten (Suppen, asiatische Gemüsepfannen) und in kurzer Zeit aus dem Effeff zaubern können. Es sollte ein Gericht sein, das schmeckt und Ihre Aufmerksamkeit nicht von den Gästen ablenkt. Katharina die Große ließ immer nur kaltes Kalbsfleisch und in Salz eingelegte Gurken servieren. Klingt trostlos, aber der Attraktivität ihrer Einladungen hat es nicht geschadet.

Wenn Sie sich Ihrer Kochkünste sicher sind, laden Sie Ihre Freunde ein und warten Sie ab, wie sich die Sache entwickelt. Wenn Sie Übung haben, können Sie Ihre Freunde bitten, jemanden mitzubringen. Einen Tierfilmer, eine Gleitschirmfliegerin, die Tochter einer Bekannten, die gerade ein soziales Jahr in Kapstadt verbracht hat, die Bekannte, von der man Ihnen schon so viel erzählt hat. Merke: Es gibt keine uninteressanten Menschen! Schauen Sie einfach, was passiert ... Setzen Sie einen festen Termin, vielleicht einmal alle drei Monate, dann alle zwei, dann alle vier Wochen. So ein Jour fixe bringt nicht nur die Menschen zusammen, manchmal bringt es uns auch einander näher.

Mir fällt in diesem Zusammenhang ein, dass ich sogar eine Etagen-Salonnière in der Familie hatte. Meine Oma Helene war sehr früh verwitwet und führte das Geschäft, das ihr mein Opa hinterlassen hatte, allein. Sie legte – ungewöhnlich für eine Frau ihrer Zeit, die mit 15 geheiratet und ein halbes Jahr später ihr erstes Kind zur Welt gebracht hatte (meinen Vater) – immer viel Wert auf Bildung. Sie las viel, ging regelmäßig ins Theater, informierte sich in der Zeitung über das politische Geschehen. Da sie sich mit ihren vier Kindern nicht über ihre Lektüre austauschen konnte, beschloss sie, die Schauspieler aus dem Städtischen Schauspielhaus, das nur zwei Straßen von ihrem kleinen Haus entfernt lag, zu sich nach Hause einzuladen. Jeden Mittwoch war es der Place-to-be in Memel (heute Klaipėda). Erst vor kurzem habe ich erfahren, dass sich dort auch meine Tante und mein Onkel, ein durch Ostpreußen tourender Schauspieler und Regisseur, kennengelernt haben. Das festigte den Ruf meiner Oma als beliebte Gastgeberin zusätzlich. Lassen Sie es sich ein Beispiel sein: Als Postillon d'Amour bleibt eine Prinzessin im Herzen doch gern in Erinnerung.

Und wer weiß? Vielleicht trägt man Ihnen als Dank an, Trauzeuge bei der Hochzeit einer Freundin zu werden. Wenn es dann noch eine Prinzenhochzeit ist, sollte es diese Mühe in jedem Fall wert gewesen sein.

Sport, und insbesondere Tanzen

Mir ist noch sehr deutlich eine Talkshow in Erinnerung, ich meine, es war *Beckmann*, in der Fürstin Gloria erzählte, wie ein Tag bei ihr auf St. Emmeram abläuft, wenn Besuch da ist. Es war ungefähr so: Erst gehen sie eine Runde Reiten, dann wird gefrühstückt, dann wird eine Runde Tennis gespielt, dann geht es den Nachmittag zum Golf. Ich meine, sie hat sogar noch zwei, drei andere Sportarten genannt, und ich dachte: Puh, was für ein Pensum! Aber Gloria hat ja recht: Sport verbindet, und man muss sich nicht den ganzen Tag die Mühe machen, nach einem gemeinsamen Thema zu suchen. Was will man sich, wenn man ein Wochenende miteinander verbringt, schon die ganze Zeit erzählen? Da können selbst erfahrene Gastgeberinnen, und ich denke, dass Gloria dazugehört, ins Straucheln geraten.

Sport hat hier nichts mit dem schweißtreibenden Leistungsprinzip, das wir von den Laufbändern der Fitnesscenter kennen, zu tun, sondern eher mit dem Spaßaspekt der Spiele. Sport, so schien es mir, dient bei der Fürstin eher der Kommunikation und der Geselligkeit, und es ist nie langweilig, weil man ja immer etwas zu tun hat und ein (sportliches) Ziel verfolgt.

Wir Prinzessinnen im Herzen lernen daraus, dass wir uns nicht nur zum gemeinsamen Essen, Scrabble- oder Kartenspielen treffen können, sondern auch zum Sport. Reiten wird in unserem Etagenschloss ja kaum möglich sein, ebenso können wir unser Wohnzimmer nicht in den Centre Court von Wimbledon verwandeln, obwohl Tennis der royale Sport überhaupt ist. Heinrich VIII. war ganz vernarrt darin. In dieser Disziplin konnte er mit seiner Beweglichkeit, Schnelligkeit und Geschicklichkeit angeben (er war ja auch mal jung und schlank!) und sich von einem Publikum dafür bewundern lassen. Und: Die Veranstaltungskosten waren wesentlich günstiger als bei einem Ritterturnier, da er die Logis für Tiere und weit gereiste Junker sparte.

Auch seine zweite Frau Anne Boleyn teilte seine Tennis-Leidenschaft. Als Spielerin wie als Zuschauerin. Als sie gerade

konzentriert eine Partie verfolgte, wurde sie von zwei Palast-
wachen verhaftet und eingekerkert. Was dann kam, wissen wir.
Übrigens hat Heinrich VIII. gerade eine Partie Tennis mit Annes
Nachfolgerin Anne Seymour gespielt, als seine zweite Ehefrau
hingerichtet wurde. So viel zum Tennis, da rollten früher nicht
nur die Bälle.

Zurück zu erfreulicheren Dingen: Golf. Golf lässt sich prima in den eigenen vier Wänden üben. Zumindest das Chippen,
und das üben auch gehobene Amateure so, besonders im Winter. Man nimmt Luftbälle, also spezielle leichte Übungsbälle,
versucht, diese auf drei Handtüchern zu platzieren, die man im
Wohnzimmer verteilt hat. So startet Ihr gesamter Freundeskreis
fit in die nächste Golfsaison.

Aber Sie können sich auch mit Ihren Freunden außer Haus
verabreden, um gemeinsam mit ihnen Sport zu treiben. Es geht
ja um das verbindende Element, nicht um den Wettstreit, und
eigentlich ist es egal, ob es Yoga, Curling, Fußball oder Boxen ist,
obwohl Prinzessinnen im Herzen sich vielleicht lieber gleich in
noblen Sportarten üben. Dazu gehören alle Sportarten rund ums
Pferd: Vielseitigkeitsreiten, Springreiten, Geländereiten, Dres-
surreiten, Polo. Aber auch Bogenschießen, Schießen überhaupt
(wegen der Duelle) und Fechten hatten einen hohen Stellenwert
in aristokratischen Kreisen. Fechtmeister wurden einander ab-
geworben, und es wurde heftig darüber gestritten, welches Land
die besseren Fechtmeister hervorbrächte – manch einmal bis
aufs Blut.

Goethe, der vor seinem Jurastudium in Leipzig Fechten
lernen musste, schildert so einen Streit in seiner Autobiografie

Dichtung und Wahrheit: »Zwei Fechtmeister befanden sich in der Stadt: ein älterer ernster Deutscher, der auf die strenge und tüchtige Weise zu Werke ging, und ein Franzose, der seinen Vorteil durch Avancieren und Retirieren, durch leichte flüchtige Stöße, welche stets mit einigen Ausrufungen begleitet waren, zu erreichen suchte. Die Meinungen, welche Art die beste sei, waren geteilt. Der kleinen Gesellschaft, mit welcher ich Stunde nehmen sollte, gab man den Franzosen, und wir gewöhnten uns bald, vorwärts und rückwärts zu gehen, auszufallen und uns zurückzuziehen, und dabei immer in die herkömmlichen Schreilaute auszubrechen. Mehrere von unsern Bekannten aber hatten sich zu dem deutschen Fechtmeister gewendet, und übten gerade das Gegenteil. Diese verschiedenen Arten, eine so wichtige Übung zu behandeln, die Überzeugung eines jeden, dass sein Meister der bessere sei, brachte wirklich eine Spaltung unter die jungen Leute, die ungefähr von einem Alter waren, und es fehlte wenig, so hätten die Fechtschulen ganz ernstliche Gefechte veranlasst.«[11]

Was Goethe nicht erwähnt, ist, dass die deutschen Fechtmeister zwar solide arbeiteten, die französischen Fechtmeister mit einem gewissen Furioso auftraten, aber als wahre Meister ihrer Kunst nur die Italiener galten. Es zeugte vom hohen Prestige eines Hauses, einen italienischen Fechtmeister für sich verpflichten zu können, was die Maestri sich natürlich fürstlich honorieren ließen.

Mit teurer Bezahlung müssen wir Prinzessinnen im Herzen uns heute glücklicherweise nicht herumschlagen. Jeder Turnverein bietet günstige Kurse im Fechten an, und die

Breitensportangebote der Universitäten sind auch für Nicht-studierende offen – für ein geringes Entgelt. Mir war es einmal vergönnt, einen Schnupperkurs auf einem Kreuzfahrtschiff zu belegen, und schon bald sah ich mich tatsächlich so schnaufen und fuchteln, wie es der große Goethe beschrieben hat. Danach habe ich mit meiner Fechtpartnerin an der Theke Freundschaft geschlossen. Vielleicht können Sie also auch bald Ihre Freunde mit dem Ruf »En Garde!« herausfordern.

Es gibt aber auch eine weniger martialische Variante der Freundschaftspflege im Adel: das Tanzen. Wenn etwas neben Reiten und Tennis als *die* Sportart der Aristokratie gilt, dann der Tanz. Königin Elisabeth I. von England erfrischte schon, als sie noch eine entrechtete Prinzessin war, jeden Morgen ihre Glieder mit den lebhaften Sprüngen einer Gaillarde. Luise Kronprinzessin von Preußen und ihre Schwester Friederike führten am rigiden Berliner Hof den Walzer ein.

Engtanz! Wie skandalös! Auch die (fiktive) Tragödie von Natascha Rostowa und Fürst Andrej Bolkonskij, die wir aus Tolstois *Krieg und Frieden* kennen, nahm bei einem Walzer ihren Anfang. Zu einer Tragödie muss es bei Ihnen ja nicht kommen. Obwohl … Hand aufs Herz. Wer von uns Prinzessinnen im Herzen hätte einen Antrag des Fürsten Andrej Bolkonskij ablehnen können? Ich bekenne: Ich nicht.

Tanz ist ein echtes Wundermittel. Gräfin Brühl (genau, das ist die, deren Urahn in Dresden die Brühler Terrassen bewohnt hat) sagt dazu: »Wenn es ein Mittel gibt, das die adlige Gesellschaft zusammenhält, eine Art Kontaktfett, das die Begegnungen, ja, das Kennenlernen erleichtert, und ihre Verbindungen selbst über viele Jahre lang stabil hält, dann ist es der Tanz. Adelige tanzen gern, und sie tanzen viel.«[12] Was wollen wir Prinzessinnen im Herzen mehr?

Tanzen ist also ein hervorragendes Mittel, Freundschaften zu gewinnen, zu halten – und vielleicht auch einen Partner kennenzulernen. Tanzen führt die Geschlechter zueinander – es ist eine wahre Kontaktschmiede. Soweit mir von einigen Prinzessinnen-Schulkameradinnen bekannt ist, muss man als Adelige zwei Tänze richtig draufhaben: Walzer und Rock'n'Roll. Von Vorteil sind auch langsamer Walzer und Foxtrott. Discofox kann immer helfen, einfach, weil er so einfach ist und auch unbeholfene Tänzer durch ihn in Bewegung kommen – obwohl, wenn man Gräfin Brühl Glauben schenken will, alle Adligen tanzen können. Echte Prinzessinnen beherrschen übrigens neben den klassischen Paartänzen, die wir aus der Tanzschule und von Sendungen wie *Let's Dance* kennen, auch alte höfische Reihentänze. Etwa eine Quadrille. Ich weiß nicht, ob ich empfehlen kann, das nachzumachen, denn wir Prinzessinnen im Herzen werden wohl wenig Gelegenheit haben, diese Schrittfolgen anzuwenden, außer wir schaffen es, uns einen Prinzen aus dem *Gotha* zu angeln. Der Vorteil an diesen Tänzen aber ist, dass alle mitmachen können und keiner ohne Partner sitzen bleibt, weil man ständig wechselt und tauscht, was sonst bei Tanztees in Tanzschulen immer zu Verwerfungen führt: Ich kann mich noch an die bösen Blicke meiner Schulfreundin Sabine W. erinnern, als ihr Freund mich – ich war von meinem Partner versetzt worden – aus Mitleid fragte, ob ich mit ihm tanzen wolle. Ich hatte wohl etwas zu begeistert (ich tanze gern), aber ohne Hintergedanken angenommen, hatte aber dann wochenlang Ärger mit Sabine, die wirklich dachte, dass ich ihr ihren langweiligen Peter hatte ausspannen wollen. Solche Missverständnisse können bei einer Quadrille vermieden werden.

Es gibt nur einen Tanz, der Partnerwechsel ausdrücklich erlaubt: der Lindy Hop, der auch als Swing bezeichnet wird. (Daher rührt übrigens auch die Bezeichnung, hüstel, »Swingerclub«, eben weil man beim Swing Partner tauscht). Zum Swingtanzen kann man auch ohne festen Tanzpartner gehen – vielleicht kommt man aber mit einem wieder zurück.

Tanzschulen bieten ständig – sie wollen ja ihren Laden vollkriegen – Möglichkeiten an, Kompetenzen auf dem Parkett zu erwerben und diese später bei Tanztees, Bällen oder Festen zu verfeinern. Deshalb ist das eine gute Gelegenheit für Prinzessinnen im Herzen, dort Kurse zu besuchen. Reichere Prinzessinnen im Herzen können sich auf dem Wiener oder dem Dresdner Opernball ausprobieren, andere auf dem örtlichen Presse- oder (in ländlichen Regionen) Feuerwehrball.

Motivieren Sie Ihre Freunde und Freundinnen, dort hinzugehen und mitzumachen. Es macht Spaß, und Sie müssen als Prinzessin im Herzen, das garantiere ich, bestimmt nicht lange warten, bis einer, vielleicht sogar Ihr Traumprinz, fragt: »Darf ich bitten?«

Briefe schreiben

Als Prinzessin Maria Luise Albertine zu Leiningen-Dagsburg-Falkenburg eine Einladung für die Kaiserkrönung von Franz II. brauchte, durfte sie sich keine großen Hoffnungen machen, selbstverständlich berücksichtigt zu werden. Sie war im Kanon der Gesellschaft relativ unbedeutend, zudem lutherisch – bei einer katholischen Kaiserwahl also eher zweite Reihe.

Erschwerend kam die Logistik hinzu: Der Kaiserdom drohte, in Erwartung seiner hochwohlgeborenen Gäste rappelvoll zu werden, die Quartiere waren binnen Tagen belegt – der Kaiser reiste mit großem Gefolge an, und selbst kleinere Herbergen wurden von seinen Stallknechten, Dienern, Boten, Laufjungen und Lakaien bis unters Dach in Anspruch genommen. Aber das waren Umstände, die die kontaktfreudige Prinzessin Maria Luise nicht beeindrucken konnten. Sie setzte kurzerhand einen Brief an Maria Beatrix Aloisia auf, mit der sie seit Jahren eine rege Korrespondenz pflegte. Maria Beatrix Aloisia war die Mutter von Fürst Metternich, und dieser der Zeremonienmeister des Krönungsaktes. Die Einladung wurde ihr innerhalb von wenigen Tagen – von Wien nach Darmstadt – per Reiterkurier zugestellt. Auch eine Unterkunft fand Maria Luise im restlos ausgebuchten Frankfurt am Main: Aja Goethe, die Mutter des Dichters Johann Wolfgang von Goethe, zeigte sich gern erkenntlich bei ihrer Freundin, die in einem kontinuierlichen Briefwechsel innigen Anteil an ihrem Leben nahm. So zog Prinzessin Maria Luise während der gesamten Krönungsfeiern in das großzügige Haus am Großen Hirschgraben ein – eine Logis, für die der kaiserliche Quartiermeister hätte töten können. Und: Selbstverständlich hat sie sich später auf mehreren Briefseiten bei der guten Aja für ihre Gastfreundschaft bedankt.

Sie ahnen den Grund für ihren Erfolg: Prinzessin Maria Luise Albertine schrieb täglich drei Briefe, man sagt, dass sie sich mit allen Höfen Europas austauschte und überall so beliebt war, dass man über ihren breiten Pfälzischen Dialekt großzügig hinweghörte.

Es sollte uns ein Beispiel sein, und zum Glück haben wir Selbstgekrönten inzwischen Unterstützung aus dem Silicon Valley: Die Mühe, eine so aufwendige Korrespondenz zu pflegen, wird uns Prinzessinnen im Herzen durch soziale Medien erleichtert. Der Erfolg dieser Medien beruht genau darauf, dass man mit vielen Menschen ständig verbunden ist und damit einen groben Überblick über ihr Leben, ihre Gefühle, ihre Gedanken hat. Ohne lange Präliminarien können wir also mit ihnen in Kontakt treten: »Wer begleitet mich heute auf das Rihanna-Konzert???? Habe Karten.«

So hilfreich diese neuen Medien auch sind, sie können höchstens eine Ausgangsbasis sein, niemals der Regelfall. Jede von uns weiß doch: Freundschaften pflegt man durch persönliche Kontakte – eine Postkarte zum Geburtstag, einen Anruf zwischendurch.

Eine Prinzessin, die hier anonym bleiben will, weil sie wegen ihres Adels oft angegriffen wird (so etwas gibt es leider auch), erzählte mir während unserer Schulzeit: »Es gibt viele, die eifersüchtig auf meinen Adel sind und denken, dass meine Familie der Grund für meine guten Noten ist. Ich tue aber sehr viel für andere. Ich schreibe jedem einen Brief zu seinem Geburtstag, und vor Weihnachten bin ich über Wochen mit meiner Grußpost beschäftigt: Ich komme bestimmt auf fünfhundert Briefe.« Diese Mühe hat sich ausgezahlt: Als sie einmal mit einer schlechten Zensur in Englisch rechnen musste, fand sich umgehend eine

Tante, die sie über verlängerte Osterferien nach Kent einlud, wo sie ein intensives Sprachtraining im erweiterten Bekanntenkreis genoss – ihre Noten waren seitdem vorbildlich.

Diese Geschichte hat mich so beeindruckt, dass ich damals auch beschloss, regelmäßig Briefe zu schreiben. Ehrlich? Es war anstrengend. Jede Woche musste ich mich zwingen, mein Vorhaben umzusetzen. Ich habe meinen Rhythmus auf alle zwei Wochen erweitert. Es hat sich dennoch ausgezahlt. Denn auch ich bekam Briefe – und das ist doch etwas ganz anderes als ein flüchtiges Telefonat. Mit einem Mädchen aus Pegau bei Leipzig hat sich über Jahre das entwickelt, was man Brieffreundschaft nennt. Wir haben uns nie gesehen, wissen aber viel übereinander. Ich habe durch ihre Schilderungen mehr über die DDR und das Leben (aus meiner Perspektive:) hinter der innerdeutschen Grenze erfahren als aus den Nachrichtenmagazinen oder den Filmen von Leander Haußmann.

Heute kann man froh sein, wenn überhaupt noch jemand mit einem telefonieren will. Viele finden Telefonate lästig und wickeln ihre Korrespondenz lieber über WhatsApp oder Facebook oder Instagram oder Twitter oder sonst etwas ab – ständig gibt es etwas Neues auf diesem Sektor. Es lässt sich eben schnell, so die Begründung, nebenher abhaken.

Wir sollten solch ein Verhalten unbedingt aus der Prinzessinnenperspektive heraus betrachten, bevor wir jetzt einwenden, das sei unglaublich praktisch: Wollen wir denn selbst nebenher abgehakt werden? Abgehakt wie ein Einkaufszettel? Kürbis, check. Äpfel, check. Kartoffeln, check. Bettina, check. Ich glaube, ich spreche für alle, wenn ich sage, dass wir es als beleidigend empfinden, wenn wir merken, dass unser Gesprächspartner abgelenkt ist (»Oh, ein Pokémon!«). Das macht uns wütend. Es ist für alle eine Ehrverletzung, nicht nur für eine Prinzessin im Herzen. Unsere historischen Prinzessinnenschwestern hätten gewiss verwundert den Kopf geschüttelt, wenn sie erleben dürften, wie wenig Aufmerksamkeit wir unserem Gegenüber widmen. Dass die Zeiten schnelllebiger sind, ist klar, darüber müssen wir nicht reden. Aber persönliche Briefe oder Karten hinterlassen beim Gegenüber immer noch einen tieferen Eindruck als eine SMS. Die Zeit, die man jemandem wert ist, vermittelt sich nämlich auch darüber.

Ich hatte diesbezüglich kürzlich ein Erlebnis, das ich hier kurz skizzieren möchte: Als ich überlegte, welches der Bücher, in die ich einmal hineingeblättert hatte, ich denn nun tatsächlich auch zu Ende lesen wollte, fiel mir auf, dass alle Lesezeichen, die ich benutzt hatte, Postkarten von einer einzigen bestimmten Freundin waren. Es waren viele, eine trug einen Poststempel von 2008. Ich habe sie mir daraufhin alle durchgelesen (statt der Bücher, die weiterhin liegen blieben). Ich war wirklich gerührt, weil es sehr persönliche Karten waren. Meine Freundin kannte nämlich meine Schwäche für alles Aristokratische, und die Motive, die sie für mich ausgewählt hatte, waren Schlösser oder Repräsentanten des Adels. Das Highlight war ein koloriertes Porträt der letzten unseligen Romanows.

Wenn wir Prinzessinnen im Herzen bei anderen Menschen ebenso gut in Erinnerung bleiben wollen wie meine Freundin bei mir, dann kann ich nur empfehlen, auch regelmäßig Grüße zu verschicken. Es öffnet Herzen. Denn als ich eine Begleitung für eine Recherche suchte, habe ich sofort an diese eine bestimmte Freundin gedacht. Wohin es ging? Natürlich auf ein Schloss. Das sollte für Prinzessinnen im Herzen genug Anreiz sein!

Unterhaltungen

Worüber unterhalten sich Prinzessinnen? Zum Glück hat uns Leo Tolstoi, der in seinen Romanen den russischen Adel einer unbarmherzigen Betrachtung ausgesetzt hat, einen kleinen Einblick gegeben. In *Anna Karenina* kommt es im Salon der Fürstin Mjachkaja zu folgender Szene:

»In der Gruppe, die den Samowar und die Frau vom Hause umgab, hatte unterdessen das Gespräch gleichfalls zwischen den drei unvermeidlichen Stoffen gewechselt: dem letzten Ereignis, das sich in den vornehmen Kreisen begeben hatte, dem Theater und dem Bekritteln der lieben Nächsten, und auch da blieb es, nachdem es zu dem letztgenannten Thema gelangt war, bei diesem stehen, nämlich bei der Verlästerung.

›Haben Sie schon gehört, die Maltischtschewa, nicht die Tochter, sondern die Mutter, lässt sich ein Kleid *diable rose* machen!‹

›Nicht möglich! Nein, das ist ja herrlich!‹

›Ich wundere mich nur, dass sie mit ihrem Verstand – sie ist ja nicht dumm – nicht einsieht, wie lächerlich sie sich macht.‹

Jeder steuerte seinen Teil zur Verdammung und Verspottung der armen Maltischtschewa bei, und das Gespräch prasselte so munter wie ein brennender Holzstoß.«[13]

Wir sehen: Es ist alles beim Alten geblieben. Schlechte Kleidung war schon in der napoleonischen Zeit ein beliebter Gesprächsstoff, und wir können annehmen, dass, so wie wir heute in den Klatschmagazinen die Affären der Stars und Sternchen goutieren, früher die glücklosen Liebschaften der Prinzen und Prinzessinnen mit ebenso großem Vergnügen durchgehechelt wurden: Kronprinzessin Elisabeth Christine von Preußen wurde nach Küstrin verbannt, weil sie mit einem italienischen Musiker nach Italien durchbrennen wollte? Das ist ja unglaublich, aber so romantisch! Auguste Karoline von Braunschweig-Wolfenbüttel ist spurlos verschwunden? O Gott. Ihr Mann wird doch nicht etwa ...? Er hat sie schon immer verabscheut und oft geschlagen. Die Arme. Karl Leopold von Sandersleben, Freiherr von l'Esperance und Comte de Coligny, hat seine Halbschwester Leopoldine Eberhardine geheiratet? Unfassbar! Ein Skandal!

Das Gerede von damals gleicht den Schlagzeilen von heute.

Nun liegt es nahe zu sagen: Mit Klatsch macht man sich beliebt, weil alle gern klatschen, und man hat immer ein lustiges Gesprächsthema. Aber das ist nicht so einfach. Natürlich ist es wichtig als Prinzessin im Herzen, auf dem Laufenden zu sein. *Bunte, InTouch, Closer, Neue Revue, Neue Post* sollten zur Pflichtlektüre jeder Prinzessin gehören, *Grazia* natürlich auch, denn da können wir auch gleich etwas über Mode lernen. Aber im privaten Umfeld nach Geschichten zu wildern, gilt als tabu. Kein Mensch kann es sich leisten, den Ruf einer Klatschbase zu haben – das macht verdächtig. Außerdem können Klatschbasen sicher sein, dass sie und ihre eigenen Nachlässigkeiten sofort Gesprächsthema in der zurückbleibenden Runde werden, sobald sie den Raum verlassen. Nur wenige können darüber so großzügig hinwegsehen wie Sir Peter in Richard Brinsley Sheridans Komödie *Die Lästerschule*. Er sagt bei seinem Abschied von Lady Hunter, die wie keine andere in London für ihre Intrigen bekannt ist: »Ich werde erwartet. Dafür lasse ich meinen guten Namen hier, zu Ihrer aller Verfügung!«[14]

Natürlich wurde nicht nur geklatscht, es wurden auch normale Gespräche geführt. Doch was schickte sich, was war tabu? Auch für unsere Prinzessinnenschwestern gab es schon jede Menge Handbücher, die den Maßstab für eine perfekte Konversation vorgaben. Besonders die höfische Gesellschaft mit ihren Intrigen und Ränken stand unter Beobachtung – hier galt es, Taktlosigkeiten abzuwenden, die im Extremfall in Zerwürfnissen und Fehden endeten. Eine Aufgabe, der sich mit Eifer die höfischen Philosophen (*filosofia cortesana*) widmeten, die ihre Erkenntnisse in losen Maximen, Reflektionen und Aphorismen festhielten. Hören wir hin!

Baldassare Castiglione (1478–1529) schreibt: »Für das, was ich beim Hofmann wünsche, genügt es daher, dass er mit einer gewissen Anmut die Herzen der Hörer zu ergötzen und sie mit gefälligen Ausdrücken und Scherzen zurückhaltend zu Heiterkeit und Gelächter zu verleiten versteht, sodass er fortgesetzt erfreut, ohne je Verdruss zu erwecken oder gar zu übersättigen.«

Baron Francis Bacon (1561–1626) empfiehlt: »Für Abwechslung im Gespräch zu sorgen, ist gut. Ansichten über Tagesereignisse müssen wissenschaftliche Erörterungen ablösen;

Geschichten, philosophische Auseinandersetzungen; Fragen, Meinungsäußerungen; Scherz, Ernsthaftes. Denn es ist abgeschmackt, ein Thema bis zur Ermüdung auszudehnen oder, wie man heutzutage sagt, zu Tode zu hetzen.«

Adolph Freiherr von Knigge (1752–1796) sagt: »Vor allem aber vergesse man nie, dass die Leute unterhalten sein wollen; dass selbst der unterrichtendste Umgang ihnen in der Länge ermüdend vorkömmt, wenn er nicht zuweilen mit Witz und guter Laune gewürzt ist.«

Wir sehen: Gespräche sollen immer auch unterhaltsam und witzig sein.

Aber es ist wohl ein sehr weitverbreitetes Phänomen, dass man immer genau dann, wenn man witzig sein will, ins Stocken gerät. Das muss uns Prinzessinnen im Herzen nicht verzweifeln lassen. Es gibt so Tage, an denen nichts rundläuft und man erschöpft ist oder man – mal wieder – nicht über seinen Schatten springen kann, weil man eher der zurückhaltende Typ ist. Das macht nichts. Stellen Sie Ihre Sensoren auf Empfang: Hören Sie zu! Nicken Sie! Stellen Sie Fragen an Ihren Gesprächspartner, lauschen Sie den Antworten! Damit macht man niemals etwas falsch. Im Gegenteil: Alle werden Sie beim Abschied als interessierte Person in Erinnerung haben, mit der sie sich gern unterhalten haben. Denn – Hand aufs Herz – jeder Mensch liebt es, ein Publikum zu haben. Und Sie wollen ja beliebt sein.

In modernen Ratgebern findet sich im Zusammenhang mit Witz auch immer der Tipp, man solle schlagfertig sein. Es geht um die Pointe, den Sieg, darum, das letzte Wort zu haben. Ich kann davor nur warnen. Allein die Morphologie des Wortes »schlagfertig«

verbietet es, sich dieser Gesprächstechnik zu bedienen, wenn man um Sympathien werben will: Denn wie will man sein Gegenüber für sich gewinnen, wenn man es – symbolisch und mit Worten – schlagen und fertigmachen will? So macht man sich keine Freunde. Das ist im Wortsinn unhöflich. Wir erinnern uns: Unhöflich sein heißt, bei Hofe nicht angebracht.

Ein anderer Punkt ist der Monolog. Einseitige Gesprächsführung ist nicht nur ermüdend, sie ist egoistisch: Sie verdammt das Gegenüber in eine Zuhörerrolle und erhebt das eigene Ich zum Star – das verbietet sich von selbst. Denn eine der Grundregeln höflicher Unterhaltung ist, sich nicht zu wichtig zu nehmen, sondern sich für den anderen zu interessieren. Umschiffen sollte man Themen wie die eigene Karriere, ausgedehnte Ausführungen über die eigenen Wissensgebiete, Hobbys, Politik und Religion. (Das gilt immer schon.) Und Krankheiten. Die Gebrechen interessieren den Arzt, nicht die Runde. Ein Gesetz, das selbst die schwer verletzte Kaiserin Sisi bis wenige Sekunden vor ihrem Tod beachtete: Noch mit der Feile im Leib, die ihr der Attentäter Luigi Lucheni ins Herz gerammt hatte, nahm sie an einer Bootsüberfahrt teil, zu der sie ihre Freundin, die Baronin Rothschild, eingeladen hatte. Erst kurz bevor sie wegen des Blutverlustes in Ohnmacht fiel, bekannte sie: »Ich fühle mich heute nicht wohl.« Arme Sisi, hätte sie doch nur früher die Gesetze der Höflichkeit missachtet.

So weit muss es nicht kommen, aber es gibt viele Menschen, die ein freundschaftliches Gespräch als eine Art Therapiestunde verstehen. Manchmal ist das in Ordnung, aber nicht auf Dauer. Prinzessinnen im Herzen, die Sorgen haben, sollten die Sanftmut ihrer Freundinnen nicht überbeanspruchen. Es gibt heutzutage zahlreiche Möglichkeiten, diese Dinge loszuwerden. Das ist effektiver und ein großer Vorteil, den wir gegenüber unseren historischen Schwestern haben, die – da ein trauriges Wesen nicht gefragt war – ihre Sorgen nur einem Tagebuch anvertrauen konnten und so eine Kultur der Selbstverleugnung entwickelten. Da haben wir es doch bedeutend besser.

Ich bin übrigens der festen Überzeugung, dass jede Prinzessin im Herzen genau weiß, was ein gutes Gespräch ausmacht und was nicht, und dass sie deshalb keine Ratschläge benötigt. Es gilt die Regel: Was du nicht willst, das man dir tu, das füge keinem anderen zu. Nur auf einen Vergleich, an dem wir uns möglicherweise orientieren können, möchte ich hinweisen. Wir finden ihn im Wörterbuch der Gebrüder Grimm. Sie sagen, das Wort »Unterhaltung« bezeichne in seinen Ursprüngen die sich gegenseitig haltende und stützende Dynamik der beweglichen Figuren beim – jetzt kommt es, liebe Prinzessinnen – höfischen Tanz. Was für ein treffendes Bild! Wie beim Menuett führen wir, lassen wir uns führen, wechseln den Partner. Jeder kommt mal dran. So sollten gute Unterhaltungen sein. Darf ich bitten?

Hilfsbereitschaft

Die Tugenden, denen wir uns bislang gewidmet haben, zielen drauf ab, Freunde zu gewinnen und Freundschaften zu pflegen. Eine Prinzessin steht aber immer auch bei Menschen in der Pflicht, die sich nicht in ihren erlauchten Zirkeln bewegen. Kann sie diese nicht für sich gewinnen, droht ihr öffentliche Missbilligung oder im Extremfall gar eine Revolution (siehe: Marie Antoinette oder Alexandra Fjodorowna).

Die Ansprüche, die in diesem Punkt geltend gemacht werden, haben sich im Laufe der Jahrhunderte gewandelt: Kam man als mittelalterliches Burgfräulein noch gut damit durch, wenn man mit zarter Hand ein paar Goldmünzen aus der Kutsche in den Morast warf, musste man sich im 18. Jahrhundert schon mehr einfallen lassen, als zur eigenen Erbauung durch Hospize und Armenhäuser zu streifen. Je durchlässiger die Decke zur hauchdünnen Oberschicht war, desto raffinierter galt es, um Sympathien – auch die der Untertanen – zu werben.

Jene Zeit verlangte nachhaltigere Zeugnisse von Mildtätigkeit als das kurze Vergnügen, das Freibier und trockene Brezel versprachen. Hoheiten aller europäischen Höfe stifteten im Rahmen ihrer eingeschränkten Konventionen – sie konnten ja keine echte Politik machen und Gesetze durchboxen, die den Armen helfen – Spitäler, Hospize, Waisenhäuser, Schulen, Armenküchen und Altenstifte. Freiere Geister wie Preußens letzte Kronprinzessin Cecilie ließen sogar ein Gymnasium bauen, das ausschließlich Mädchen aus den Armenvierteln vorbehalten war. Welch ein großartiges Zeugnis der Menschenliebe – und Emanzipation! Prinzessin Isabella, Kronprinzessin und Regentin des Kaiserreichs Brasilien, erwies sich als die mustergültigste Souveränin im Umgang mit ihren Untertanen: Sie schaffte die Sklaverei ab. Und sie erntete damit nachhaltigen Ruhm: Noch heute wird es in Rio de Janeiro als Beleidigung ihres Andenkens empfunden, wenn nicht mindestens eine der nach ihr benannten Sambaschulen die Karnevalsparade anführt.

Diese Sphären der Verehrung bleiben heutigen Prinzessinnen verschlossen. Nur eine hat sich zu den Höhen ihrer

Vorgängerinnen aufgeschwungen: Prinzessin Diana, nicht umsonst die »Königin der Herzen«, hat auch in Zeiten, in denen die Macht des Adels verblasste, Standards gesetzt. Über hundert Organisationen stand sie als Schirmherrin vor. AIDS-Hilfe, Unterstützung für Leprakranke, Kinderkrankenhäuser, Britisches Rotes Kreuz, Engagement gegen Landminen. In der angolanischen Provinz Huambo schritt sie in Schutzkleidung verdörrte Felder ab, vor deren Betreten gelb-schwarze Schilder mit den Worten »Danger!! Mines!!!« warnten. Als die Organisation, die sie dort unterstützte, endlich mit dem Friedensnobelpreis geehrt wurde, war Diana schon verunglückt. Tragisch.

Die Prinzessinnen aus der Zeit nach Diana arbeiten kleinteiliger und leben ihre wohltätige Ader bei der Legung von Grundsteinen, Eröffnung von Schulen und Kindergärten sowie Einweihung von Autobahnabschnitten aus. Manchmal folgen sie sogar der Tradition ihrer Vorgängerinnen und gründen Krankenhäuser. Diese müssen aber eine spezielle Ausrichtung haben, ein einfaches Hospital reicht nicht.

Königin Silvia etwa, die ihre demenzkranke Mutter bis zu ihrem Tod pflegte, erkannte eine infrastrukturelle Unterversorgung bei der Betreuung alternder Demenzkranker und stiftete in ihrer Heimat und hierzulande die Krankenhäuser »Silviahemmet«, wo spezialisiertes Personal diesem diffizilen Krankheitsbild gerecht werden kann. (Bei der Eröffnung in Köln war ich, wie ich oben schon erwähnt habe, dabei.)

Uschi von Bayern, bei deren Tochter Pilar Züge von Autismus diagnostiziert wurden, wendet sich besonders bedürftigen Kindern zu: Sie ist Schirmherrin der Montessorischule

Biberkor in Berg-Höhenrain, pusht den Aufbau einer Station für schwer kranke Kinder am Münchner Klinikum Großhadern und unterstützt das Kinderhilfsprojekt »Lichtblick Hasenbergl«, auch wenn die Kinder dort bei ihren Besuchen schwer enttäuscht sind, dass sie als Prinzessin keine Krone trägt.

Neben Krankenhäusern sind auch Projekte für hilfsbedürftige Kinder im Repertoire hoheitlichen Engagements enthalten: Sophie Prinzessin von Isenburg, durch Heirat Prinzessin von Preußen, wendet sich Kindern, die in Armut leben, zu und verwöhnt sie als Schirmherrin der Prinzessin Kira von Preussen-Stiftung mit Abenteuerferien auf der Burg Hohenzollern – ein Erlebnis, mit dem man sich auf dem Schulhof echte Anerkennung verschafft.

Die Notwendigkeit, seine Ressourcen für mildtätige Projekte in einer zunehmend alternden Gesellschaft auch im Bereich der Palliativtherapien auszuschöpfen, hat Christine Prinzessin zu Salm-Salm erkannt. Jahrelang besuchte sie ehrenamtlich als ambulante Sterbebegleiterin das Lazarus-Hospiz in Berlin. Sie schrieb ihre Erfahrungen auf, und ihr Buch *Dieser Mensch war ich: Nachruf auf das eigene Leben* wurde ein Bestseller.

Der finanzielle Vorteil eines solchen Bucherfolgs mag für uns Prinzessinnen im Herzen verlockend erscheinen, aber es geht vielmehr darum, unserem inneren Adel nicht nur durch Haltung und Repräsentation, sondern auch durch Engagement Ausdruck zu verleihen. Das gehört zum Prinzessinnen-Dasein dazu wie eine Krone. Wählen Sie, was Ihren Talenten am meisten entspricht: Sind Sie besonders feinfühlig und stabil, können Sie sich freiwillig in der Telefonseelsorge melden. Wenn Sie eine Verkaufskanone sind, sollten Sie Ihr Können nicht nur bei eBay zur Geltung bringen, sondern vielleicht auch bei Oxfam hinter der Kasse. Sie haben kein Problem damit, fremde Menschen anzusprechen? Nichtregierungsorganisationen wie Ärzte ohne Grenzen oder die UNO-Flüchtlingshilfe können für ihre Straßenkampagnen immer Leute gebrauchen, die für sie Unterschriften sammeln. Wenn Sie Begabungen haben, die sich in der Küche entfalten (und ich hoffe, dass nach allen bisherigen Ausführungen dies nur mit Ja beantwortet werden kann!), dann backen Sie einen veganen Kuchen für die Albert Schweitzer Stiftung für unsere Mitwelt und verteilen ihn an Menschen, die Sie auf den Missstand der Massentierhaltung aufmerksam machen möchten. Ich selbst tue das seit drei Jahren, wann immer es mir möglich ist, und es haben sich dadurch nicht nur viele anregende Gespräche gegeben, unser Team ist auch zu einer richtig tollen Gemeinschaft zusammengewachsen.

Nett sein zum Personal

Es versteht sich von selbst, dass eine Prinzessin allen, die ihren Tag und ihr Umfeld angenehm gestalten, freundlich begegnet. Ein Kommandoton hat nur etwas auf dem Kasernenhof zu suchen. Er zeugt außerhalb des militärischen Bereichs von schlechter Erziehung. Eine Prinzessin im Herzen hat es auch gar nicht nötig, sich durch Herrschsucht Gehör zu verschaffen. Sie begegnet den Dingen mit Gelassenheit, welche ein Zeugnis ihrer Gewissheit ist, dass sie à la longue schon das bekommen wird, was sie sich wünscht. Nur Menschen, die von dem Gefühl beherrscht werden, dass sie permanent zu kurz kommen, legen Nachdruck in ihre

Forderungen. Kurz gesagt: Eine Diva und eine Prinzessin trennen Welten.

Donna Alessandra Borghese, eine italienische Prinzessin, deren Familie mehrere Päpste entstammen, berichtete einmal von einem alten Hotel-Portier, den sie auf ihren Reisen kennengelernt hat. Er konnte sich noch an die Zeiten erinnern, in denen die Herrschaften mit ihren Bediensteten reisten. Für das Personal gab es einen eigenen Speisesaal. Wer vom Hotelpersonal dort bedienen musste, den schauert es heute noch. Denn das Personal der Herrschaften spielte sich, da es nun selbst bedient wurde, auf wie Graf Cox und schikanierte seine Kollegen mit unmöglichen Wünschen. Die Teller waren zu dies, der Wein zu das und überhaupt ging alles nicht schnell genug. Man war enttäuscht, man konnte es doch besser. Die Pointe: Die Bediensteten hatten weit höhere Ansprüche als ihre Herrschaften nebenan, wo sich das vom Personal geschundene Personal beim Servieren quasi erholte. Ein Trinkgeld gab es dann auch nicht von den ach so lieben Kollegen.

Apropos: Es gibt Menschen, die machen es von der Leistung und Freundlichkeit einer Kellnerin abhängig, ob sie Trinkgeld geben oder nicht. Natürlich müssen Sie sich nicht alles gefallen lassen, aber glauben Sie nicht auch, dass jeder Mensch einmal einen schlechten Tag haben kann? Warum sollte das jemandem, der im Service arbeitet, nicht auch erlaubt sein? Ich gebe zu, dass dieser Gedanke nicht einfach ist und dass auch ich meine Lektion habe lernen müssen.

Als ich einmal mit einer Freundin essen war, hatten wir das Pech, an eine fürchterlich kurz angebundene Bedienung zu geraten. Sie ließ uns warten, nahm die Bestellung nur widerwillig auf, brachte dann das Falsche. Ich war schon drauf und dran, die Chefin zu rufen, da hatte meine Freundin die Kellnerin schon herbeigewinkt.

»Die Rechnung bitte!«, sagte sie und rundete dann zu einem ordentlichen Trinkgeld auf, das meines Erachtens in keiner Weise gerechtfertigt war.

»Warum machst du das?«, fragte ich sie. »Ich würde ihr keinen Cent geben.«

»Sie hat so schlechte Laune, sie braucht ein gutes Erlebnis.«

Als die überforderte Dame – endlich, wie ich sagen muss – zurück an unseren Tisch kam und das Wechselgeld herausgeben wollte, sagte meine Freundin: »Ich sagte doch: Stimmt so.«

Die Bedienung schien zu verstehen, was meine Freundin sich gedacht hatte, und tatsächlich hellte sich ihre Miene auf.

Sie sah uns an und sagte: »Es tut mir so leid. Aber ich habe heute eine schlimme Nachricht bekommen. Ich kann mich gar nicht konzentrieren. Darf ich Ihnen einen Digestif oder einen Kaffee bringen? Das geht natürlich aufs Haus.«

Wir wussten nicht, ob es angemessen war zu fragen, was genau passiert war, aber es stellte sich dann in dem Gespräch, das wir führten, als sie uns zwei – brrrr! – Birnenschnäpse brachte, heraus, dass ihr Sohn heute auf dem Schulweg einen Unfall gehabt hatte.

Welche Mutter hätte sich von solch einem Ereignis nicht aus der Bahn schleudern lassen? Mich hat es im Nachhinein gewundert, dass sie überhaupt zur Arbeit gegangen war, statt sich freizunehmen. Vielleicht aber, so mein Schluss, war sie auf das Geld angewiesen. Wie gut, dass ich meine wirklich noble Freundin dabeihatte.

Trinkgeld hängt (anders als es oft gesagt wird) nicht von der Leistung ab, sondern es ist selbstverständlich. Als die österreichische Kaiserin Sisi im September 1989 in Genf gastieren wollte, hatte ihr die Baronin Rothschild zuvor angeboten, sich ihrer Yacht zu bedienen. Die Kaiserin lehnte diese großzügige Offerte ab, weil es nicht geboten war, dem Bordpersonal Trinkgelder zu geben. Sisi zog eine anonyme Hotelsuite dem Komfort einer privaten Gastfreundschaft vor, weil es ihr nicht in den Sinn gekommen wäre, dieses übliche Zeichen des Respekts gegenüber fremdem Personal aufzugeben. Sie fand das beschämend. Das Schicksal hat es ihr leider nicht gedankt. Auf dem Weg zur Baronin fiel Sisi, diese wirklich vornehme Frau, am 10. September 1898 einem Attentat zum Opfer.

Nun haben gerade wir Prinzessinnen im Herzen die Angewohnheit, es dem Personal nicht unbedingt immer leicht zu machen, wenn wir ausgehen. Es kursiert im Internet ein Radio-Sketch, der die Sache überspitzt darstellt, aber doch den Kern trifft, wie ich finde: Eine Männerrunde und eine Frauenrunde sitzen in einer Kneipe. Während die Männerrunde immer vier große Bier à 4,50 Euro bestellt und bei jeder Runde zwanzig Euro auf den Tisch legt (»Stimmt so!«), sieht es bei den Frauen schon anders aus: Die eine will einen frisch gepressten Orangensaft, dann doch eine Cola light, nein, lieber eine Cola Zero, ach, haben Sie nicht, dann doch einen Orangensaft, die andere einen Sekt. Dann kommen sie darauf, sich eine Flasche Sekt zu teilen (»Ist ja billiger«), sodass drei der Frauen Sekt trinken, die vierte etwas anderes bestellt und, noch ist diese Geschichte nicht zu Ende, zum Schrecken des langmütigen Kellners bei der Bezahlung jeder

Posten genau ausgerechnet wird: »Ich zahle dann für eine Drittel Flasche Sekt 5,66 Euro.« Aufgerundet wird auf 5,80 Euro.

Es sollte einem schon selbst auffallen, wie absurd das ist. In Italien zahlt man übrigens *à la romana* – die Rechnung wird durch die Zahl der Gäste geteilt. Das sollte uns Prinzessinnen im Herzen zum Maßstab werden – außer, auch das ist eine elegante Lösung, eine in der Runde lässt die Bedienung diskret wissen: »Ich erledige das!« Das ist für das Personal am einfachsten. Und Großzügigkeit macht jede Prinzessin im Herzen beliebt.

Die Prinzenrolle
oder: Wie Prinzessinnen auch ihren Herzensprinzen adeln

Zum Schluss ein paar Überlegungen zu unserer Partnerschaft. Es kann sein, dass sich einige von uns Prinzessinnen im Herzen so sehr mit der verfeinerten aristokratischen Lebensart vertraut gemacht haben, dass – so Sie nicht durch Eheschließung zu einem Titel gekommen sind – Ihnen Ihr Herzensprinz mit der Zeit als, nennen wir es beim Namen, Frosch erscheint. Abgesehen davon, dass Frösche äußerst nützliche (Wettervorhersage) und bemerkenswerte Geschöpfe sind und es grundsätzlich nichts gegen sie einzuwenden gibt, ist Ihr Gefühl verständlich. Paartherapeuten kennen dieses Phänomen. Die Partnerschaft ist in eine Schieflage geraten.

Doch was tun? Zunächst einmal rate ich, ruhig zu bleiben – wie sich das für eine Prinzessin gehört. *Keep calm and carry on.* Ihr Empfinden ist normal, und es kommt immer zu einem Ungleichgewicht, wenn sich in einer Beziehung einer der beiden Beteiligten weiterentwickelt hat. Eingespielte Rituale, die vorher gültig waren, kommen ins Wanken. Sie haben keine Substanz mehr, da ihre Funktion überholt ist. Gewohnheiten werden hinterfragt (»Müssen wir eigentlich immer so einen Wirbel machen, wenn die Nachbarn zum Essen kommen? Reicht nicht auch eine Soljanka statt des Drei-Gänge-Menüs?«), neue Forderungen gestellt (»Ich möchte so gern einmal eine Cour halten!«). Das, was war, ist nicht mehr gültig – eben weil Sie eine andere sind: eine Prinzessin. Das heißt: Schimmel reiten statt Golf fahren.

Schleppe statt T-Shirt. Hoflieferanten haben, statt um Sonderangebote bei Aldi rangeln. Hof halten, statt erfolglos in der Schlange vor dem Berghain zu stehen.

Sehen Sie es Ihrem Herzensprinzen nach. Auch für ihn kommt Ihre Wandlung unvermutet. Mag sein, dass er immer schon etwas geahnt hat (Ihre Vorliebe für Adelshochzeiten und Klatschhefte ließ sich nicht vollkommen verbergen), aber, dass Sie den ganzen Weg gehen würden, damit rechnet doch keiner! Sie waren doch einmal *seine Herzensprinzessin*, er dachte, das würde genügen, nun aber sieht er sich mit einer Prinzessin im Herzen konfrontiert. Das muss er verdauen. Es gibt nämlich neuerdings Momente in Ihrem Leben, die findet er befremdlich. Wenn Sie beispielsweise früher mit ihm einen Wochenendtrip nach Kopenhagen gemacht haben, waren Sie beide sich selbst genug, wenn Sie an der Promenade am Nyhavn einen Kaffee oder vielleicht sogar schon ein kleines Bier zusammen tranken. Nun aber stoßen Sie Schreie des Entzückens aus, wenn Sie auf dem Weg dorthin der Königlichen Garde begegnen, die zum Wachwechsel in Richtung Amalienborg marschiert. Diese Uniformen, diese schmucken Helme, der Gleichschritt, der hier seltsam lässig wirkt. Statt gemütlich weiterzubummeln, lassen Sie Ihren Herzensprinzen einfach stehen (obwohl er gerade Ihr Porzellan von Royal Copenhagen trägt) und heften sich den strammen Gardisten an die Fersen. Da muss der Partner an Ihrer Seite, das ist ganz wörtlich zu nehmen, erst einmal mitkommen.

Aber das ist kein Grund zu verzagen. Es gibt Möglichkeiten, ihm auf die Sprünge zu helfen. So, wie Sie selbst auf die

Prinzessinnenschule gehen mussten, muss auch er nun einige Lektionen durchlaufen, die ihn auf seine (höhere) Aufgabe vorbereiten. Bitten Sie ihn zu sich, machen Sie ihm deutlich, wer Sie jetzt sind – und wer er durch Sie werden kann. Eine Rangerhöhung hat bislang noch jeder Mann, den ich kenne, attraktiv gefunden. Wenn er sich aufgeschlossen zeigt, dann legen Sie ihm seinen neuen Stundenplan vor. Klugerweise erteilen Sie ihm darin keine Befehle, denn Männer hassen Befehle – schon gar von Frauen. Aus diesem Grund haben Sie die Lektionen in der dritten Person abgefasst und darin das Ideal eines Prinzen im Herzen beschworen. Ihr Prinz hat so die Möglichkeit, die Anforderungen wie eine Stellenausschreibung zu lesen und nachzuholen, was ihm für seine Qualifikation noch fehlt.

Tanzen

Der Prinz im Herzen weiß, dass alle Prinzessinnen (ob gebürtig, adoptiert, selbst gekrönt) gern tanzen. Wir wissen: Königin Elisabeth I. von England hielt ihre Glieder mit einer morgendlichen Gaillarde bis ins hohe Alter geschmeidig. Und wir wissen auch: Kronprinzessin Luise führte am steifen preußischen Hof – Skandal! – den Engtanz Walzer ein, was ihre Hofmeisterin, die Gräfin von Voß, entsetzte. Mit feinem Sinn für Prioritäten schrieb sie im Kriegswinter 1794 in ihr Tagebuch: »Die Kronprinzessin verhält sich unklug. Sie tanzt viel und mit den Falschen. Vom Rhein nur Niederlagen.« Prinzessin Diana, die von ihrem Mann, Prinz Charles, auch auf dem Parkett nicht viel zu erwarten hatte, ließ bei einem Staatsbankett im Weißen Haus die First Lady Nancy Reagan wissen, dass sie gern mit John

Travolta tanzen würde. Nancy Reagan sorgte dafür, dass dieser Wunsch erfüllt wurde. 15 Minuten lang glitt sie in den Armen des Hollywoodstars über die Tanzfläche. Auch für John Travolta ein unvergessener Moment, von dem er bis heute erzählt.

Ein Prinz im Herzen handelt wie John Travolta. Er entspricht dem Wunsch seiner Selfmade-Prinzessin, indem er mit ihr tanzt oder tanzen geht. Er bucht einen Kursus in der Tanzschule oder der VHS und freut sich daran, dass sie den ganzen Abend in seinen Armen liegt. Denn sehen wir es einmal so: So einfach hat er noch keinen Rivalen ausgestochen.

Galant sein

Ein Prinz im Herzen ist kein Rüpel, sondern ein Galan. Er hilft seiner Prinzessin, wenn sie Probleme mit der Krone oder der Schleppe hat – und natürlich auch mit Getränkekisten, dem Hausmüll, dem Abwasch. Er lässt sie auch nicht fünf Schritte hinter ihm herhecheln, sondern bietet ihr seinen Arm zum Geleit an – um gemeinsam zu flanieren.

Verehren

Der Prinz im Herzen verehrt seine Prinzessin, indem er sie seiner Liebe in handgeschriebenen Briefen versichert und seine Zuneigung immer wieder mit kleinen Aufmerksamkeiten (Blumen, Pralinen) beteuert.

Und er ist nicht verstimmt, wenn sie ihm dennoch etwas kühler begegnet, als er sich das wünscht. Wie sagte schon die weise Prinzessin Schwarzburg-Rudolstadt, eine Hofdame der Königin Friederike von Hannover: »Wenn eine Prinzessin glücklich mit ihrem Mann werden will, muss sie sich gleichgültig gegen ihn geben. Und wenn sie gar verliebt ist, darf sie ihm das nie offen eingestehen. Denn er wird sich das zunutze machen, wenn sie einmal kälter gegen ihn wird.«

Noch mehr verehren

Ein Prinz muss einer Prinzessin das Gefühl geben, dass er sich für sie duellieren würde. Aber Achtung: Es reicht völlig aus, ihr das Gefühl zu geben!

Er ist nämlich selbstverständlich nicht nur mit dem strengen Regularium eines Duells vertraut, sondern auch mit den informellen Gepflogenheiten, und er wählt, falls eine solche Situation akut zu werden droht, einen zuverlässigen Sekundanten aus: Dessen Pflicht war es, die Polizei über Ort und Zeitpunkt des Ehrenhandels zu verständigen, sodass die Beamten genau zur rechten Zeit erscheinen und die Sache unterbinden konnten. Bis zum König hin hatte nämlich niemand Interesse daran, dass sich die jungen Heißsporne gegenseitig über den Haufen schossen. Man brauchte sie schließlich für andere Aufgaben im Reich! Ein Gesetz verbot es daher, sich zu duellieren. Unannehmlichkeiten, wie Personalien aufzunehmen und auf der Wache auszuharren, wurden mit ein paar Talern aus der Welt geräumt. Die Ehre war gerettet, das Gesicht gewahrt, auf ein Bier. Und: Schönen Tag noch, Herr Wachtmeister! Trotzdem hat die Prinzessin das Gefühl, ihr Prinz würde sogar sein Leben für sie geben.

Ihr Herzprinz verweigert die Lektionen? Er ist ein Prinzenschulversager? Gut, Sie haben es versucht, und es hat nicht geklappt, aber es gibt nicht wirklich einen Grund zu verzweifeln. Auch in einer Partnerschaft, in der Sie die Hosen an-, ähm, die Krone aufhaben, können Sie glücklich werden. Einige unserer royalen Mitstreiterinnen kennen diese Lage sehr genau. Schauen wir uns an, wie sie die Situation gemeistert haben:

Zunächst werfen wir einen Blick nach Kopenhagen. Als die dänische Kronprinzessin Margrethe 1967 den französischen Grafen Henri de Laborde de Monpezat heiratete, war seine von traditionellen Männlichkeitsidealen geprägte Welt noch nicht getrübt. Das änderte sich aber, als Margrethe 1972 Königin wurde und er, statt an ihrer Seite zum König aufzusteigen, Prinz blieb. Henri, zu Dänisch Henrik, beschwerte sich öffentlich über die Diskriminierung, unter der er zu leiden habe.

»Ich bin für die Gleichberechtigung von Mann und Frau«, wetterte er – bevorzugt in französischen Zeitungen, damit das häusliche Donnerwetter, es gab damals noch kein Internet, erst mit Zeitverschiebung in seiner Wahlheimat Dänemark einsetzte. »Das Volk kennt nur seine Königin, aber mich nicht. Das ist in der Öffentlichkeit ein Problem.« Er brachte den Titel »Majestät« ins Spiel und scheiterte. Er brachte den Titel »König« ins Spiel und scheiterte. Er brachte den Titel »Königgemahl« ins Spiel und scheiterte.

Dann suchte er sich Verbündete. Mit Prinz Philip, Ehemann von Königin Elizabeth II., und Prinz Claus (inzwischen verstorbener) Ehemann von Beatrix, Königin der Niederlande, zettelte er eine kleine Palastrevolte an. Auch die scheiterte.

Schließlich gab er sich mit dem Titel »Prinzgemahl« zufrieden. »Damit ich mich von meinen beiden Söhnen abhebe«, so seine offizielle Begründung – denn die waren Prinzen.

Doch als seine schwer kranke Frau ihren Sohn, den Kronprinzen Frederik, zum Neujahrsempfang als Vertretung schickte, statt Monsieur Henri zu bitten, zischte dieser beleidigt auf sein südfranzösisches Weingut bei Cahors ab – und schmollte. Monatelang dauerte es, bis Königin Margrethe ihn umgestimmt hatte und ihn endlich zurückholte.

Und Prinz Claus? Hendriks niederländischer Kollege, hat – bis auf die kurze Zuckung, zu der ihn Prinz Hendrik angestiftet hatte – nie gegen seinen zweiten Platz hinter Königin Beatrix aufbegehrt. Er war froh, dass er als Deutscher nach den Anfeindungen, die ihm zwanzig Jahre nach der Besatzung durch die Wehrmacht entgegenschlugen, überhaupt in seiner neuen Heimat akzeptiert wurde. Claus war handzahm und bald sehr beliebt bei seinen Untertanen.

Anders dagegen Prinz Philip! Auch der englische Prinzgemahl haderte mit dem protokollarischen (Katzen-)Platz hinter Königin Elizabeth II. Als er zwei Jahre nach ihrer Krönung immer noch hinter ihr hergehen musste, trat er in den Sexstreik. Acht Jahre dauerte es, bis er seiner königlichen Gemahlin verziehen hatte. Neun Monate nach dem Versöhnungssex kam Prinz Andrew auf die Welt, und weil es so schön war, vier Jahre später Prinz Edward.

Es gibt also viele Möglichkeiten, ein Leben mit einem Partner zu führen, der noch nicht Prinz im Herzen ist oder dies auch gar nicht werden will: Sie nehmen seinen Zorn in Kauf und sorgen dafür, dass die Wellen nicht allzu hochschlagen. Sie lenken das Thema auf eine andere Problematik oder zerren ihn in Ihr Bett.

Was uns die drei Beispiele lehren: Diese Paare sind trotz kleiner Wetterwolken, die ihre Beziehung verschattet haben, bis ins hohe Alter zusammengeblieben. Wir Prinzessinnen im Herzen können uns nämlich einer Sache sicher sein: Prinzen lieben Prinzessinnen – ebenso wie Frösche Frösche lieben. Das hat die Natur ganz gut eingerichtet. Denn unser Pluralis Majestatis wirkt hier gleichsam umarmend und schließt unsere Herzensprinzen mit ein, dagegen können sie gar nichts machen. Es sei denn, er ist wirklich ein Frosch. Dann machen Sie es wie unsere Prinzessinnenschwester aus dem Märchen der Gebrüder Grimm: Sie geben ihm einen Kuss …

... und Schluss.

(Und wenn wir nicht gestorben sind, dann leben wir noch heute.)

Zehn Prinzessinnenromane

1. *Angelique* von Anne Golon
    Die Tochter eines Landadeligen wird an einen rät-
    selhaften Fürsten verheiratet, der beim König in
    Ungnade fällt und plötzlich verschwindet. Ange-
    liques Suche führt vom Hof Ludwig XIV. bis in die
    Armenhäuser von Paris. In 13 Bänden angelegter
    Streifzug durch das Frankreich des 17. Jahrhun-
    derts. Mit wunderbaren Sexszenen.

2. *Die schöne Wilhelmine* von Ernst von Salomon
    Die Trompeter-Tochter Wilhelmine verliebt sich
    in Kronprinz Friedrich Wilhelm II. von Preu-
    ßen. Endlich König, erhebt er sie in den Stand
    einer offiziellen Mätresse; die Hofkamarilla
    vergiftet ihren gemeinsamen Sohn. Kabale und
    Liebe in Berlin vor der Französischen Revoluti-
    on. Auch tolle Sexszenen.

3. *Die Schwester der Königin* von Philippa Gregory
    Auch Mary, die Schwester der späteren englischen
    Königin Anne Boleyn, hat eine Liebschaft mit Kö-
    nig Heinrich VIII. Sie schenkt ihm sogar den heiß
    ersehnten Sohn. Doch statt diesen zu legitimieren,
    wendet er sich Anne zu. Die Schwestern werden
    zu Feindinnen – es endet blutig.

4. *Friederike – Prinzessin der Herzen* von Bettina Hennig
Zwölf Kinder von vier Männern, aber nur dreimal verheiratet. Wie geht das? Friederike galt als die galanteste Salonlöwin ihrer Zeit.

»Jeder will sie haben«, schrieb Oberhofmeisterin Voß in ihr Tagebuch – und sie hat wohl so einigen dieser Avancen nachgegeben.

Eine Prinzessin, über die ich schreiben musste. Es ist von den Büchern, die ich geschrieben habe, mein Lieblingsbuch.

5. *Der Winterpalast* von Eva Stachniak
Der Aufstieg der deutschen Prinzessin Sophie von Anhalt-Zerbst zu Zarin Katharina – aus der Perspektive ihrer polnischen Zofe Warwara erzählt. Raffiniert, verschworen, betrügerisch, intim. Ein Blick hinter die Kulissen des russischen Zarenhofes. Und unter die Röcke.

6. *Die Nebel von Avalon* von Marion Zimmer Bradley
Prinzessin Morgaine schildert, wie ihr Bruder Artus die Briten christianisiert und zum Großkönig aufsteigt. Obwohl sie als Priesterin über magische Kräfte verfügt, beißt sie sich an ihrer Schwägerin Gwenhwyfar die Zähne aus. Die Artus-Sage aus Frauensicht.

7. *Yvonne, die Burgunderprinzessin* von Witold Gombrowicz

   Kein Roman, sondern ein Theaterstück. Dennoch erwähnenswert: Die hässliche und spröde Yvonne erweckt das Interesse des in Glanz und Gloria lebenden Prinzen Philipp von Burgund. Er heiratet sie. Doch die Andersartigkeit seiner Gemahlin sorgt für Unruhe bei Hofe – alle fühlen sich von ihr entlarvt. Schließlich beschließt die Königin, ihre Schwiegertochter ermorden zu lassen. Weltliteratur.

8. *Die florentinische Prinzessin* von Christopher W. Gortner

   Prinzessin Caterina ist acht Jahre alt, als sie als Unterpfand der Streitigkeiten zwischen Italien und Frankreich an den französischen Hof geschickt wird. Die Ehe mit König Heinrich II. bringt ihr jedoch kein Glück. Er geht fremd. Da hetzt sie ihre Söhne gegen ihn auf. Religionskriege, Bartholomäusnacht, Okkultismus.

9. *Maria Stuart* von Stefan Zweig

   Prinzessin Mary kommt mit sechs Jahren an den französischen Hof, sie soll einen Sohn Caterina de' Medicis heiraten und Königin von Frankreich werden. Nach dem plötzlichen Tod des Kronprinzen macht ihr ihre Schwiegermutter die Hölle heiß. Mary flieht nach Schottland, dessen Krone sie trägt. Ihre Ehe mit dem eitlen Lord Darnley ist unglücklich, da verfällt sie dem Earl of Bothwell, einem kaltherzigen Zuhältertypen, für den sie alles riskiert. Psychogramm von Freud-Fan Zweig. Weltliteratur.

10. *Das Mädchen Orchidee* von Pearl S. Buck
Das Mädchen Orchidee, eine Prinzessin von niederem Adel, steigt von der einfachen Hofdame durch Raffinesse und Geschick zur letzten Kaiserin von China auf. Über vierzig Jahre lenkt sie an der Seite ihres Mannes die Geschicke des Riesenreiches. Exotische Romanbiografie von der Nobelpreisträgerin.

Auswertung

Lesen Sie die zu Ihrer Loge gehörende Prinzessinnen-Beschreibung und erfahren Sie welches Prinzessinnen-Ich Sie sind. Lassen Sie sich von der dazugehörigen Vita inspirieren. Erkennen Sie das Potenzial, das in der Biografie Ihrer blaublütigen Seelenverwandten steckt, und lernen Sie, wie sie trotz unvermeidlicher Konflikte ihr Leben gemeistert hat.

Loge 1: Luise, Königin von Preußen

Wer ist Königin Luise? Luise wuchs bei ihrer Oma auf. Die Verhältnisse waren bescheiden. Sie verkuppelte ihre Enkelin mit Friedrich Wilhelm, dem ältesten Sohn des Preußenkönigs Friedrich Wilhelm II.: An Heiligabend 1793 war Hochzeit.

Berliner Modeateliers fanden in der königlichen Auftraggeberin eine kundige Käuferin, die einen luftigen Look im altgriechischen Stil bevorzugte. Sie schämte sich nicht, ihre Reize zu zeigen.

Auch kulinarischen Genüssen war sie zugetan: Zum Mittagessen genoss sie das erste Bier. War sie frustriert, ließ sie sich drei Tassen heiße Schokolade ans Bett bringen, wo sie bis mittags seichte Romane zeitgenössischer Autoren las. Ihr Liebling war August Lafontaine. Nur ihrer Vorleserin zuliebe las sie Friedrich Schiller.

In Volieren hielt sie Blauaras, die sie wegen ihrer Farbe schätzte: Kornblumenblau war ihre Lieblingsfarbe. Sie versuchte den Vögeln das Sprechen beizubringen.

Auch wenn ihre Ehe glücklich war, liebte Luise Flirts. Schon kurz nach ihrer Hochzeit hatte sie eine heiße Affäre mit Preußens Adonis Prinz Louis Ferdinand. Nur eine trieb es toller: Ihre jüngere Schwester Friederike. Luise verbannte sie vom Hof.

Sie wechselte flammende Briefe mit Zar Alexander I. von Russland (Nach ihm hat sie den Alexanderplatz benannt.) Noch heute scheidet sich die Geschichtsschreibung in zwei Lager, je nachdem, wie die Frage »Haben sie oder haben sie nicht?« beantwortet wird. #TeamAlexander ist zahlenmäßig größer.

Ihre Reize gegenüber dem starken Geschlecht auszuspielen, zählte zu Luises Zeiten zum natürlichen Selbstverständnis der Frauen. Eine Frau ohne Verehrer war eine langweilige Gans.

Luise nutzte ihre Wirkung aber auch auf politischer Ebene. Nachdem ihr Vaterland Preußen 1806 von Napoleon überrannt worden war und sie bis ans äußerste Ende ihres Königreiches nach Memel (heute Klaipėda) fliehen musste, schickte ihr Mann wohlweislich Königin Luise zu den Friedensverhandlungen.

Napoleon war nachhaltig beeindruckt von der schönen Königin, lockerte aber seine Bedingungen keineswegs. Dennoch gilt diese Unterredung als Wendepunkt in Luises Leben: Aus der leichtlebigen Prinzessin wurde eine ernst zu nehmende Landesmutter, auch weil sich letztlich ihre, nun ja, nennen wir es einfach mal *Brieffreundschaft* mit Zar Alexander I. auszahlte – dieser handelte bei Napoleon zahlreiche Zugeständnisse für das geschundene Preußen heraus.

Luise ist bis heute hochverehrt. Es gibt keine deutsche Königin, über die so viele Romane und Biografien verfasst wurden, wie über sie. Plätze, Schulen und Frauenbünde wurden nach ihr benannt. Und ein Orden.

Was heißt das für Sie? Das LUISE-Prinzip:
Eine Prinzessin im Herzen mit Luise-Power isst Schokolade, flirtet und betört ihre Umwelt mit ihrer Anmut. Ihr ist es gleich, ob die anderen sie für ein oberflächliches Weibchen halten, die sich nur für Mode und Luxus interessiert. Sie weiß, was sie bewirken kann. Denn wenn es darauf ankommt, legt sie nicht nur all ihren Charme in die Waagschale, sondern lässt einfach ihre gesamte Schar an Verehrern für sich arbeiten, die ihr alle freiwillig zur Seite stehen. So läuft alles, wie sie will.

Und: Eine Luise-Prinzessin liest Schiller!

Loge 2: Sisi, Elisabeth Kaiserin von Österreich

Wer war Sisi, die Kaiserin Elisabeth von Österreich?

Sisi wuchs in einer Nebenlinie des Wittelsbacher Königshauses auf – sie trug als Landadelige Tracht. Zum Frühstück gab es bei ihr bayrisches Weizenbier. Normal in ihrer Zeit.

Mit 17 heiratete sie den österreichischen Kaiser Franz-Joseph. Fortan war sie dem Mobbing der Hofkamarilla ausgesetzt. Sie flüchtete sich in eine schwärmerische Verehrung für den Dichter Heinrich Heine und verfasste Verse in seinem Stil.

Sisi entwickelte einen nervösen Husten und begab sich auf den Rat ihrer Ärzte hin auf Reisen. Innerhalb von zwei Jahren besuchte sie die Levante, Nordafrika, die Ausgrabungen Schliemanns in Troja und Mykene und immer wieder Ungarn.

Und der Wiener Hof? Dort umgab sie sich lieber mit ihren Hunden. Ihrem Liebling Shadow, einem schwarzen Boxer, errichtete sie ein Grabmal mit Stein.

Dem höfischen Ennui setzte sie ihr politisches Engagement für Ungarn entgegen – eine Aufgabe, in die sie sich hineinsteigern konnte. Wie in allem, war Sisi auch in diesem Punkt extrem. Sie lernte fließend Ungarisch, umgab sich fortan nur mit ungarischen Hofdamen und schätzte die Freundschaft des Grafen Gyula Andrássy, einem Akteur der ungarischen, nationalistischen Revolution.

Als Sisi 1868 ihre jüngste Tochter Marie Valerie gebar, munkelte man, dass Andrássy Vater dieses Kindes sei. Sisi war überglücklich, ihr Strahlen unterstrichen rauschende, weiße Roben.

Wirklich im Lot schien sie dennoch nicht zu sein. Sisi pflegte einen geradezu hysterischen Körperkult – drei Mal am Tag stieg sie auf die Waage –, verausgabte sich bei Gewaltmärschen. Sie liebte die Extreme und ließ sich sogar einen Anker auf die Schulter tätowieren. Ihre nervöse Mischung aus Hyperaktivität, Essensverweigerung und Schwermut wird heute »Sissi-Syndrom« genannt, es gilt als eine Sonderform der Depression.

Die Veranlagung dazu wurde durch den Selbstmord ihres Sohnes, des Erzherzogs Rudolf, im Jahr 1889 verstärkt. Sisi trug fortan schwarz. Da sie trotz langer Abwesenheit vom Wiener Hof die Bedürfnisse ihres Mannes kannte, führte sie ihm die Hofschauspielerin Katharina Schratt zu und billigte diese Affäre. Sisi wurde am 10. September 1898 Opfer des italienischen Anarchisten Luigi Lucheni. Noch am gleichen Tag erlag sie ihrer Verletzung.

Was heißt das für Sie? Das SISI-Prinzip:
Prinzessinnen im Herzen mit Sisi-Power wollen eine gehobene gesellschaftliche Stellung, aber auch Unabhängigkeit. Beide Bedürfnisse unter einen Hut zu bringen, bringt sie manchmal ans Ende ihrer Kräfte. Manchmal handeln sie pragmatisch und helfen ihren Liebsten (ganz ohne Eitelkeiten), ihre Bedürfnisse zu erfüllen, manchmal verzetteln sie sich in revolutionäre Schwärmereien. Sisi-Prinzessinnen ziehen öfter den Neid ihrer Mitmenschen auf sich. (Was erlaubt die sich!) Sie wissen jedoch: Neid muss man sich verdienen.

Die Gefahr bleibt, sich aufzureiben. Sisi-Prinzessinnen leben extrem. Ein Anker-Zeichen irgendwo (am Schlüsselbund, als Kissen, als Bild) hilft, sich zu erden.

Und: Sisi-Prinzessinnen lernen Sprachen, am besten im Tandem-Prinzip einem feurigen Muttersprachler!

Loge 3: Cersei Lennister aka Cersei Baratheon

Wer ist Cersei Lennister aus der Serie *Game of Thrones*? Sie ist die älteste Tochter des mächtigen Lords Tywin Lennister, hat einen Zwillingsbruder: Jamie, und einen im Wortsinn kleinen Bruder: Tyrion, der zwergwüchsig ist. Ihre Flagge zeigt einen brüllenden Löwen, ihre Farbe ist blutrot.

In ihrer Jugend keimt Cerseis Liebe zu ihrem Bruder Jamie auf. Um mehr über ihr Schicksal zu erfahren, besucht sie die Waldfee Maggy. Cersei darf ihr drei Fragen stellen. Sie will wissen, ob sie jemals den Prinzen heiraten wird. (Gemeint ist Jamie.) Maggy antwortet, dass sie den König heiraten wird. Zweite Frage: Werde ich Königin? Maggy bejaht, fügt aber hinzu, dass eine Schönere und Jüngere kommt, die ihr alles nehmen wird. Dritte Frage: Habe ich Kinder mit dem König? Maggy prophezeit, dass der König zwanzig Kinder und sie drei haben wird.

Die Prophezeiung liegt wie ein Fluch über Cerseis Leben. Doch zunächst beginnt ihr Aufstieg, sie heiratet den König Robert Baratheon. Der König betrügt sie, Cersei findet Trost bei ihrem Bruder Jamie – sie zeugen drei Kinder: Joffrey, Myrcella, Tommen.

Als nach dem Mord an König Robert, Cersei den Thron für ihren Sohn Joffrey sichert, wird das Geheimnis seiner Herkunft durch Stannis Baratheon, ihren Schwager, gelüftet. Er zweifelt die Legitimität Joffreys an, da er selbst den Thron besteigen will. Während Cerseis Vater Tywin und ihr Bruder Jamie mit ihren Truppen gegen Stannis aufbrechen, versucht Cersei die Geschicke bei Hofe zu lenken. Sie inszeniert sich als stets in blutrot gewandete Herrscherin.

Ihre Ränke halten ihren Geist fit. Sie geht Bündnisse ein, löst sie, wenn sie ihrer überdrüssig ist. Ihr Vater Tywin kommt ihren Plänen in die Quere, er will ihren Sohn Joffrey aus Kalkül mit der schönen Margaery verheiraten.

Bei der Hochzeit erliegt König Joffrey einem Giftattentat. Cersei fängt an zu trinken. Drei, vier Karaffen täglich. In ihrer Trinksucht übersieht sie, dass Margaery sich an ihren jüngsten Sohn Tommen, den neuen König, heranmacht.

Bald folgt die Hochzeit, Margaery ist Königin, Cersei nur Königinmutter. Aus Verzweiflung verbündet sich Cersei mit einer Sekte religiöser Fanatiker, obwohl sie deren Lehre für Heuchelei hält. Sie schwärzt ihre Schwiegertochter bei ihnen an, worauf diese in den Kerker geworfen wird.

Doch Cersei fällt selbst in die Grube, die sie gegraben hat. Die Sekte inhaftieren auch sie.

Was heißt das für Sie? Das CERSEI-Prinzip:
Cersei-Prinzessinnen lieben die Macht und tun alles, um diese zu erhalten. Angst, zu männlich rüberzukommen? Pah. Sie finden, dass eine Frau dieselben Rechte hat, wie ein Mann.

Auch wenn Cersei-Prinzessinnen meist sehr schön sind, sind sie kein Weibchen im Sinne des Klischees. Sie sagen, was sie denken. Und sie handeln. Befehle erteilen? Ihre Lieblingsdisziplin. Manipulieren? Na, klar. Konfliktscheu? Nicht eine Cersei-Prinzessin! Cersei-Prinzessinnen sind geborene Führungskräfte. Sie lassen sich von niemandem die Butter vom Brot nehmen. Und wer es dennoch schaffen sollte, der wird es morgen bitterlich bereuen.

Und: Cersei-Prinzessinnen gehen zu den Anonymen Alkoholikern, wenn's nötig ist.

Loge 4: Diana, Prinzessin von Wales

Wer ist Prinzessin Diana? Di arbeitete als Kindergärtnerin, als der Kronprinz Charles um sie warb. Sie war schüchtern, und die zarten Pastellfarben, die sie bei der Wahl ihrer Kleider bevorzugte, unterstrichen ihre zurückhaltende Art.

Februar 1981: Verlobung, Juli 1981: Hochzeit, 21. Juni 1982: Geburt des Thronfolgers Prinz William.

Repräsentative Termine waren zunächst nicht ihr Ding. Bei einem Besuch in der Kronkolonie *down under* riss sie allerdings die Stimmung rum – mit Erfolg: Australien, das sich von der Krone lossagen wollte, blieb königinnentreu. Diana wurde der Star des Königshauses, modern, volksnah, liebenswürdig. Charles verblasste neben ihr und wandte sich seiner Jugendliebe Camilla Parker-Bowles zu. Es kriselte in der Ehe. Indes feilte Diana an ihrem Styling, wurde von der amerikanischen Vogue fotografiert. Und: Sie fing Männergeschichten an. Bis heute hält sich das Gerücht, dass ihr Reitlehrer James Hewitt der Vater ihres zweiten Sohnes Prinz Harry sei.

Das Kronprinzenpaar wahrte den Schein, Diana aber litt an Bulimie. Sie wurde süchtig nach Fitness.

Prinzessin Di galt als liebende Mutter, und es hätte sie sicher gefreut, zu wissen, dass Prinzessin Charlotte, die Tochter ihres Sohnes William, mit drittem Namen nach ihr benannt wurde. Diana wurde zum beliebtesten Mitglied der Royals gewählt, aber Charles liebte trotzdem eine andere: Camilla. Die Prinzessin suchte Trost im Champagner, der deutsche Wein, der bei Hofe getrunken wird, war ihr zu sauer.

In dieser Zeit engagierte sie Andrew Morton, um ihre Biografie zu verfassen: *Diana: Ihre wahre Geschichte* war ein

Skandal. Als auch noch Telefonbänder auftauchten, auf denen Dianas Liebhaber, der Galerist Oliver Hoare, sie »Tintenfischchen« nannte, war Dianas strahlendes Image getrübt.

Sie ließ den berühmten Satz »Wir führten eine Ehe zu dritt« fallen und warf Camilla der englischen Presse vor. Statt sich als Opfer zu stilisieren, zeigte sie sich in einem schwarzen Cocktailkleid: *The Revenge Dress*, das Rachekleid, wie es heute heißt.

Am 28. August 1996 wurde ihre Ehe geschieden. Danach nutzte Diana ihre Popularität für wohltätige Zwecke. Mit ihrem Freund Dodi Al-Fayed, dem Sohn des Londoner Harrods-Besitzers, erlitt sie am 31. August 1997 in Paris einen Unfalltod. Der Fahrer Henri Paul hatte 1,8 Promille im Blut.

Was heißt das für Sie? Das DIANA-Prinzip:
Diana-Prinzessinnen haben es schwer, weil sie überall beliebt sind, nur nicht bei dem einen, auf den es ankommt. Sie überwinden aber die Zeiten, in denen sie einem Ideal (Traumehe, Traumkinder etc.) hinterher gehechelt sind. Denn sie wissen: Wenn sie sich von falschen Partnern (Psychologen nennen sie Energie-Vampire oder – komplizierter – dysfunktionale Partnerschaften) lösen, dann steht ihnen die Welt offen. Denn alle wollen einer Diana-Prinzessin die Welt zu Füßen legen.

Ihr Stolperstein ist ihr Narzissmus, den sie aus der gekränkten Liebe nähren: Denen zeige ich es! Aber diese Prinzessinnen erkennen, dass sie für wahre Liebe nichts tun müssen. Und die schlägt ihnen von allen Seiten entgegen.

Und: Diana-Prinzessinnen handeln nach der Devise »Don't Drink'n'Drive«!

Loge 5: Elisabeth I., Königin von England

Wer war die große Tudor-Königin Elisabeth I. von England? Erst Liebling ihres Vaters Heinrich VIII. wurde sie nach der Hinrichtung ihrer Mutter Anne Boleyn für illegitim erklärt.

Nach dem Tod ihres Vaters schloss sie ihr Bruder, König Edward VI., von der Thronfolge aus, von ihrer älteren Schwester Maria (aka »Boody Mary«), die Edward auf den Thron folgte, wurde sie eingekerkert. Aus Langeweile lernte Elisabeth Französisch, Spanisch, Italienisch, übersetzte aus dem Lateinischen und Altgriechischen.

Nach dem Tod ihrer Schwester wurde Elisabeth im Alter von 25 Jahren Königin. Ihr Land war am Boden. Zur Befriedung der Lage schuf Elisabeth eine Einheitskirche und schloss Frieden mit Frankreich. Ihr Liebesleben ordnete sie politischen Zielen unter: Als es darum ging, mit den Habsburgern gemeinsame Sache zu machen, versprach sie Erzherzog Karl die Ehe. Als sie Verbündete gegen Spanien suchte, köderte sie den französischen Königssohn François-Hercule de Valois mit einem Heiratsversprechen. Eingelöst hat sie es nie.

Ihren Beratern und Freunden gab sie tierische Kosenamen: Sir Christopher Hatton nannte Elisabeth »Hammel«, den Seefahrer Sir Walter Raleigh »Mops«. Der französische Heiratskandidat François-Hercule de Valois wurde »Frosch« genannt, sein Begleiter Jean de Simier war »der Affe«.

Elisabeth war eitel. Um sich fit zu halten, tanzte sie jeden Morgen eine Gaillarde. (Geistig hielt sie sich mit stark verdünntem Ale fit.) Und sie liebte die Mode: Berühmt ist sie für ihre hohen, goldenen Kragen, die eine Art Heiligenschein simulierten. An ihrem Renaissancehof war es üblich, dass unverheiratete

Frauen extrem tiefe Ausschnitte trugen. Die Queen macht von dieser Sitte bis ins hohe Alter Gebrauch.

Und ihre Rivalin? Elisabeth hatte keine erotische Rivalin. Eine politische Rivalin wurde ihr umso gefährlicher: die katholische Königin von Schottland Maria Stuart. Ausgerechnet diese bat sie um politisches Asyl.

Elisabeth, deren Kindheit von Religionskriegen geprägt war, fürchtete, dass katholische Anhänger sich Königin Mary anschlössen und setzte ihre schottische Verwandte fest. 21 Jahre später unterschrieb Elisabeth den Hinrichtungsbefehl.

Ihr Günstling Walter Raleigh benannte den US-Bundesstaat Virginia nach Elisabeth, die auch *Virgin Queen* genannt wurde, die jungfräuliche Königin. War sie wirklich die ewige Jungfrau? Es gibt deutliche Anzeichen, dass ihr Gefährte Robert Dudley nicht nur den Tisch mit ihr teilte. Wie auch immer, ihre 44-jährige Regentschaft ist als Goldenes Zeitalter in die Geschichte eingegangen.

Was heißt das für Sie? Das ELISABETH-I.-Prinzip:
Elisabeth-Prinzessinnen ordnen schnelle Vergnügungen (Sex) höheren Zielen (z.B. Vorstandsetage) unter! Um ein solches Ziel zu erreichen, nutzen sie ihre Verführungskunst und machen Versprechungen, die sie nur bedingt halten. Über die lange Durststrecke, die sie ihren treuen Gefolgsleuten dabei zumutet, rettet sie sich mit kleinen Gefälligkeiten. Sie gibt jedem das Gefühl, er sei ein besonderer Mensch und sie absolut auf seiner Seite – solange jedenfalls, bis sie ihre wahre Meinung durchsetzen kann.

Und: Elisabeth-Prinzessinnen geben Tiernamen!

Loge 6: Stéphanie, Prinzessin von Monaco

Wer ist Stéphanie von Monaco? Stéphanie ist die jüngste Tochter des monegassischen Fürsten Rainier III. und seiner Frau Gracia Patricia.

1982 saß sie auf dem Beifahrersitz, als ihre Mutter mit dem Auto verunglückte. (War der Champagner Schuld?) Die Fürstin starb einen Tag später, Stéphanie kam mit einer Gehirnerschütterung davon. Beobachter sagen, ihre Seele sei labil geblieben. Vielleicht folgt Stéphanie deshalb keinem Reglement: Nach dem Abitur in Paris modelte sie – die französische Cover hievte sie aufs Cover.

Später begann sie eine Ausbildung zur Modedesignerin, brach diese aber ab, um bei Dior zu arbeiten. Sie brachte eine eigene Linie für Bademoden und ein Parfum auf den Markt, bevor sie in Paris eine eigene Boutique für Jeans-Moden eröffnete.

In der Liebe blieb sie ebenfalls wankelmütig: Affären mit Alain Delons Sohn Anthony, Rennfahrer und Filmstarsohn Paul Belmondo, dem Schauspieler Rob Lowe, dem Makler Jean-Yves Lefur. Im Juli 1995 heiratete sie ihren Leibwächter Daniel Ducruet, mit dem sie bereits zwei Kinder hatte: Louis und Pauline.

Stéphanies Ehe ging nach knapp zwei Jahren in die Brüche, wieder folgte eine Affäre mit einem Bodyguard: Jean-Raymond Gottlieb wird Vater ihrer jüngsten Tochter Camille.

Dann ein Gärtner, dann ein Palast-Kellner. Nachdem sie diese Verbindung gelöst hatte, verliebte sich Stéphanie in den Zirkusdirektor Franco Knie und zog zu ihm in den Wohnwagen. Fotos tauchen auf, auf denen zu sehen ist, wie sie mit dem Roller zum Einkaufen fährt oder vor dem Trailer bügelt. Nach dem Aus mit Franco Knie heiratete sie überraschend den italienischen Akrobaten Adans Lopez Peres. Nach 14 Monaten war es schon wieder aus.

Ihr Vater, Fürst Rainier III., dessen Liebling sie war, ließ ihr solche Eskapaden durchgehen, aber das Verhältnis zu ihrer Schwester Caroline kühlte ab. Sie begegnen sich stets distanziert.

Die Monegassen nehmen sie in Schutz: Stéphanie ist kein unnahbares Fürstenkind, das oben im Grimaldipalast lebt und nur zum Nationalfeiertag vom rot-weiß (die Nationalfarben Monacos) dekorierten Balkon winkt! Sie wohnt in einem ganz normalen Wohnviertel. Eine Nachbarin sagt: »Sie ist eine von uns.«

Und Stéphanie ist tierlieb: Auf dem fürstlichen Anwesen pflegt sie zwei afrikanische Elefanten.

Was heißt das für Sie? Das STÉPHANIE-Prinzip:
Wenn jemand das Prinzessinnen-Prinzip verstanden hat, dann Stéphanie-Prinzessinnen. Denn sie wissen: Eine Prinzessin darf Regeln brechen und tun und lassen, was sie will – ganz einfach, *weil sie eine Prinzessin ist.*

Stéphanie-Prinzessinnen gehen dem Job nach, dem sie nachgehen wollen, und lieben den Menschen, den sie nun einmal lieben. So lange sie niemanden damit verletzen, ist doch alles in Ordnung. Eine Stéphanie-Prinzessin weiß: Die Leute werden sie dafür lieben. Weil sie unbeirrt ihren Weg geht. Die meisten Menschen trauen sich nämlich nicht, den Weg einzuschlagen, der ihnen am liebsten ist.

Einer Stéphanie-Prinzessin aber ist es gleich, was andere denken, denn sie geht davon aus: Das, was sie denken, kann nur Gutes sein. Sie hat das Prinzessinnen-Urvertrauen.

Und: Stéphanie-Prinzessinnen engagieren sich im Tierschutz!

Loge 7: Victoria, Kronprinzessin von Schweden

Wer ist Kronprinzessin Victoria von Schweden? Seit 2009 rangiert sie auf dem Spitzenplatz der beliebtesten Prinzessinnen der Deutschen, diese royale Lieblingsliste wird jährlich im Auftrag der *Frau im Spiegel* von Forsa ermittelt.

2009 verlobte sich Victoria mit Daniel Westling, den sie zu diesem Zeitpunkt bereits seit acht Jahren liebte. 2010: Hochzeit. In Stockholm schwenkte die Menge gelb-blaue Fähnchen mit der Landesflagge. 2012 kam Prinzessin Estelle zur Welt, 2016 folgte Prinz Oscar.

Victoria führt trotz repräsentativer Verpflichtungen ein Leben mit bürgerlichen Zügen: Oft sieht man sie in Kleidung von H&M oder in einem Café, wo sie – wie im Kaffeetrinker-Land Schweden üblich – eine Tasse Kaffee genießt. Elche sind ihre Lieblingstiere.

Jedoch war Victorias Leben nicht immer unbeschwert. In der Schule zeigten sich schnell Schwierigkeiten: Die Prinzessin litt unter einer Lese-Rechtschreib-Schwäche. Später bekannte sie in einem Interview: »Ich bin Legasthenikerin«.[15]

Victoria stand lange im Schatten ihrer jüngeren, glücksverwöhnten Schwester, dennoch verstehen sich beide gut.

1996 machte Victoria ihr Abi. Nachdem Fotos von der krankhaft abgemagerten Prinzessin die Runde machten, teilte der Stockholmer Hof in einem Communiqué mit, dass Victoria an »starken Essstörungen leide«.[16]

Studium der Geschichte und Politik an der Yale-Uni in den USA. 2000 zog sie wieder nach Schweden, sie gilt als geheilt.

Es folgten eine Reihe Praktika: Schwedische Botschaft in Washington, Außenhandelskammer in Paris und Berlin. In der

Zeit ihrer Rückkehr lernte Victoria ihren jetzigen Ehemann kennen: Daniel Westling war Teilhaber des exklusiven Fitness-studios *Master Training*, er kümmerte sich als Personal Trainer intensiv um seine hochadelige Kundin.

Doch erst 2002 wurde die Beziehung öffentlich. Victoria setzt ihren Wunschkandidaten durch. Dann folgten die ersten Glücksjahre. Ach, und direkt nach der Hochzeitsfeier flog das Paar im Privatjet eines Freundes in die Südsee, um dort Flitter-wochen zu machen. Holzvertäfelung, Bar, Bett mit seidiger Bett-wäsche. Nicht nur sprichwörtlich im siebten Himmel angekom-men, werden sie die Flugzeit – so wird spekuliert – nicht nur zum Schlafen genutzt haben.

Was heißt das für Sie? Das VICTORIA-Prinzip:
Victoria-Prinzessinnen hören auf sich und ihre Bedürfnisse! Sie holen sich Hilfe, wenn sie welche brauchen, und suchen das Weite, wenn ihnen der Rummel zu viel wird. Und wenn Victoria-Prinzessinnen die Grenzen ihrer Belastbarkeit zu sehr ausgedehnt haben, wissen sie doch, dass es keine gute Idee ist, sich etwas vorzumachen. Sie stellen sich ihren Fehlern, Krisen, Schicksalsschlägen, Krankheiten oder was auch immer ihr Glück beeinträchtigt und bekennen sich dazu.

Ja, wer die Maske fallen lässt, wird verletzlich. Das wissen Victoria-Prinzessinnen. Aber wer ehrlich zu sich selbst ist, dem fliegen auch die Herzen zu – auch das wissen sie. Denn Ehrlich-keit macht sympathisch und sichert Victoria-Prinzessinnen die Solidarität, die brauchen, um ihre Angelegenheiten zu regeln.

Und: Victoria-Prinzessinnen gönnen sich öfter einmal eine Kaffeepause!

Loge 8: Arielle, die Meerjungfrau

Wer ist Arielle, die Meerjungfrau? Arielle ist die jüngste Tochter des Meereskönigs Triton. Sie trägt meist nur ein Bikini-Oberteil. Singen ist ihre Therapie. Sie ist fasziniert von Menschen und sammelt in einem Versteck alles, was von dieser sonderbaren Gattung auf den Meeresgrund sinkt.

Doch die Menschen sind eine Gefahr für sie und das Meeresvolk. Ihr Vater verbietet ihr, ihnen zu nahe zu kommen. Um sicherzugehen, dass sie keinen Unfug macht, lässt er Arielle durch die Krabbe Sebastian, beschatten. Ihr bester Freund Fabius, ein Doktorfisch, passt auch auf sie auf.

Eines Tages entwischt Arielle doch und erblickt auf einem Schiff den Prinzen Eric, in den sie sich sofort verliebt. Das Schiff kentert, Prinz Eric geht über Bord, Arielle rettet ihm das Leben. Als er aufwacht, kann er sich nur an ihren betörenden Gesang erinnern. Das ist die Chance der Meereshexe Ursula: Sie schlägt Arielle einen Handel vor: Drei Tage lang verwandelt sie die Meerjungfrau in einen Menschen, und wenn es in dieser Zeit gelingt, den Kuss der Liebe von Eric zu erhalten, darf sie für immer an Land bleiben. Der Preis: ihre Stimme.

Arielle willigt ein. Am Strand läuft sie Eric sofort über den Weg, aber er erkennt sie nicht. Seine ungeteilte Aufmerksamkeit gilt vielmehr der schönen Vanessa. In ihr glaubt er seine Lebensretterin gefunden zu haben, weil sie die gleiche Stimme hat wie Arielle. (Dabei ist es in Wahrheit die Hexe Ursula, die nur die Gestalt einer schönen jungen Frau angenommen hat!) Zum Dank will der getäuschte Prinz Vanessa, die eigentlich Ursula ist, heiraten. Doch Arielles Freunde können Ursula enttarnen.

Eric erkennt den Schwindel, eilt auf Arielle zu, um sie zu küssen – aber es ist zu spät! Ursula entführt Arielle, aber Papa Triton opfert seine Stellung und übergibt Ursula seine Krone.

Kaum an der Macht, will Ursula Arielle töten. Sie verwandelt sich in einen Riesenkraken und zieht Eric zum Meeresgrund; dort kommt Ursula um und Eric frei. Durch ihren Tod ist der böse Zauber verflogen und die Meeresbewohner sind von Ursulas Schreckensherrschaft erlöst. Zum Dank schenkt König Triton seiner Tochter ein Dasein als Mensch. Nun kann sie Eric heiraten.

Die Geschichte ist eine Disney-Adaption von Hans-Christian Andersens Märchen »Die kleine Meerjungfrau«. Anders als im Film gibt es in der Originalgeschichte kein Happy End: Der Prinz heiratet die Prinzessin eines Nachbarkönigreiches.

Was heißt das für Sie? Das ARIELLE-Prinzip:
Arielle-Prinzessinnen wissen genau, worin ihre persönlichen Vorzüge liegen, und setzten diese ein, um ihre Umwelt zu betören. Diese Gewissheit führt die Arielle-Prinzessin zum Ziel. Sie hat die Gabe, echte Freunde für sich zu gewinnen, solche, auf die es ankommt. Und bei ihr kommt es manchmal sehr wohl darauf an! Denn sie ist eine gutgläubige Persönlichkeit und kann sich gar nicht vorstellen, dass man sie hintergeht. Ihre Abenteuerlust wird ihr deshalb oft zum Verhängnis. Doch Arielle-Prinzessinnen schwimmen ihren Feinden letztlich davon.

Und: Arielle-Prinzessinnen sorgen dafür, dass ihre Lebensgeschichte verfilmt wird – mit Happyend!

Anmerkungen

[1] Hans-Herman Weyer: *Ich, der schöne Consul*. Bayreuth: Hestia. S. 255f.

[2] Ein Fichu ist die französische Bezeichnung für ein Tuch oder einen Kragen, das oder der zu einem Dreieck gefaltet und um Hals und Brust gebunden wird. Handgefertigte Häkelkragen bietet – so jemand dem Beispiel von Marie Antoinette folgen möchte – die Berliner Designerin Rita in Palma an.

[3] Stefan Zweig: *Marie Antoinette*. Frankfurt am Main: S. Fischer, 2005. S. 121f.

[4] Wolfgang Herrndorf: *Tschick*. Berlin: Rowohlt, 2005. S. 122.

[5] Kazuo Ishiguro: *Was vom Tage übrigblieb*. München: btb-Verlag, 2005. S. 43f.

[6] Michael Bienert: *Berlin 1806 – Das Lexicon von Johann Christian Gädicke. Lexicon von Berlin und der umliegenden Gegend*. Berlin: Berlin Story, 2006. S. 132.

[7] Nikki Spencer: »Lullingstone Castle: Nobody's vault but mine«, in: *The Telegraph*, 29.05.2008, zitiert nach: www.telegraph .co.uk/finance/property/3361415/Lullingstone-Castle-Nobodys-vault-but-mine.html, Abruf: 25.08.2016, 17.10 Uhr.

[8] Asfa-Wossen Asserate: *Manieren*. München: dtv, 2005. S. 260.

[9] Eduard von Habsburg-Lothringen: *Wo Grafen schlafen. Was ist wo im Schloss und warum*. München: Verlag C.H. Beck, 2011. S. 23.

[10] Alexander von Schönburg: *Die Kunst des stilvollen Verarmens*. Berlin: Rowohlt, 2005. S. 93.

[11] Johann Wolfgang von Goethe: *Dichtung und Wahrheit*. München: Carl Hanser, 1949. S. 122.

[12] Christine von Brühl: *Noblesse oblige. Die Kunst, ein adliges Leben zu führen*. Frankfurt am Main: Eichborn, 2009, S. 65.

[13] Leo Tolstoi: *Anna Karenina*. Bd. 1. Frankfurt am Main: Insel, 1966. Originaltext von 1877. S. 201.

[14] Richard Brinsley Sheridan: *Die Lästerschule*. München: Kurt Desch, 1963. Originaltext von 1777. S. 42.

[15] Ohne Autor: »Ich bin Legastenikerin«, in: Stern-online: http://www.stern.de/lifestyle/leute/kronprinzessin-victoria--ich-bin-legasthenikerin--3900850.html. 13. August 2001. Abruf: 27. August, 2016, 19:47 Uhr.

[16] http://www.welt.de/print-welt/article572372/Es-war-eine-sehr-harte-Zeit-fuer-mich.html.

Literaturverweise und Literaturtipps

Ich beschäftige mich, solange ich denken kann, mit dem Adel und Prinzessinnen. Aus diesem Grund kann ich nicht immer genau nachvollziehen, woher mein Wissen stammt. Ich habe so viele Bücher dazu gelesen und einige davon, die mir besonders bedeutend erscheinen, werde ich hier im Folgenden auflisten. Es geht mir nicht nur darum, hier die Quellen nachzuweisen, sondern auch darum, dass ich den Prinzessinnen im Herzen, die Lust haben, sich in Sachen Prinzessinnentum weiterzubilden, einen Lektürekanon an die Hand geben möchte. Er ist weder bindend noch vollständig, aber ein guter Einstieg.

Als Basiswerk zum Thema Adel wird gemeinhin Norbert Elias *Die höfische Gesellschaft* (Frankfurt am Main: Suhrkamp 1969) gehandelt. Es ist ohne Einschränkung zu empfehlen. Für das vorliegende Buch aber war mir sein *Über den Prozess der Zivilisation* (Frankfurt am Main: Suhrkamp 1976) eine größere Hilfe: Denn es beschreibt, wie die Sitten und Bräuche einer hauchdünnen Oberschicht langsam Gemeingut wurden.

Auch andere Soziologen haben mir die besondere Dynamik adeliger und elitärer Kultur nähergebracht: Pierre Bourdieu mit seinem Werk *Die feinen Unterschiede* (Frankfurt am Main: Suhrkamp 1979), Ulrich Im Hof mit *Das gesellige Jahrhundert* (München: Verlag C. H. Beck 1982), Heinz-Dieter Heimann mit seinem Buch *Adelige Welt und familiäre Beziehung* (Potsdam: Verlag für Berlin-Brandenburg 2000), Heinz Reif mit *Adel im 19. und 20. Jahrhundert* (München: R. Oldenbourg 1999). Im

Sammelband *Legitimationskrisen des deutschen Adels 1200–1900* von Peter Uwe Hohendahl und Paul Michael Lützeler ist besonders der 16-seitige Aufsatz »Funktionen und Werte des Adels« von John H. Kautsky hervorzuheben (Stuttgart: J. B. Metzlersche Verlagsbuchhandlung 1979).

Neben diesen wissenschaftlichen Werken habe ich natürlich eine ganze Menge leichtere und amüsantere Literatur goutiert, wobei mir besonders die Reihe mit Adelsbiografien aus dem Piper Verlag in München immer wieder eine Freude ist, die ich hier aufzählen möchte.

Dirk van der Cruysse: »*Madame sein ist ein ellendes Handwerck*«. *Liselotte von der Pfalz – eine deutsche Prinzessin am Hof des Sonnenkönigs* (1995), Wladimir Fedorowski: *Die Zarinnen. Rußlands mächtige Frauen* (2014), Karin Feuerstein-Praßer: *Die preußischen Königinnen* (2000), Edmond und Jules de Goncourt: *Madame Pompadour. Ein Lebensbild* (2000), Brigitte Hamann: *Elisabeth. Kaiserin wider Willen* (1998), Franz Herre: *Joséphine. Kaiserin an Napoleons Seite* (2007), Erika Bestenreiner: *Charlotte von Mexiko. Triumph und Tragödie einer Kaiserin* (2008), Wolfgang Müller: *Wittelsbacher Schicksale. Ludwig II., Otto I. und Sissi* (2006), Thea Leitner: *Skandal bei Hof. Frauenschicksale an europäischen Königshöfen* (1995) und der Doppelband *Schicksale im Hause Habsburg: Habsburgs verkaufte Töchter und Habsburgs vergessene Kinder* (2003), Marita A. Panzer: *Englands Königinnen. Von den Tudors zu den Windsors* (2001), Robert Seydel: *Die Seitensprünge der Habsburger. Liebesrausch und Bettgeflüster einer Dynastie* (2005) und die wundervolle Biografie von Heinz Ohff: *Ein Stern in Wetterwolken. Königin*

Luise von Preußen. (1992), die mir auch bei meinem Luise-Roman (*Luise. Königin aus Liebe*) äußerst hilfreich war – um nur einige Bände aus dieser bemerkenswerten Reihe zu nennen.

Hinzu kommen Bände aus anderen Verlagen. Alfred Ritter von Arneth: *Maria Theresia und Marie Antoinette. Ihr Briefwechsel während der Jahre 1770–1780* (Osnabrück: Biblio-Verlag 1978), Oliver Bernier: *Ludwig XIV. Die Biografie* (Düsseldorf: Albatros 2003), von Anka Muhlstein: *Königinnen auf Zeit. Katharina von Medici, Maria von Medici, Anna von Österreich* (Frankfurt am Main: Insel 2005) sowie *Die Gefahren der Ehe. Elisabeth von England und Maria Stuart* (Frankfurt am Main: Insel 2009), Charlotte Pangels: *Die Kinder Maria Theresias* (München: Georg D. W. Callwey 1980), Antal Szerb: *Das Halsband der Königin* (München: dtv 2005), G. Kuntze (Hrsg.): *Katharina II. Erinnerungen der Kaiserin Katharina II. Von ihr selbst geschrieben* (Halle: Projekte-Verlag 2013) sowie von Stefan Zweig die Romanbiografien *Marie Antoinette* (Frankfurt am Main: S. Fischer 2005) und *Maria Stuart* (München: Süddeutsche Zeitung 2007). Immer wieder ein Genuss sind auch die Tagebücher von Sophie Marie Gräfin von Voß: *Neunundsechzig Jahre am preußischen Hofe* (Berlin: Berlin Story 2004; Originaltext posthum von 1887) – sie lästert fast so schön wie Madame Lieselotte (siehe oben). Einen Überblick über Personalbedarf und sonstige Kuriositäten listet *Berlin 1806 – Das Lexicon von Johann Christian Gädicke* auf (Berlin: Berlin Story 2006; Originaltext von 1806), das von Michael Bienert herausgegeben wurde. Den Alltag königlich-bayerischen Nachwuchses beschreibt Christiane Böhm in dem rührenden Jugendbuch *Wie*

lebten Prinzen und Prinzessinnen in Wirklichkeit? Oder Erbsen
ohne Ende! Kinderalltag im bayerischen Königshaus (München:
August Dreesbach 2010).

Was mich nachhaltig begeistert, ist die Tatsache, dass das
Leben und die Gesetzmäßigkeiten bei Hofe auch in philoso-
phischen Betrachtungen mündeten. Das an den Universitäten
leider weniger beachtete Genre heißt *filosofia cortesana*, eben
höfische Philosophie, oder moralische Philosophie, und setzt
sich mit Themen wie Freundschaft, Miteinander, Konversation,
Höflichkeit, Ehrlichkeit, Tugenden, Langeweile usw. usf.
auseinander – also Dingen, die für ein Leben bei Hofe wichtig
sind. Das Schöne: Sie lesen sich im Gegensatz zu dem, was
wir als Philosophie kennen, leicht und nebenbei, was auch an
ihrem aphorismenhaften Charakter liegt. Ich habe in diesem
Buch verwiesen auf die Texte von Adolph Freiherr von Knigge: *Über den Umgang mit Menschen* (Hamburg: Nikol-Verlag
2004; Originaltext von 1788), François de La Rochefoucauld:
Maximen und Reflexionen (Stuttgart: Reclam 1965; Originaltext von 1664), Baldesar Castiglione: *Das Buch vom Hofmann* (Bremen: Schünemann 1960), Blaise Pascal: *Gedanken* (Bremen: Schünemann 1964) und Francis Bacon: *Essays
oder praktische und moralische Ratschläge* (Leipzig: Reclam
1986).

Das Zitat von Baldassare Castiglione habe ich dem Band *Die
Kunst des Gesprächs* (München: dtv 1979) von Claudia Schmöl-
ders entnommen, den ich jedem ans Herz legen kann, der sich
für die Geschichte der Konversation erwärmt. Wie die Wirkung der *filosofia cortesana* einzuschätzen ist, bringt uns Robert

Zimmer kurz und kurzweilig in *Die europäischen Moralisten zur Einführung* (Hamburg: Junius 1999) näher.

Was Duelle angeht, hat mir Ute Freverts Buch *Ehrenmänner* (München: dtv 1995) einen Überblick verschafft. Mit den Gesetzmäßigkeiten des höfischen Tanzes haben mich Rudolf Braun und David Gugerli mit ihrem Werk *Macht des Tanzes – Tanz der Mächtigen. Hoffeste und Herrschaftszeremoniell 1550–1914* (München: C. H. Beck 1993) sowie Walter Salmen mit *Der Tanzmeister. Geschichte und Profile eines Berufes vom 14. bis zum 19. Jahrhundert* (Hildesheim: Georg Olms 1997) vertraut gemacht.

Dann möchte ich noch auf ein paar zeitgenössische Autoren aufmerksam machen, deren Veröffentlichungen ich mit Eifer verfolge und die allen Prinzessinnen im Herzen Freude machen werden. Aus ihren Büchern habe ich zitiert. Zunächst ist da meine Kollegin – sie hat auch ein Buch über Königin Luise von Preußen geschrieben! – Christine Gräfin von Brühl und ihr *Noblesse oblige. Die Kunst, ein adliges Leben zu führen* (Frankfurt am Main: Eichborn 2009). Dann Alexander von Schönburg. Alle seine Bücher sind empfehlenswert, aber ich liebe diese beiden besonders: *Alles, was Sie schon immer über Könige wissen wollten, aber nie zu fragen wagten* (Berlin: Rowohlt 2010) und *Die Kunst des stilvollen Verarmens: Wie man ohne Geld reich wird* (Berlin: Rowohlt 2006). Er schrieb auch das Vorwort zu: *Unsere Umgangsformen. Die Welt der guten Sitten von A–Z* (Niedernhausen/Ts.: Falken 2000), das seine Schwester Gloria von Thurn und Taxis gemeinsam mit Donna Alessandra Borghese verfasst hat. Die Fürstin hat auch unter dem Titel: *Gloria – die Fürstin. Im Gespräch mit Peter Seewald* (München: Heyne 2004) einen bemerkenswerten Einblick in ihr Leben gegeben. Ein Vergnügen sind auch Eduard von Habsburg-Lothringens Werk *Wo Grafen schlafen. Was ist wo im Schloss und warum?* (München: C.H. Beck 2011) sowie Hans-Hermann Weyers Autobiografie: *Ich, der schöne Consul. Karrieren für die Wunderkinder* (Bayreuth: Hestia 1990). Unbedingt herausstellen möchte ich auch Asfa-Wossen Asserate: *Manieren* (Frankfurt am Main: Eichborn 2004), was zum Glück, wie der Titel nahelegen könnte, kein Benimmbuch ist, sondern eine augenzwinkernde Beobachtungsstudie über unsere Sitten und Gebräuche.

Ein Buch ist mir besonders lieb, da es profunde genealogische Kenntnis mit Klatsch vereint: *Die Geheimnisse des Gotha. Die Heiratspolitik der europäischen Fürstenhäuser* von Ghislain de Diesbach (Stuttgart: Paul Neff 1964). Wenn nichts mehr geht, für dieses Buch sollte immer Zeit sein. Es ist leider nur antiquarisch erhältlich oder in Bibliotheken einsehbar.

Danksagung

Wie alle Bücher der Welt ist auch dieses Buch nicht das Produkt einer einzelnen Person, auch wenn ich letztlich mit meinem Namen dafür verantwortlich zeichne, sondern das Ergebnis vieler Gespräche, Recherchen, Aufmunterungen, Hinweise, Erzählungen, Geschichten.

Ich möchte mich zunächst bei meiner Freundin Bettina Querfurth bedanken, mit der ich die Leidenschaft für Adel seit unserer gemeinsamen Schulzeit teile. Aus einem Gespräch mit ihr ist dieses Buch entstanden.

Dann bei meinem Mann Andreas Steffens, der meinem Wunsch, eine Prinzessin zu sein, nicht nur mit großem Wohlwollen begegnet, sondern diesen auch fördert, wo er nur kann – auch wenn sich ihm die Begeisterung für Schlösser und Parks nicht wirklich erschließt. Das nenne ich ritterlich.

Dann danke ich Consul Weyer und Ernst Büscher für die erhellenden Interviews, die sie mir gegeben haben, und allen anderen Freundinnen und Bekannten, die dieses Buch durch ihre sehr persönlichen Geschichten enorm bereichert haben, ja, mir die Gewissheit gaben, dass ich mit dem Wunsch, eine Prinzessin sein zu wollen, nicht allein dastehe. Sie sind hier auf eigenen Wunsch alle anonymisiert, was mich nicht davon entbindet, ihnen Dank zu zollen. Ein besonderer Dank gilt hier Jil, die mich eigens angerufen hat, damit ich ihre eBay-Panne öffentlich mache und alle anderen Prinzessinnen im Herzen vor demselben Fehler warne.

Meinen Freundinnen Delia Wilms und Gudrun Gülden danke ich für ihre wertvollen Ratschläge und überhaupt dafür, dass sie meine Freundinnen sind. Danke an Kathrin Mechkat, Stella Brikey, Elena-Katharina Sohn, sowie an meine DeLiA-Kolleginnen Leonie Lastella, Brigitte Kanitz und Sylvia Lott. Ich habe mich sehr darüber gefreut, dass Frauke Ludowig, Henriette Hell, Rike Schulz und Claudia ten Hoevel sich mit einer Empfehlung für dieses Buch ausgesprochen haben – das hat mich sehr gerührt. Vielen Dank auch an Liane Bednarz, die gerade zum Test wichtige Impulse beigesteuert hat. Ebenso an meine Lektorin Svenja Monert von Eden Books, die sich für ein Manuskript mit der Aufschrift »Ohne Vorwort von Mette-Marit« hat begeistern können, und Ann-Kathrin Schwarz, die sich mit Geduld meines Manuskripts angenommen hat. Danke an alle – und einen untertänigsten Hofknicks.

Impressum

Bettina Hennig
Krön Dich selbst, sonst krönt Dich keiner
Prinzessin werden, sein und in jeder Lage bleiben
ISBN: 978-3-959100-91-5

Eden Books
Ein Verlag der Edel Germany GmbH
Copyright © 2016 Edel Germany GmbH, Neumühlen 17, 22763 Hamburg
www.edenbooks.de | www.facebook.com/EdenBooksBerlin | www.edel.com
1. Auflage 2016

Einige der Personen im Text sind aus Gründen des Persönlichkeitsschutzes anonymisiert.

Projektkoordination: Svenja Monert
Lektorat: Ann-Kathrin Schwarz
Umschlaggestaltung: Geela Eden | www.edenundhoeflich.de
Layout und Satz: Datagrafix GmbH | www.datagrafix.com
Druck und Bindung: optimal media GmbH, Glienholzweg 7, 17207 Röbel/Müritz

Das FSC®-zertifizierte Papier *Holmen Book Cream* für dieses Buch lieferte Holmen Paper, Hallstavik, Schweden.

Printed in Germany

Dieses Buch ist auch als E-Book erhältlich.

Um die kulturelle Vielfalt zu erhalten, gibt es in Deutschland und in Österreich die gesetzliche Buchpreisbindung. Für Sie, liebe Leserin und lieber Leser, bedeutet das, dass Ihr verlagsneues Buch jeweils überall dasselbe kostet, egal, ob Sie Ihre Bücher gern im Internet, in einer großen Buchhandlung oder beim kleinen Buchhändler um die Ecke kaufen.